미군정기 『서울신문』의 정치성향 연구

미군정기 『서울신문』의 정치성향 연구

초판 1쇄 발행   2014년 12월 20일

지은이 | 김동선
펴낸이 | 윤관백
펴낸곳 | ▨출판선인

등록 | 제5-77호(1998.11.4)
주소 | 서울시 마포구 마포대로 4다길 4(마포동 324-1) 곳마루 B/D 1층
전화 | 02)718-6252/6257
팩스 | 02)718-6253
E-mail | sunin72@chol.com
Homepage | www.suninbook.com

정가   24,000원
ISBN   978-89-5933-780-4   93300

미군정기 『서울신문』의 정치성향 연구

김동선 지음

도서출판 선인

|머리말|

1945년 해방 직후 가장 규모가 큰 신문이 바로『서울신문』이다. 또한 1949년 5월 이전의『서울신문』은 중간파 계통의 신문이라고 할 수 있다. 서울신문사의 주요 임원진들은 중간파 인물들로 구성되어 있었다. 즉 『서울신문』은 중간파의 국내기반이라고도 할 수 있었던 것이다. 그러나 정부기관지로만 인식된『서울신문』에 대한 연구는 거의 진행되지 않은 실정이다.

필자 역시 처음부터『서울신문』에 관심을 두었던 것은 아니었다. 본래 필자의 관심은 민족자주연맹을 구성하던 중간파 세력의 국내기반 이었다. 석사논문이 김규식과 민족자주연맹에 관련된 것이었기 때문 이다. 그런데 중간파 인물들 중 상당수가 서울신문사와 연결이 되어 있다는 것을 알고 비로소『서울신문』에 관심을 가지게 되었다. 그리 고 이러한 중간파 인물들이 중심이 되어 발간한『서울신문』이 어떤 성격의 신문인지 알아볼 필요가 있다는 생각이 들었다. 만약 서울신 문사가 정말 중간파 언론기관이 맞다면 국내에 세력기반이 취약했던 중간파에 실질적인 세력기반이 될 수 있을 것이라 생각했기 때문이다.

그러나 그 과정이 순탄치는 않았다.『서울신문』은 1946년 4·19 당시 내부 자료가 모두 불타 없어져, 자료를 구하는 것이 어려웠 다. 살아계신 생존자에 대한 구술을 모으는 것도 필자의 미숙함으 로 제대로 진행하지 못했다. 게다가 필자는 미군정기 언론사에 대 해 많은 것을 알지 못하는 상태로 공부를 시작했기 때문에 기초적 인 것부터 익혀 나가야만 했다. 뿐만 아니라 미군정기 활동하던 언 론인들이 대부분 일제강점기에도 활동하던 인물들이었기 때문에 그들에 대한 조사도 해야 했다. 그러다보니 자연스럽게 『서울신문』의 전신이던 『매일신보』에 대해서도 살펴보게 되었다.

그 과정에서 『서울신문』의 연구 의의가 중간파의 정치기반을 밝히는 데 머무르지 않는다는 것을 알게 되었다. 미군정기와 이승만 정권기의 언론정책을 보여 준다는 점에서 언론사의 한 부분이 될 수 있다는 것도 자연스럽게 인지하게 된 것이다. 특히 서울신문사가 이승만 정권기 진정한 의미의 정부기관지가 된 과정은 이승만 정권의 언론정책을 단적으로 보여주는 사건이었다. 이러한 깨달음은 『서울신문』에 대해 연구하여 박사학위논문으로 제출해야겠다는 결심으로 이어졌다.

이 책은 필자의 박사학위논문 「美軍政期 『서울신문』의 政治性向 研究」를 수정·보완한 것이다. 이 연구에서는 1945~1949년 5월 정부기간지가 되기 전까지 『서울신문』의 창립과 보도경향, 임원진의 성격과 미군정과의 관계를 통해 『서울신문』의 중간파적 성격을 파악하였다. 아울러 중간세력의 기반으로서 『서울신문』을 인식하고, 『서울신문』의 보도를 통해 중간파들의 정국인식에 대해 고찰하였다. 또한 『서울신문』의 정부기간지화 과정을 통해 이승만 정권의 언론정책과 탄압 그리고 중간파 세력의 쇠망 과정을 살펴보았다. 김규식을 중심으로 하는 민족자주연맹계열을 중간파 인물들은 김규식을 제외하고, 알려진 바가 적다. 『서울신문』은 그들의 활동기반이었고, 의견을 개진할 수 있는 공간이었다. 때문에 서울신문사의 임원진의 성격, 그들의 보도논조는 중간파에 대한 이해를 보다 풍부하게 할 수 있다. 또한 이들의 몰락은 중간파의 한계를 보여주는 한 예가 될 수 있을 것이다.

논문을 구상하고, 쓰는 과정에서 많은 선생님들의 도움을 받았다. 지도교수님인 유영렬 선생님은 세심한 배려와 자상한 가르침으로 마음의 쉼터가 되어 주셨다. 황민호 선생님은 논문 전반의 논리와 구도를 봐 주시고, 언제나 꼼꼼하게 논문을 검토해 주셨다. 그리고 김인식 선생님은 논문을 쓰는 데 아이디어를 제공해 주시고, 상당히 많은 문장을 수정해 주시는 수고를 아끼지 않으셨다. 한상도 선생님은 미처 생각지 못했던 논문의 약점을 지적해주시고, 바로잡을 수 있는 기회를 주셨다. 또한 심사 과정 중 늘 긴장을 유지할 수 있게 해주신 분이기도 하다. 최병현 선생님께도 감사를 드린다. 바쁘신 중에도 논문을 읽고, 부족한 부분을 지적해 주셨다. 이분들이 없으셨더라면 논문은 완성되지 못했을 것이다. 김인호 선생님도 빼놓을 수 없다. 김인호 선생님은 이 논문을 시작할 수 있도록 힌트를 주셨다. 아울러 한국민족운동사학회 전체 선생님들께 감사드린다. 학회활동으로 정말 많은 것들을 얻었고, 이분들 모두가 필자의 스승 역할을 해주셨다.

그리고 이 책이 나올 수 있게 가장 큰 역할을 해주신 부모님께 감사의 뜻을 표하고 싶다. 특히 학위 과정에 있는 딸을 위해, 육아를 대신해 주시고, 늘 격려해 주신 어머니께는 죄송함과 감사를 함께 전하고 싶다. 온갖 어려운 일을 함께해준 남편과 아들 수언이에게도 고맙다는 말을 전한다.

끝으로 책을 출판해 준 도서출판 선인의 사장님과 모든 직원분들께 감사드린다.

2014년 11월

김 동 선

┃차 례┃

제1장

서 론

제 1 장

서 론

미군정기의 언론은 일제 시기와 비교해 가장 큰 변화를 겪은 분야의 하나이다. 또한 미군정기는 대한민국정부 수립 이후와도 구별되는 특징을 나타내는 독특한 시기이기도 하였다. 일제하 전시체제기의 언론은 극도로 통제되어 전혀 그 본연의 구실을 하지 못하고 단지 일본 식민지배와 침략전쟁에 대한 동원과 미화를 극대화하기 위한 선전기관에 불과하였으나 해방이 되고 미군이 남한을 점령하자 점차 자신들의 색깔을 나타내며 엄청난 양적 팽창을 하였다.

특히 이 시기는 정치적 문제들이 빈발하였고, 언론사들 역시 자신들의 정치적 성향을 드러내며 정국에 대한 보도를 하고 있었다. 언론사들은 그 보도성향에 따라 미군정으로부터 좌·우익지로 구분되었고, 정국의 흐름에 따라 社勢나 논조의 변화를 보이기도 하였다.

미군정에서는 이들 언론사를 자신들의 점령정책에 따라 육성 혹은 도태시켰다. 때문에 공개적으로 특정 세력의 기관지로 발행되거나 대변하는 성격을 가진 언론사를 제외하고는 자신들의 보도경향과 미군정의 언론정책을 조화시킬 필요가 있었다. 그리고 정국의 변화에 따라 일부 간부진이 교체·보강되기도 하였다.

해방공간에서 『서울신문』은 최대 규모와 독자를 보유한 언론사였기 때문에 그 위치가 가볍지 않았다. 또한 이 시기의 『서울신문』의 성격은 『서울신문』의 전 역사를 통틀어 가장 독특한 시기라고 할 수 있다. 전신이었던 『매일신보』는 일제기관지였는데 『서울신문』은 『매일신보』와 그 성격이 판이하였다. 때문에 『매일신보』의 시설과 인력을 계승하였음 에도 그 제호를 바꾸고 혁신속간하였다는 표현을 한 것이라 할 수 있다. 그리고 1949년 이후의 『서울신문』이 정부기관지로서의 역할을 수행했 다는 것을 고려하면 이 3년 남짓의 기간 동안의 『서울신문』의 성격이 얼마나 이례적인 것인가를 알 수 있다. 『서울신문』은 미군정이 최대 주 주였음에도 불구하고 미군정으로부터 '좌익적'이라고 평가받았으나 실 제 보도경향은 중간적인 보도성향을 유지하고 있었다. 때문에 미군정으 로부터 큰 박해 없이 언론활동을 하면서 최대 언론사로서의 위치를 지킬 수 있었다. 『서울신문』의 주요 간부진들은 중간파[1] 인사들이 다수 포함 되어 있었는데 이들은 미군정하의 중간정당들과 관계를 맺으며 정치적 활동을 전개하기도 하였다. 때문에 『서울신문』은 중간파의 정치적 기반

---

[1] 해방 직후 남한에서 활동한 정치세력 중 어떤 세력을 중간파의 범주에 넣을 것인가 하는 문제는 아직까지도 완벽하게 정립된 것은 아니다. 다만 윤민재에 따르면 중간파는 '중도파 는 단일한 내적 통합성을 갖는 고정된 정치세력은 아니며 해방 직후부터 한국전쟁 이전까 지 좌우파의 세력분화, 미국의 한반도 정책, 해방 직후 남한의 경제사회 구조, 북한의 대 남 통일정책, 미·소의 냉전구도 등의 변수에 따라 변화하는 세력이었다. 해방공간에서 중도파는 몇 가지 특징을 지닌 세력이었다. 첫째, 외세에 대하여 자주적이고 현실주의적 인 태도를 견지하면서 외세의존적인 태도에 대하여 비판적이었다. 둘째, 평화통일과 외군 철수 등 비폭력적인 통일관을 일관되게 주장하였다. 셋째, 토지개혁, 정치구조 개혁 등의 문제에서 개혁주의적인 면과 함께 사회주의와 자본주의를 절충하는 모습을 보여주었다. 넷째, 갈등과 대립의 해방정국에서 타협과 협상의 중요성을 강조함으로써 남과 북의 무력 충돌을 피하고자 하였고, 식민지 잔재 청산을 통한 자주독립국가 실현을 위하여 노력하였 다. 다섯째, 좌우의 대립 속에서 특정 이데올로기를 취하기보다는 좌우를 결합할 수 있는 노선과 정책개발에 노력하였다'라고 하고 있다. 윤민재, 『중도파의 민족주의운동과 분단 국가』, 서울대학교출판부, 2004, 5~6쪽) 해방공간에서 정치세력을 분류하는 일이 쉽지 않 으나, '중간파=중도파'의 개념과 범주도 학계에서 심도 있는 논의를 거쳐 적립할 과제라 고 생각한다. 이러한 시도로는 도진순, 「1947年 中間派의 결집과정과 民族自主聯盟」, 『水 邨朴永錫教授華甲紀念 韓國史學論叢(下)』, 探究堂, 1991, 500~502; 鄭榮薰, 「光復後의 中 道派와 統一運動－左右合作運動과 그 추진 세력을 중심으로」, 『한국의 정치와 경제』 7, 1995, 3~24쪽을 참조(宋南憲, 『解放三年史』 1, 까치, 1985, 246쪽). 또한 중도파라는 용어 가 당시 용어라고 보기 어렵고, 가치판단이 포함되어 있다고 판단되므로 본 논문에서는 당시에 통용되던 용어인 중간파라는 용어를 사용하기로 한다. 김인식, 「1947년 안재홍의 '순정 우익 집결'운동」, 『韓國史研究』 제124호, 한국사연구회, 2004년 3월 234쪽.

이 되기도 하였던 것이다.

『서울신문』의 이러한 성격은 대한민국정부 수립 이후 이승만 정권의 압박으로 전 간부진이 퇴진하면서 종말을 맞게 되었다. 이것은 간부진과 보도성향에 따른 것으로 『서울신문』은 결국 정부기관지화 되었다. 한국 언론사를 대표할 수 있는 동시에 중간파적 경향을 가진 언론의 우여곡절을 보여 줄 수 있는 단적인 예라 할 수 있다.

그러나 이런 상징성에도 불구하고, 『서울신문』에 대한 기존 연구 성과는 거의 전무한 실정이고, 그나마 존재하는 연구 성과에서는 『서울신문』을 미군정의 기관지 정도로 평가하는 것이 보통이다. 이 연구에서는 1945년부터 1949년 사이의 『서울신문』의 성격과 간부진의 구성과 성향을 분석하여 정치적 성향을 파악해보려 한다. 또한 『서울신문』 간부진의 정치적 활동과 기사 분석을 통해 중간파의 정치적 기반으로서의 역할도 살펴볼 것이다. 아울러 시기에 따라 보도경향과 경영진의 변동을 살펴봄으로써 중간파의 성장과 몰락의 과정을 검토해 보고자 한다. 이 과정을 통해 미군정기 『서울신문』의 재평가와 역사적 성격과 의미를 규정할 수 있을 것이라 생각된다.

『서울신문』의 전신인 『매일신보』는 해방 직후 막대한 영향력을 지니고 있었다. 그러나 해방 전후 격동기의 『매일신보』에 대한 연구도 『서울신문』과 마찬가지로 아직 미미한 수준이다. 해방 이전의 『매일신보』에 대한 연구의 확장으로 해방 직후의 『매일신보』의 변화 과정을 간단히 다룬 연구2)와 언론사의 범주에서 『서울신문』의 略史를 언급한 경우,3)

---

2) 정진석, 『언론조선총독부』, 커뮤니케이션북스, 2005.
3) 최준, 『韓國新聞史』, 일조각, 1960; 계훈모, 『韓國言論年表』 I ~Ⅲ, 관훈클럽신영연구기금, 1988~1993; 정진석, 『한국언론사』, 나남, 1990; 송건호, 『한국현대언론사』, 삼민사, 1990; 정진석, 『한국언론흥망사』 1·2, 옵서버, 1992; 유병용, 「해방직후 言論文化 연구」, 『國史館論叢』 제70집, 국사편찬위원회, 1996; 정진석, 『언론유사』, 커뮤니케이션북스, 1999; 송건호 외, 『한국언론바로보기 100년』, 다섯수레, 2000; 차배근 외, 『우리 신문 100년』, 현암사, 2001; 대한언론인회편, 『녹취 한국언론사』, 2001; 송건호, 『송건호전집』 2, 한길사, 2002; 김민환, 『미군정기 신문의 사회사상』, 나남, 2001; 조맹기, 『한국언론사의 이해』, 서강대출판부, 2005.

그리고 서울신문사에서 출판한 서울신문史가 있을 뿐이다.[4] 이러한 연구 성과들은 해방 직후 『매일신보』의 변화 과정에 대해 단편적이나마 서술하고 있지만 『매일신보』가 처한 상황과 미군정과의 관계 그리고 경영진의 교체에 대해 미군정과 '좌익적' 혹은 '민족적' 성향의 매일신보사 종업원자치위원회(이후 '자치위원회')의 대립 과정으로만 설명하는 경향이 있다.

최준, 계훈모, 정진석은 『매일신보』가 정간된 이유를 좌익계열과 밀접한 관계를 가지고 군정에 비판적인 태도를 취하자, 미군정 측에서 근본적인 대책을 강구하려 하였기 때문으로 보았다.[5] 또한 정진석과 김민환은 자치위원회가 1945년 10월 25일 『매일신보』 주주총회에서 선출된 임원진 구성에 대해 반발한 이유는 이들이 우익적인 성향의 인사들이었기 때문이라고 하였다.[6] 이에 대해 송건호는 자치위원회가 10월 25일 인사에 대해 반발한 것은 선출된 임원들 가운데 친일부역자들이 섞여 있었기 때문이라고 주장하였다.[7] 기존의 연구들은 그 원인은 조금씩 다르게 밝히고 있으나, 미군정과 자치위원회가 기사 내용과 새로 선출된 임원진의 성향으로 인해 대립하였다고 주장하고 있다. 그러나 해방 직후의 『매일신보』의 입장과 태도를 자치위원회와 미군정과의 대립만으로 설명하기엔 무리가 따를 것으로 생각된다. 막강한 미군정의 권한에 비해 자치위원회는 그 조직과 실체에 대한 검증이 부족하기 때문이다. 게다가 해방 직후의 『매일신보』는 '생존'이라는 매우 절박한 문제에 직면하고 있었기 때문에 『매일신보』의 정간과 경영진의 교체, 자치위원회의 활동을 정치적인 것으로만 설명할 수 있는지도 미지수이다.

---

4) 서울신문사사편찬위원회편, 『서울신문 40년사』, 1985; 서울신문사, 『서울신문50년사』, 1995; 서울신문사, 『서울신문100년사』, 2004.
5) 최준, 『韓國新聞史』, 일조각, 1960; 계훈모, 『韓國言論年表』 I~III, 관훈클럽신영연구기금, 1988~1993; 정진석, 『언론조선총독부』, 커뮤니케이션북스, 2005.
6) 김민환, 『미군정기 신문의 사회사상』, 나남출판, 2001, 209쪽.
7) 송건호, 『송건호전집』 2, 한길사, 2002, 23쪽.

실제로 『매일신보』는 해방 이후에 창간했거나 속간한 신문들과는 다른 성격을 지니고 있었다. 비록 해방이 되었으나 일본제국주의에 가장 강력한 통제하에 있었던 관제언론이라는 일종의 책임이 있었고, 내부적으로는 해방과 미군정의 실시라는 새로운 정치적 상황에서 살아남기 위해 새롭게 거듭나야 한다는 위기에 처해 있었다. 해방 직후 많은 신문들이 특정한 정당의 기관지이거나 정치적 지향성을 띠고 탄생했던 것과는 달리 『매일신보』는 일제의 敵産으로 남겨졌기 때문에 미군정의 영향력을 무시할 수 없었다. 또한 해방 직후 한 달여간 유일한 한글 신문으로 그 영향력이 매우 컸으므로 다양한 정치세력의 주목을 받고 있었다.[8] 때문에 『매일신보』가 해방 이후 어떻게 변화하는지 후신인 『서울신문』이 어떠한 정향을 가지고 있는지에 대한 연구는 해방정국과 중간파에 대한 고찰에 도움이 될 것이라 생각된다.

본 논문은 크게 6장으로 구성되어 있고, 각 주제들에 대한 연구경향과 밝히고자 하는 세부적인 내용은 다음과 같다.

제2장에서는 해방 직후의 『매일신보』가 처한 상황과 자치위원회와 미군정과의 경영권과 기사보도를 둘러싼 대립 관계를 살펴보려 한다. 이를 통해 『매일신보』의 경영진 교체와 『서울신문』의 발간 과정을 설명하고 교체된 경영진의 경력을 분석하여 이들의 정치적 경향을 고찰해볼 것이다. 또한 『서울신문』의 수익 구조를 분석하여 『서울신문』의 보도경향을 경제적인 관점에서도 살펴보고자 한다.

미군정의 언론정책은 전후 미군이 일본에서 적용했던 것과 마찬가지로 미국의 전시 검열제도가 그 근간이 되었다.[9] 서울을 점령한 다음 날

---

8) 1940년 8월 10일 『조선일보』와 『동아일보』가 폐간된 후 『매일신보』는 유일한 한글 신문으로 존재했다. 이후 『조선일보』는 1945년 11월 22일에 복간되었고, 『동아일보』는 8일 뒤인 12월 1일에 속간되었다.

9) 1945년 1월 15일 미국 검열국은 군대의 수송 주둔지 군수품의 제조 및 일기에 관한 상황의 보도를 일체 금지하는 내용의 미국신문 전시활동 강령(Code of Wartime Practices for the American Press)을 제정·공포하였다. 이러한 전시 언론제도와 규정은 종전과

인 9월 9일 하지(John Reed Hodge)는 '조선동포에 고하는 성명'을 발표 하였는데 그 요지는 신앙의 자유·언론 사상의 자유를 보장할 것이며 신문과 라디오가 곧 조선 사람을 위한 기관이 될 것이라는 것이었다. 9월 11일에는 서울 시내 각 대표 신문기자들 앞에서 군정 시정 방침을 발표하고 기자들과 회견하였는데 이 자리에서 하지는 언론의 자유를 보 장할 것이나 치안을 방해하는 경우는 예외로 하겠다는 요지의 발언을 하였다. 구체적으로는 먼저 조선에 '문자 그대로의 절대한 언론자유'가 있으며 사상과 의사 발표, 취재에 간섭도 방해도 안하고 검열도 하지 않으리라 언급하였다. 그러나 언론이 정당한 의미의 치안을 방해하는 것이라면 이런 경우는 예외로 할 것이라고 하였다. 또한 이 기회에 남한 신문이 일대 혁신하여 미국 신문처럼 대중을 지도하고 언론을 일으키는 역할을 하기를 바란다고 하였다.10) 즉 미군정은 신문을 포함한 민간 언 론기관에 대하여 군사적 보안과 훈령에 서술된 목표 달성을 위해 필요 한 정도의 최소한의 통제와 검열을 실시하였으나 민주주의적 이상과 원 칙을 보급시켜 한국인을 계도하는 데 활용하고자 하였다.11) 때문에 미 군정 측에서는 해방 직후 국내의 최대 신문사였던 『매일신보』의 대주주 로서의 위치를 활용하여 『매일신보』를 그들의 이익에 반하지 않을 언론 사로 개편시키려 하였을 것이다.

해방 이후 『매일신보』는 상황에 따라서 미군정에 호의적인 기사를 쓰거나, 때로는 건국준비위원회와 인민공화국에 우호적인 기사를 쓰면

더불어 대부분 폐지되었으나 일본을 점령한 미군은 일본에서 이러한 전시 언론제도에 준 하는 언론정책을 시행하였다. 그 내용은 군정정책 반대 기사 통제, 사전 검열 강령제정· 공포, 연합국 비난 금지, 연합군 활동 보안 유지 등이 그것이다. 또한 미국의 외교정책의 근간인 반공주의, 일본 군국주의에 대한 반 군국주의 차원에서 공산주의 언론에 대한 통 제 강화, 극심한 통제하의 군국주의 일본 언론에 대한 자발적인 자유화 운동 지원 등이 그 예이다. 김복수, 「미군정 언론정책과 언론통제」, 『한국사론』 44, 국사편찬위원회, 2006, 10·12쪽.

10) 김복수, 앞의 논문, 23~24쪽.
11) 김국태 옮김, 『해방3년과 미국』 I, 돌베개, 1884, 92쪽.

서 자신들의 입장을 정리해 나갔다. 그 과정 속에서 최대 주주인 미군정과의 마찰을 빚기도 하는 등의 우여곡절을 겪었고 결국 미군정의 의도대로 새로운 경영진을 맞이하면서 『서울신문』으로 재탄생하게 되었다.

『서울신문』은 전신인 『매일신보』와 완전히 그 성격이 다른 신문이었다. 이렇게 된 데에는 그 경영진들의 정치적 경향이 큰 영향을 미쳤다. 때문에 이들에 대한 분석은 『서울신문』의 성격을 규정하는 데 반드시 필요하다고 할 수 있다. 또한 수익 구조를 고려했을 때도 『서울신문』의 보도경향은 변할 수밖에 없었다. 때문에 2장에서는 『매일신보』가 『서울신문』으로 '혁신속간' 되는 것이 어떤 의미를 가지고 있는지 살펴볼 것이다.

제3장에서는 미군정과 서울신문사의 관계 및 간부진의 정치적 활동과 언론관을 살펴보고자 한다. 미군정하 『서울신문』은 다양한 측면에서 미군정의 영향을 받을 수밖에 없었다. 특히 언론 사업을 유지하기 위해 서울신문사 임원진들이 벌인 보험업과 대규모 통신사였던 합동통신의 장악 등은 미군정의 도움이 없이는 불가능한 일이었다고 할 수 있다. 그런데 미군정은 『서울신문』을 '좌익적'이라고 평가하고 있었고 『서울신문』이 늘 미군정에 우호적인 보도를 한 것도 아니었다. 그렇다면 미군정이 무엇 때문에 서울신문사 간부들의 사업 확장을 도왔고, 보도 내용에 대해 크게 문제 삼지 않았는지에 대해 살펴볼 필요가 있다고 생각된다. 아울러 임원진의 언론관과 정치적 활동에 대해서 살펴볼 필요가 있다.

따라서 본장에서는 『서울신문』의 경영과 미군정과의 관계를 살펴볼 것이다. 또한 서울신문사 임원의 정치적인 활동과 언론관을 살펴 해방 정국에서 이들의 정치적 성격을 규정해 보고자 한다. 다만 이들의 언론관을 살피는 데는 서울신문사 자체의 내부 자료가 부족한 관계로 서울신문사 내의 두 매체 『서울신문』과 잡지 『신천지』의 보도 내용 및 서울신문사 임원진의 회고를 사용하고자 한다. 이 과정을 통해 서울신문사가 어떻게 중간파의 정치적 기반을 제공하였는지도 밝힐 수 있을 것이라 생각된다.

제4장에서는 『서울신문』에 나타나는 국가건설의 정향성 대해 분석해보고자 한다. 『서울신문』은 특정한 정당이나 정부기관의 기관지가 아니었다. 때문에 정치적 성향은 서울신문사 경영진의 영향을 크게 받을 수밖에 없었다. 그러므로 『서울신문』이 이상적으로 생각하는 국가건설론에 대해 분석한다면 임원진의 정치적 성향에 대한 분석도 가능할 것이다. 또한 『서울신문』이 해방정국에서 어떤 정치세력의 기반이 될 수 있었는지도 파악할 수 있을 것이라 생각된다.

이것을 파악하기 위해 『서울신문』에 나타나는 이상적 정치체제론, 경제체제론, 민족문화론과 국민교육론, 아울러 친일 문제에 관한 인식에 대해 살펴보자 한다. 이 문제들은 모두 해방정국하에서 모든 정치세력이 관심을 가지고 있던 것들이었다. 또한 사안에 따라서는 서로 대립하며 각자의 특징을 나타내던 사항이기도 하다.

이 중 정치체제에 대한 문제는 대한민국헌법에 관련한 『서울신문』의 사설을 통해 분석할 것이다. 그리고 경제체제는 당시 가장 직접적인 문제가 되고 있던 토지개혁과 기업정책에 관한 인식을 통해 살펴보고자 한다. 또한 친일 문제에 관한 인식은 당시 정치세력에 따라 그 인식과 반응이 첨예하게 대립하던 문제였으므로 이 문제를 살펴보면 『서울신문』의 정치적 정향을 파악할 수 있을 것이다. 끝으로 민족문화론과 국민교육론은 당시 모든 정치세력들이 공통적으로 중요시 여기던 문제로 『서울신문』에서는 이에 대해 어떤 인식을 가지고 접근했는지에 대해 서술할 것이다.

제5장에서는 『서울신문』의 기사분석을 통해 '중간파'의 정국인식에 대해 살펴보고자 한다.

새로 선임된 임원진 중 상당수가 정치에 참여했음에도 불구하고, 『서울신문』의 보도는 사실위주의 '객관적'인 성향을 띠고 있었다. 여기에는 크게 몇 가지 이유가 있었다. 첫째는 『서울신문』의 대주주가 미군정이었기 때문에 그 영향권에서 완전히 벗어날 수 없었다는 점과 중간파 자체의 입장 때문이었다. 『서울신문』은 대주주였던 미군정의 언론정책에 정면으로 반발하기보다는 가능한 한도에서 조화를 이루는 편이 훨씬 유리했기 때문이다.

그러나 『서울신문』의 기사보도에 지향성이 없었던 것은 아니었다. 그것은 사설과 火曜政評 등을 통해 확인이 가능한데, 『서울신문』의 사설은 다른 신문사에 비해 분량은 많지 않지만 역설적으로 『서울신문』이 어떠한 문제에 보다 관심을 기울이고 어떤 시각을 가지고 있었는지를 파악하기에 용이하다고 생각된다.

본장에서는 해방 직후 『서울신문』의 사설과 화요정평 등을 통해 1940년대 후반 『서울신문』의 정국인식을 살펴보려 한다. 이 과정에서 『서울신문』 이외 동 시기 다른 신문과의 대조를 통해 『서울신문』의 논조를 분석해 보고자 한다. 이를 통해 중간파의 정치의식과 사회를 바라보던 시각, 중간파의 분화 과정의 일면을 알 수 있을 것이고, 『서울신문』의 성격도 보다 뚜렷하게 나타날 것이다.

제6장에서는 정부 수립 전후 『서울신문』 간부진의 동향과 기사 내용 분석을 통해 이승만 정부와의 마찰 과정과 기관지화까지의 내용을 서술할 것이다.

대한민국정부 수립을 전후하여 실질적으로 중간파의 정치적 입지는 크게 축소되었다. 또한 『서울신문』의 발간과 논조에 지대한 영향을 끼쳤던 중간좌익 성향을 가진 전·현직 간부들이 북한으로 월북하는 사태가 벌어지게 되었다. 이러한 상황에서 『서울신문』은 또 다른 변화를 보이지 않을 수 없게 되었다.

특히 1947년 중반부터 『서울신문』의 어조는 본격적으로 중간우파적 성격을 드러내는데 그것은 중간파의 정치적 위상 변화와 맞물린 현상으로 미군정으로부터 좌익이라는 평가를 받았던 『서울신문』이 '중립'이라는 평가를 받을 정도가 되었던 것이다. 중간좌익 성향인 간부의 월북에 대처하고 새로운 분위기에 적용하기 위해 논조의 변화를 꾀한 것이다. 그러나 이전에 비해 논조가 우익에 가까워졌다고는 해도 그 특징이던 중간적인 성향은 사라지지 않았다.

그러나 『서울신문』의 중간파적 논조는 이승만 정권과의 불화를 가져왔고, 그것은 큰 위기가 되었다. 결국 정부는 『서울신문』을 정간시키고, 정부기간지화 하는데 그 과정은 이승만 정권의 언론정책과 이후 정부와 언론사와의 관계를 수립하는 중요한 사건으로 남았다.

따라서 본장에서는 중간파 세력의 정치적 입지 변화 그리고 대한민국 정부 수립에 따른 『서울신문』의 논조와 입장·인적구조의 변화를 살피고, 『서울신문』의 정부기관지화 과정을 고찰해 보고자 한다. 또한 『서울신문』 간부진과 언론계가 정부의 기관지화 의도에 어떤 반응을 보이고 대응해 나갔는가도 함께 살펴보고 간부진의 경질 이후 새로 임명된 간부진의 성격에 대해서도 언급하려 한다. 아울러 서울신문사의 임원진 교체를 통해 이승만 정권하의 중간파 기반의 소멸 과정에 대한 이해도 넓힐 수 있을 것이라 생각된다.

제2장

『매일신보』가 『서울신문』으로 혁신속간되는 과정

『매일신보』가 『서울신문』으로
혁신속간되는 과정

1 8·15 해방과 매일신보사의 상황

1945년 8월 15일 일본군이 연합군에 항복했을 때 조선어로 발행되는 일간지는 『매일신보』 하나밖에 없었다. 『동아일보』와 『조선일보』가 1940년 8월 10일 동시에 폐간된 뒤에도 『매일신보』는 발행을 계속하였으나, 전쟁 말기의 종이 기근과 극심한 물자 부족으로 減面을 거듭하여 타블로이드 2페이지로 지면이 줄어든 상태로 발행하고 있는 형편이었다.[1]

일본이 패망한 날인 8월 15일자 기사에는 日王의 조서와 조선총독 阿部의 諭稿가 실리는 등 총독부의 기관지로서의 모습에는 변함이 없었다. 그러나 일본의 무조건 항복이 알려지면서 각 정치세력들은 우선 언론 기관부터 장악하려고 시도했다. 여운형은 건국준비위원회(이하 '건준')를 배경으로 정국의 주도권을 쥐기 위해 기민하게 움직이면서 우선적으로 신문사를 장악하는 일에 착수했다. 건준은 8월 16일 매일신보사의 접수를 기도하였으나 일본군의 관여로 뜻을 이루지는 못하였다.[2] 당시 『매일신보』 정치부 기자였던 金永上의 회고에 따르면 "신문사 차장

---

1) 서울신문사, 『서울신문50년사』, 1995년, 132쪽.
2) 정진석, 앞의 책, 286쪽.

이하 사원들은 1945년 8월 17일 이후 정식으로 자치위원회를 조직하고 신문을 발행하였는데 그날 건준에서 파견한 접수원들이 밀고 들어와 『해방일보』로 개제하여 신문을 발행하였다고 하였으나 자치위원회는 일단 이를 거부하였다"고 하였다.3) 이런 내용들은 당시 『매일신보』 접수위원 중 한 사람이던 梁在廈가 남긴 기록에서도 확인이 가능하다. 양재하는 1946년 2월 26일 『한성일보』 창간호에 "8월 15일이 오고 보매 나 자신도 모르는 사이에 『매일신보』 접수위원의 한 사람으로 지명된 것을 라디오로 알게 되자 황망히 달려가서 『해방일보』(이 신문은 현 해방일보가 아니고 세상에 돌리지 못했다)를 만들어 보았다. 해방이 되어도 신문제작이 역시 나의 天職인가 해서 건국에 이바지하려 했더니 그것도 日帝의 간섭과 그 잔재 외 잡음으로 말마암아 三日天下의 말 그대로 사흘 만에 퇴진하고 말았다"라는 내용의 기사를 남겼다.4)

그러나 해방 직후 조선총독부로부터 상당한 권한을 위임받은 건준의 동향에 대해 『매일신보』도 큰 관심을 가지고 있었던 것으로 보인다. 『매일신보』는 해방 직후 기사에서 「民族解放의 獅子吼 우리들의 이상의 樂土를 세우자」는 呂運亨의 강연,5) 식량 문제 해결을 위한 쌀 확보6)와 건국준비위원회의 지령 내용7)을 게재하는 등 건준의 활동을 비중 있게 다루었다. 미군이 각 지방에 진주하기 전까지 건준 지부 또는 각급 지방 인민위원회가 실질적으로 행정의 기능을 행사한 지역이 많았고, 당시 소련군의 서울입성설8)이 유포되기도 하여 실질적으로 건준을 무

---

3) 대한언론인회편,『녹취 한국언론사』, 2001, 大韓言論人會, 34~35쪽. 단,『매일신보』에서는 1945년 9월 23일자 기사에서 종업원자치위원회의 존재가 드러난다. 「謹告」,『매일신보』, 1945년 9월 23일자.
4) 「다시 輪轉機 앞에서(梁在廈)」,『漢城日報』, 1946년 2월 26일자
5) 「民族解放의 獅子吼 우리들의 이상의 樂土를 세우자: 여운형씨 강연」,『매일신보』, 1945년 8월 17일자.
6) 「百十一萬石을 確保 食糧問題 念慮업다」,『매일신보』, 1945년 8월 17일자.
7) 「建國準備委員會指令」,『매일신보』, 1945년 8월 18일자.
8) 소련군의 서울진주설을 유포시킨 자는 당시 경성보호관찰소장 長崎祐三으로, 휘하의 대

시할 수는 없었을 것이다. 이러한 당시 상황 때문에『매일신보』가 건준의 기관지 역할을 하기 시작했다고 보는 견해도 있다.[9]

그러나 해방 직후에 조선총독부가 잔존해 있었던 불안정한 정치상황을 고려해 볼 때, 당시의『매일신보』를 건준의 기관지로만 설명하기에는 어려운 측면이 있다.『매일신보』는 건준 출범 직후인 8월 17일과 18일에 건준에 대한 기사를 집중적으로 다루었고, 위원회전체대회[10]라든지 조선인민공화국의 선포 등[11]에 대해서도 비중 있게 보도하였으나, 8월 24일부터는 건준 관련 기사가 다수를 점하는 날은 거의 없었다.[12] 8월 24일자『매일신보』는 조선에서 미군이 군정을 실시하게 된다는 내용의 기사를 실었다.[13] 조만간 미군이 진주한다는 사실이 알려진 상황에서 좌익계열만 남은 건준의 위치는 확정적이라 할 수 없었다. 게다가『매일신보』는 아직 조선총독부의 영향력에서 완전히 벗어났다고 하기 어려웠기 때문에, 해방 직후의 복잡한 정국하에서 건준의 기관지 역할을 했다고 판단되지는 않는다.

실제로 건준은 총독부와의 마찰에 의해 한동안 활발한 활동을 하지는 못하였던 것으로 보인다. 8월 19일에도 총독부 측은, 치안 유지에 협력함이 건준 본래의 사명인데 건준이 취한 행동과 발표는 이에 어긋났다

화숙 회원들을 동원하여 소동을 일으킨 것이라고 한다. 그가 이런 내용을 유포시킨 이유는 '흥분한 조선인폭도'들로부터 일본인들을 보호하기 위함이었다고 한다. 이현주,「8·15 전후 朝鮮總督府의 정책과 朝鮮政治勢力의 대응」,『국사관논총』, 2006, 259쪽.

9)『朝鮮年鑑』, 朝鮮通信社, 1947, 278쪽.

10)「呂, 安正副委員長 留任하기로 決定」,『매일신보』, 1945년 9월 4일자.

11)「國號는 朝鮮人民共和國」,『매일신보』, 1945년 9월 7일자.

12) 8월 18일 바로 다음 신문은 8월 24일에 발간된 신문이다.

13) 기사의 내용은 아래와 같다.

"(東京電話同盟) 美담會談은 日本領土의 處分에 關하야 카이로會談 諸條項을 實開하야 (중략)

一. 朝鮮은 이를 自由獨立케 할 것은 明白하는 바 (중략) 朝鮮에 關하여서는 자주독립의 정부가 樹立될 때까지는 米國과 蘇聯의 分轄占領 下에 두고 各各 軍政이 施行될 것으로 보인다. (하략)"「조선은 蘇軍과 米軍 臺灣은 重慶이 保障占領」,『매일신보』, 1945년 8월 24일자.

고 지적하면서, 건준을 엄하게 단속하겠다고 으름장을 놓았다. 한편 조선 주둔 일본군부는 조선총독부 정무총감 遠藤柳作와 여운형이 교섭한 사실을 뒤늦게 알고 분개하여, 군이 치안의 지도력을 가지겠다고 주장하였다. 이들은 8월 16일「정치운동 취체 요령」을 작성하여「관내 일반 민중에 고함」을 포고하였다.14) 총독부는 군부의 강력한 요청을 받자, 8월 29일 조선인 단체의 책임자를 종로경찰서에 소집하여 놓고 모든 조선인 정치단체와 치안유지 단체는 당일 오후 5시까지 간판을 떼고 즉시 해산하라고 명령하였다.15) 총독부의 이러한 포고는『매일신보』를 통해 보도되어 건준 관련 기사들과 나란히 지면에 실렸고, 조선총독부와의 마찰로 인해 한동안 건준의 활동은 주춤하였던 듯하다. 이는『매일신보』에 보도된 아래의 인용문이 보여 준다. 이 인용문은『매일신보』기자와 당시 건준 부위원장이던 安在鴻과의 인터뷰 내용 중 일부이다.16)

> 問 : 오래동안 朝鮮建國準備委員會의 報道를 하지 못했는데요…
> 答 : 最初부터 ○○하얏든 바이지만은 우리 朝鮮建國準備委員會 事業은 예상외의 難關에 마닥처 數時 停止 ○○에 處해서스므로 報道 別한 ○○工作도 한동안 中斷되었섯습니다. 卽 新報를 通한 ○○工作이 難關에 處햇든 半面을 如實히 말한 것이라고 볼 수 잇습니다.

이처럼『매일신보』는 건준에 관련된 기사만 실었던 것이 아니다. 위의 인용문에서 보이는 바와 같이 해방 직후 건준의 '工作'은 뜻대로 이루어지지 않았으며, 활동 역시 어려움을 겪고 있었던 것으로 생각된다. 또한『매일신보』는 횟수는 적으나 조선총독부의 입장을 보여 주는 기사도 싣고 있었다. 미군진주 사실이 보도된 1945년 8월 24일부터 미군진주일인 1945년 9월 8일까지의 기사 내용을 확인해 보면 건준 관련 기사의

---

14) 김인식,『안재홍의 신국가건설운동』, 2005, 선인, 79~80쪽.
15) 「輕擧妄動을 삼가라 人心攪亂 治安妨害는 斷乎措置」,『매일신보』, 1945년 8월 17일자.
16) 「大乘的으로 協心 民族大業에 努力」,『매일신보』, 1945년 8월 24일자.

비중은 그다지 높지 않았다. 이 시기 기사의 구성과 주요 기사의 내용을 살펴보면 다음과 같다.

[표 1] 해방 직후 『매일신보』 기사의 구성과 내용

날짜/분류	외신	건준·인공	미군정	총독부	국내
1945.8.15	0	0	0	5	0
1945.8.16	15	0	0	0	3
1945.8.17	1	7	0	1	4
1945.8.18	0	4	0	0	14
1945.8.24	11	1	0	1	7
1945.9.1	14	1	0	0	8
1945.9.2	4	1	0	0	8
1945.9.3	6	2	0	0	17
1945.9.4	20	3	0	0	10
1945.9.5	3	0	0	0	11
1945.9.6	12	0	0	0	14
1945.9.7	20	2	0	0	17
1945.9.8	14	0	2	0	12

* 위의 표에서 건준·인공, 미군정, 총독부 항목은 각각 그 기관에 대한 직접적인 기사만을 대상으로 하였다.

[표 1]에서 보는 바와 같이, 24일 이후 기사를 살펴보면 가장 큰 비중을 차지하고 있는 것은 외신기사였다. 특히 연합군의 그중에서도 미국의 동향에 연관된 기사가 다수를 차지하고 있는데 미군이 조선에 진주하여 조선군과 교체한다는 사실도 보도하고 있다.[17] 또한 일본의 항복전문을 자세히 보도하고 조선을 미·소 양군이 분담하게 된 내용을 자세히 알리면서[18] 대한민국임시정부와 그 구성원에 대해서도 호의적으로 소개하였다.[19] 『매일신보』는 1945년 9월 5일자 1면 머리기사로 임

---

17) 「美國軍進駐와 治安」, 『매일신보』, 1945년 9월 2일자.
18) 「聯合軍占領地域分擔決定 朝鮮은 美, 蘇 兩軍分擔」, 『매일신보』, 1945년 9월 3일자.
19) 「重慶에 韓國臨時政府」, 『매일신보』, 1945년 9월 4일자; 「새朝鮮建設에 海外서 싸운 鬪

시정부 요인들을 소개하는 내용을 게재하였다. 이 기사에 소개된 인물들은 金九, 金奎植, 申翼熙, 趙素昻, 趙琬九, 金尙德, 金元鳳, 崔東旿 등이다.『매일신보』는 이들의 업적을 치하하고 이들에 대해 감사하자는 내용을 소개글 앞에 기술하고 있다.20)

고향산천을 등지고 부모형제를 이별하고 만리타국에 건너가 조선의 독립과 민족의 자유해방을 위하여 싸워온 여러투사들에게 우리들은 오늘의 기쁨과 감시를 받치지 않을 수 없다. 해외투사들에게 우리들은 오늘의 기쁨과 감사를 받치지 않을 수 없다. 해외풍상 수십년에 고향인들 오작 그리웟겟스며 부모형제인들 우작이나 보고시펏스랴? 때로는 태양없는 囹圄에서 때로는 굶주림과 추위에 떨면서 구핌업시 끈힘업시싸웟온 그들의 투지와 이상을 우리는 三천만 겨레 전체의 운명을 념원으로써 언제나 ○겟을 수 잇섯든것이다. (중략) 여기에 우선 발표된 한국임시정부의 각원 여러분부터 대강 소개하야 우리들의 존경하는 마음을 표하고저 한다. 그분들의 악전고투 피와 땀으로 ○거운 과거를 ○때 우리들은 다만 눈문을 금할 수 업다

이처럼『매일신보』가 건준뿐만 아니라 미군 및 연합군의 동향과 임시정부에도 관심을 가졌으며, 특히 미군과 연합국에 관심이 높았다. 미군이 진주한 9월 8일에는 미군의 진주에 환영의 뜻을 나타내는 기사를 영문으로 싣기도 하는 등 전반적으로 미군정에 대한 호의적인 태도를 보였다.21) 대체로『매일신보』는 해방정국하의 혼란한 상황 속에서 당시의 정세를 좌우하던 다양한 정치세력들─미군정, 임정, 건준, 인공 등─에 대해 기사화하면서 건준과 미군정에 대해 호의적인 태도를 취하고 있었다.

『매일신보』의 이러한 보도 양상은 매일신보사의 사내 형국과도 깊은 연관성이 있었다. 해방 직후의 혼란한 정국 속에서, 매일신보사의 경영

士들 不屈의 志操와 情熱 피와 땀이 얼킨 苦難의 길」,『매일신보』, 1945년 9월 5일자.
20)「새朝鮮建設에 海外서 싸운 鬪士들 不屈의 志操와 情熱 피와 땀이 얼킨 苦難의 길」,『매일신보』, 1945년 9월 5일자.
21)「WE WELCOM OUR ALLIED FORCES INTO SEOUL!」,『매일신보』, 1945년 9월 8일자.

진이 신문사에 영향력을 발휘하지 못하였으므로 『매일신보』는 존립 자
체가 불분명했다. 이때 『매일신보』를 실질적으로 이끌어 나간 것은 매
일신보사 종업원들이 조직한 從業員自治委員會였다. 신문사의 재산을
지키며 지속적으로 신문을 발행하는 일은, 종업원들에게는 말 그대로
생존이 달린 중요한 문제였다. 『매일신보』의 자매지였던 『京城日報』의
사내 사정을 참작하여 당시 『매일신보』의 상황을 짐작할 수 있다. 『경
성일보』 공무부 관하 주조부에서 활자주조공으로 일했던 변용수는 다음
과 같이 회고하였다.

면담자 : 출근 안하셨어요? 경성일보에.
구술자 : 출근을 그 수당 받아가지고 마 안 갔지 싶어요.
면담자 : 수당이 그날 나왔습니까? 해방되는 날.
구술자 : 어 저 뭐꼬 해방되고 나와서 인자 하숙집에 드가 가지고 그 이튿날 며
　　　　칠 쉬다가 아마 신문사에 드갔어요. 드가니까 봉투에 뭘 주더구만. 그
　　　　수당이라 그게 그걸 내가 받은 기억이 나거든.
면담자 : 일당제로 하니까 그때 이미 뭐 신문도 발행 안 하지요?
구술자 : 난장판이 되었지 뭐.
면담자 : 부서지고.
구술자 : 뭐 숙덕숙덕. 부서진 건 없꼬.
면담자 : 뭐 저 사람들이 와가지고 일제 언론사다 해가지고 막 부수고 막 그런
　　　　건 없었어요?
구술자 : 그런 긴 없었어요. 우리 있을 땐 그런 일 없고. (중략)
면담자 : 그러면 그 경성일보도 이렇게 되고 매일신보도 그래 되었겠네요?
구술자 : 매일신보는 계속 신문이 계속되었지요. 와 한글 신문이니까. 한글로 신
　　　　문을 발행했으니까.
면담자 : 한글 신문.
구술자 : 매일신문은 한글로 신문 내잖았어요.[22]

---

22) 3차 변용수 구술(면담자: 김인호, 장소: 부산시 중구 중앙동 6가 22-33번지 삼우양행 변
　　용수 자택), 2006년 9월 6일.

변용수의 구술에 따르면, 해방 직후『경성일보』의 직원들은 수당을 받고서도 출근을 하지 않았고, 또한 신문 발행이 중단되었다. 실제 해방 직후 뚜렷한 주인이 없었던 탓에 끊임없이 접수 소동에 시달렸다.『조선일보』사장 方應謨를 비롯해,『동아일보』재건을 노리던 세력 등 여러 부류들이 미군정이나 군정장관의 명령을 빙자하여서, 상당한 재산을 가지고 있는『매일신보』를 접수하려는 시도가 잦았다.[23]

특히 방응모는 해방 이전 조선총독부가『조선일보』를 폐간시켰기 때문에 자신이『매일신보』를 관리해야 한다고 주장하면서, 21만 원 규모의 공탁금을 미군정에 제시하여 관리권을 위임받으려 하였다. 해방 이전『조선일보』의 윤전기가 일제에 의해 대만의 신문사와『만선일보』·『경성일보』등에 매각되었으므로,[24] 방응모는『조선일보』의 인쇄 능력을 확보하기 위하여 윤전기를 가져가려고 시도하였다.[25]

당시『매일신보』는 현재의 프레스센터 자리에, 연건평 1,830여 평 규모의 4층 콘크리트 건물로 지은 사옥과 부속 건물을 비롯하여, 독일제 알버트 윤전기 4대를 포함한 최우수 인쇄설비 일체를 소유하였다. 또한 부산 등지에 35만 3천 원 상당의 부동산이 산재하였으며, 지사 지국의 배급망 등을 확보하여 상당한 재산을 가지고 있었다.[26] 또한 자치위원회가 발표한「謹告」와 1945년 9월 중순쯤 미군정에서 파악한 한국어 신문에 대한 정보를 살펴보면『매일신보』직원들의 규모도 추정해 볼 수 있다. 미군정은『매일신보』에 관한 정보를 전쟁 前『조선일보』의 기자였던 이유건에게 얻었다고 밝히고 있다. 미군정은 당시 500명의 사원들

---

23)「매일신보는 어데로」,『매일신보』, 1945년 10월 24일자.
24) 이에 대해서는『조선일보 60년사』, 조선일보사, 1980, 273~274쪽.
25) 서울新聞社史에 따르면, 유명무명의 단체들이『매일신보』를 접수하기 위해 각기 문서를 가지고 와서 혼란을 겪었다. 심지어 방응모는 수행원을 거느리고 와서 매일신보사의 전체 사원을 모아놓고, 신문사를 접수했다고 선언하면서 윤전기를 가져가려고 하여 직원들이 그를 막았다. 아래 인용하는 신문사의 기록이 당시의 사정을 잘 보여준다. 서울신문사,『서울신문50년사』, 1995, 136쪽.
26) 서울신문사, 앞의 책, 137쪽.

이 해고선언을 받았다고 언급하고 있다. 또한 편집진들은 그들이 초당 파적이고, 정당에 소속되기를 거부했다고 한다.[27] 「謹告」에는 종업원의 수를 600명이라고 표현하고 있어 미군정이 파악한 수보다도 많다.[28] 이러한 『매일신보』의 사세를 고려할 때, 이를 접수하려는 세력들이 많았음은 추측하기 어렵지 않다. 또 신문사의 직원들도 해고를 원치 않았기 때문에, 그들의 생존의 문제를 해결하기 위해서라도 『매일신보』를 지키고 신문발행을 계속해야만 했다. 『매일신보』의 기사가 해방 직후의 모든 정치세력의 동향에 대해 고루 주시하면서, 향후 정국을 주도할 미군정에도 긍정적인 태도로 임한 것은 이와 같은 신문사 내외의 사정에서 말미암았다고 생각한다.

『매일신보』는 9월 6일까지는 경영진과 종업원 사이에 별다른 충돌 없이 발행되었다. 신문의 운영권을 둘러싼 갈등이 표면화되기 시작한 때는 일제가 항복한 후 3주일이 경과했던 9월 6일부터였다. 이날 중역 간부진이 전 종업원의 해고를 선언하였고, 더 이상 월급을 지급할 수 없다고 하였다.[29] 사원들은 이에 불복하고 자치위원회를 구성하고 자치적으로 신문을 발행하기 시작했다.[30] 위원장은 문화부 기자였던 尹喜淳[31]이었다.

이러한 자치위원회가 처음으로 신문지상에 모습을 드러낸 때는 1945년 9월 23일이었다. 이날 매일신보사의 종업원 일동은 자치위원회가 조

---

27) G-2 Periodic Peport no.9(1945.9.19).

28) 「謹告」, 『每日申報』, 1945년 9월 23일자.

29) G-2 Periodic Peport no.9(1945.9.19).

30) 정진석, 『언론조선총독부』, 2005, 커뮤니케이션북스, 287쪽.

31) 화가였던 윤희순은 1937년 『매일신보』에 입사하여 문화부에서 연재소설의 삽화를 그렸다. 좋은 집안에서 태어나 한문 공부도 했기 때문에 옛날 화가들의 화법에 대해 넓은 지식을 지녔다. 광복 후에는 造形美術同盟委員長으로 활동하는 인물이다. 『매일신보』가 『서울신문』으로 바뀌면서 감사 겸 출판국장이 되었다가 1947년 편집고문으로 물러났다. 저서로 『조선미술사연구』(서울신문사 출판국, 1947)가 있다. 1947년 5월 지병인 폐결핵으로 44세에 사망했다. 정진석, 『언론조선총독부』, 2005, 287쪽.

직되었다는 사실을 공개적으로 천명하는 성명을 『매일신보』 1면에 실었다.[32] 성명서는 매일신보사의 사원들은 해고통지에 따를 의사가 없으며, 그들 나름대로 계속 신문을 발간하겠다는 의지를 강하게 밝혔다. 또한 "총독정치의 翼贊 선전기관의 졸병 노릇을 통해 범한 죄과"에 대해 공개적으로 참회를 한 후 不偏不黨 엄정중립의 보도기관으로 새롭게 발족하겠다고 선언하였다. 자치위원회의 특정정당의 기관지 불가라는 입장은 25일 주주총회를 앞두고 당시 항간에 유포되었던 전 『동아일보』 사장이자 해방 후 韓民黨 수석총무였던 宋鎭禹의 '每申접수설'에 대한 견제이기도 하였다.[33] 이 같은 내용으로 미루어 자치위원회를 조직 · 구성한 목적은 신문사의 시설을 지키고 신문을 계속 발행함으로써 '종업원' 자신들의 생존권을 지키려는 데 있었다는 것을 알 수 있다.

❷ 미군정의 『매일신보』 인수와 『서울신문』으로 개제 · 속간

1945년 9월 8일 미군이 인천에 상륙하고 미군정이 시작되었다. 미군정은 10월 2일 매일신보사에 同社의 재산 접수를 통보하고 신문시설을 미군의 관리하에 두었으며,[34] 관리인은 『매일신보』의 간부사원이던 李相喆[35]을 선정하였다. 9월 8일 미군 진주 이후 『매일신보』의 기사에는

---

32) 「謹告」, 『매일신보』, 1945년 9월 23일자.
33) 서울신문사, 『서울신문50년사』, 1995, 133쪽.
34) 「근고, 주식회사 매일신보사 재산은 금10월 2일부터 조선주둔 미군의 보호관리하에 있음을 玆에 謹告하나이다」, 『매일신보』, 1945년 10월 2일자.
35) 이상철(충남 청양, 1893~1979.11.27)은 일본 메이지 대학 법과를 졸업하였다. 1924년부터 『동아일보』 · 『조선일보』, 『매일신보』 등에서 20년간 기자로 활동하였는데, 매일신보에서는 1932~1941년 6월까지 근무하였다. 해방 후에는 미군정으로부터 『매일신보』와 『경성일보』의 관리인으로 임명되었고, 1950년 자유신문사 부사장을 역임하였다. 2(1950년) · 5(1960) · 6(1963)대 국회의원에 당선되었고, 체신부장관과 내무부 장관을 역임하였다. 1965년에는 국회부의장이 되었으며, 1969년에는 신민당의 고문으로 위촉되었다.

변화가 생겨났다. 9월 9일 이후 사설이 실렸으며, 보도에는 외신기사의 비중이 줄고 국내 기사가 늘어났다.

미군이 진주한 이후에도 『매일신보』는 미군정에 우호적인 입장을 유지하였다. 이 시기의 『매일신보』의 정치적 입장을 표명하는 사설이나 기사들을 살펴보아도 미군정을 정면으로 비판하는 글을 찾아보기가 어렵고, 미군정에 대한 기대와 협조를 요망하는 기사가 대부분이다. 아래의 기사는 이러한 일면을 보여준다.

조선해방의 역사적 순간을 영원히 인치고 하로 밤을 새긴 경성의 거리는 깃발과 『포스터』로 한층 아름답게 장식되었다. 미국 군사가 마음노코 거리를 거러다니며 낫서른 조선의 풍경에 진기한 시선을 굴린다. 억개바람도 가볍게 거리를 오고가는 군중들은 미군의 기계자동차가튼 것이 지내갈 때마다 손벽을 치며 환호하다『그리만』비행기떼는 쉴새업시 떼를 지어 경성의 상공을 선회한다. 생활물자의 배급 전신전화 전차도 종전과 다름업시 운행되고 잇다고 그박게 모든 시설도 고스란히 확보되여 잇다 또 중요 시설에는 이미 미국군이 경위하고 잇고 종로상점거리도 점내를 차츰 정돈해 가고 있다. 어느 상점에서는 깨끗하게 유리창을 닥고 상품을 장식해 노핫스며 밤에는 『비온싸인』까지 황홀하게 부활 식힌 곳도 잇다 그러나 며칠 전까지 거리에 범남하든 폭리배들의 저자는 그림자를 감추기 시작하고 거리는 갈수록 명낭해가고 잇다. 그리하야 경성의 질서는 미군진주 아래 안정되여가고 잇다.[36]

『매일신보』는 미군이 진주한 이후, 서울의 밤거리가 아름답고 평화로우며 배급과 전신전화, 전차 등도 종전과 다름없이 운행되고 있고 폭리배 등이 사라지는 등이 사라졌다는 보도를 하였다. 이것은 미군 진주 이후 조선의 상황이 안정되어 가고 있다는 긍정적 평가를 담은 기대와 전망이었다.

그 외에도 민주당 지도위원, 민중당 지도위원을 역임하였다. 康晉和 編, 『大韓民國 建國 十年誌』, 1956, 建國紀念事業會, 1064쪽; 大韓民國國會事務處, 『歷代國會議員總覽』, 1977, 38 · 97 · 194 · 245쪽.

36) 「美軍歡迎에 凱歌 市內商店街도 明朗秩序化」, 『매일신보』, 1945년 9월 11일자.

또한『매일신보』는 미군정이 치안과 행정을 담당하고, 건준이 이에서 손을 떼는 것에 대해서도 부정적인 시각을 전혀 나타내지 않았다. 1945년 9월 21일자의 「治安은 美軍과 警察官에 그 間의 治安隊, 學徒兵 등의 수고 감사」라는 기사는, 미군정이 진주함으로써 건준과 치안대의 활동이 종식되는 것이 당연하다는 논지를 보였다.37) 미군정 인사들의 약력 및 하지 중장의 회견 내용 등을 충실히 소개하는 한편, 미군정이 필요로 하는 사항에 대해서도 상당히 협조적이었다. 9월 25일 하지는『매일신보』를 통하여 조선인들에게 직장으로 돌아갈 것을 호소하였으며,38) 이튿날인『매일신보』는 교사들에게 교단으로 돌아가라는 내용의 사설39)을 싣기도 하였다.『매일신보』가 미군정에 접수된 날은 10월 2일이었는데,40) 이때까지의 기사에서 미군정에 대한 부정적인 기사는 볼 수 없다.

1945년 10월 9일『매일신보』의 '중역회'가 개최되었다.41) 이 중역회의에서는 임시 주주총회 소집, 취체역 사장 李聖根과 상무취체역 鄭寅翼의 사표 수리, 대표취체역 선임과 주식명의 書換 승낙 등을 심의했다. 이때 대표취체역으로는 崔昌學이 선임되었고, 나머지 사항도 가결되었다.42) 대표취체역에『매일신보』의 최대 주주인 金秊洙가 아니라 최창학이 선임된 데에는,『동아일보』가『매일신보』를 차지하려는 책동이 있다는 풍문이 부정적으로 작용하였다고 보인다.

자치위원회는『매일신보』의 대주주인 김연수가 주식을 사 모아 주주회의 석상에서 신문지배를 노리고 있다고 주장하였다. 이들은 중역회의

---

37) 「治安은 美軍과 警察官에 그 間의 治安隊, 學徒兵 등의 수고 감사」,『매일신보』, 1945년 9월 21일자.
38) 「일하는게 조선 위함이다. 도라가라 직장으로」,『매일신보』, 1945년 9월 25일자.
39) 「사설－敎壇으로 돌아가라」,『매일신보』, 1945년 9월 26일자.
40) 「謹告」,『매일신보』, 1945년 10월 2일자.
41) 이날의 중역회의는『매일신보』1945년 10월 11일자에 보도되었는데, 같은 지면에 바로 「아놀드 장관에게 충고함」이 실렸다. 바로 같은 지면에 문제가 되는 「아놀드 장관에게 충고함」이 실렸다. 이는 뒤에 다시 언급하기로 한다.
42) 「本社重役會」,『매일신보』, 1945년 10월 11일자.

다음 날인 10월 10일 중역들이 받았다는 문서를 증거로 들이댔다. 자치위원회는 이 문서가 장차 宋鎭禹 등 열 몇 명에게 매일신보사의 경영을 맡기게 되었으니, 이 문제를 토의하자고 종용하는 내용이었다고 폭로하였다.

자치위원회는 복간을 준비 중인 『동아일보』가 『매일신보』를 차지하려 한다는 주장에서 더 나아가, 한국민주당이 『매일신보』를 당 기관지로 만들려 한다는 등의 소문이 결코 근거 없거나 우연한 것이 아니라고 강조했다.[43] 자치위원회는 『매일신보』는 전 민중의 불편부당한 기관으로 재출발해야 한다면서, 『동아일보』는 『동아일보』로서 복간하고, 한국민주당은 신문이 필요하다면 독자적인 기관지를 가지라고 주장하였다.

자치위원회의 이러한 강경한 태도는, 『매일신보』가 일제 시기 총독부의 기관지 노릇을 자임하였던 경험에서도 출발하였겠지만, 더 근본적인 이유는 직원들의 생존 문제였다. 여타 신문사나 단체·정치세력들이 『매일신보』를 접수하였을 때, 기존 종업원들의 고용승계 문제를 비롯하여 『매일신보』의 독립적 존립에 근본적인 문제가 생겨날 것이 분명하였기 때문이다. 방응모가 『매일신보』를 접수하려 하였을 때 종업원들에 대한 해고를 선언한 적이 있었고[44], 광복 후 『경성일보』는 완전분해되어 종업원들이 실제로 직장을 잃었다. 게다가 1940년 8월 일제에게 신문을 폐간당하면서 매일신보에 인쇄 시설을 매각당했던 『동아일보』와 『조선일보』는, 자신들의 연고권을 내세워 『매일신보』·『경성일보』의 인쇄 시설을 이용하여 신문을 복간하려고 집요하게 시도하는 중이었다.[45]

10월 9일의 중역회의에서는 10월 25일에 임시 주주총회를 개최키로 하였다. 이러한 상황 속에서 자치위원회의는 『매일신보』의 존립과 운영에 위기를 느꼈고, 결국 社運營 참여의 필요성을 느꼈을 것이라 생각된

---

43) 정진석, 『언론조선총독부』, 2005, 커뮤니케이션북스, 304쪽.
44) 『서울신문100년사』, 서울신문사, 2004, 298쪽.
45) 정진석, 앞의 책, 346쪽.

다. 이에 자치위원회는 10월 23일 성명을 발표하고 자신들의 요구사항을 공개적으로 제시하였다. 이 성명서는 『매일신보』가 개인이나 특정 정당의 소유물이 되어서는 안 되고, 회사 운영에서도 자치위원회의 의견을 존중하며 협력을 구하라고 요구하면서, 사장 이하 간부도 자치위원회의 기대에 부합될 인물을 영접하라고 주장하였다.[46] 또한 자치위원회의 발언권 확보를 위해 일본인 소유로 되어 있던 株券을 유상양도하라고 요구하였다.[47] 자치위원회는 11월 8일자 『매일신보』에 성명서를 게재하고 그동안의 경과를 밝히는 한편, 주주총회에다가 자신들이 인사권과 社運營에 참여할 것을 요구하였다. 그러나 자치위의 요구조건은 10월 25일 주주총회에서 새로 선출된 중역진들에 의해 받아들여지지 않았다. 新重役陣들 중 吳世昌은 사장 취임을 거부하였고, 편집국장 李瑄根은 취임조차 알지 못한 상태에서 시일만 흘러갔다. 그 과정에서 새 중역진들 사이에 분열이 생겨 부사장 李相協과 전무 金炯元만 출근하였다. 자치위원회는 출사한 양 중역에게 요구 조건을 제시하였다. 이들은 11월 5일까지 그 문답을 보류하고 다 함께 『매일신보』를 위해 노력하기로 약속하였다. 그러나 이상협, 이형원은 『매일신보』 운영에 자신이 없음을 표명하고 자치위원회의 요구조건에 아무런 대답도 하지 않은 채 사임을 표명하였다.[48]

전종업원은 냉정하였고 또 인내의 힘을 충분히 발휘하였다. 이날의 주주총회의 쏫○은 그만두기로 하고 17, 8인의 중역진 중 상무중역만을 소개하기로 한다. 사장

---

46) 「매일신보는 어데로」, 『매일신보』, 1945년 10월 24일자.
47) 『매일신보』에 보도된 자치위원회의 요구 사항은 다음과 같다.
  "1. 사장 이하 중역 간부의 인사 문제는 자치위원회의 의사를 존중하여 결정하기 바란다.
   2. 관권이나 어느 편협된 정당 또는 그러한 유의 기관지가 된다거나 그러한 세력의 간섭에는 절대로 응하지 않는다.
   3. 우리의 발언권을 위하야 일본인의 소유로 되어 잇는 株券은 一切를 자치위원회에 유상양도하기 바란다." 「성명서(경과보고를 겸하야)」, 『매일신보』, 1945년 11월 8일자.
48) 「성명서(경과보고를 겸하야)」, 『매일신보』, 1945년 11월 8일자.

오세창, 부사장 김상협, 전무 김형원, 주필 겸 편집국장 이선근 그러나 그 후 오세창씨가 사장취임을 거부하였고, 이선근씨가 취임조차 不知인 채 허송세월만 보내다가 신중역진 내에도 분열이 생기고 결국 부사장 이상협씨와 전무 김형원씨만이 출사하였을 따름이다. 이에 전종업원은 자치위원회를 중심으로 이 양 중역에 대하여 우리의 요구조건을 제시하고 자치위원회와 손을 잡고 중역진을 더욱더 강화하는 동시에 전종업원의 의사를 수용하여 주기를 종용하였다. 이에 대하여 양씨는 11월 5일까지 그 문답을 보류하고 다 함께 매일신보를 위해 노력하기로 약속하였던 것이다. 그러나 그동안 이상협, 이형원 양씨의 노력과 군정당국의 각별한 고뇌에도 불구하고 11월 6일 아침 양씨는 우리들의 요구조건에 대하여 아무런 해답도 주지 못하였을 뿐만 아니라 변동기에 처한 매신의 ○替에 대하여도 아무런 자신이 없음을 분명한 다음 자치위원회에 後來를 一切 당부하고 (중략) 사임하고 말았던 것이다

이러한 미취임 사태가 일어나게 된 이유에 대해서는 두 가지 견해가 있다. 첫째는 임원 가운데 우익 인사들이 너무 많이 참여하였다는 판단 때문에 자치위원회에서 반대하였다는 견해이다.[49] 둘째는 새로 임명된 간부 중에 친일분자가 적지 않자, 이에 반발이 컸으므로 인사가 좌절되었다는 의견이다.[50]

위의 『매일신보』 기사에 따르면, 자치위원회는 새로 선출된 중역진에 전 종업원의 의사를 수용하라고 종용하였고, 요구 조건에 대해 생각해 볼 시간을 주었다. 이러한 점들이 사실이라면, 간부 진용에 우익계열의 인사가 많았기 때문에 자치위원회에서 반대하였다고 보는 견해에는 무리가 따른다. 단순히 우익 인사가 많았던 것이 문제였다면, 자치위원회는 간부들을 찾아가 요구조건을 협의하는 대신, 처음부터 이를 빌미 삼아 간부 진용의 교체를 강력히 주장했을 것이다.

자치위원회가 새로운 간부진 중 친일분자를 문제 삼았다는 견해도 설득력이 떨어진다. 무엇보다도 총독부의 기관지인 『매일신보』에 재직했던 사원들 자체가 친일 문제를 거론할 처지가 아니었으므로, 자치위

---

49) 서울신문사, 앞의 책, 1995, 134쪽.
50) 송건호, 『송건호 전집—민주언론 민족언론』 9, 한길사, 2002, 23쪽.

회가 친일 여부나 이념의 차이로 인하여 새 간부진을 배척했다고 보기 어렵다. 또『서울신문』으로 제호를 바꾼 뒤 편성된 새로운 간부 진영 가운데서도 친일 문제에서 자유롭지 못한 인물들이 꽤 있었다. 1945년 11월 21일 상무가 된 曺重煥은 대지주 출신으로 아버지는 曺秉學이다. 조중환이 직접 친일 행위를 하지는 않았으나, 그의 아버지 조병학은 일제강점기에 지역유력자이자 거액의 국방금품을 헌납한 인물이었다.[51] 조병학은 1942년 10월 15일 사망했는데, 일본육해군에 국방헌금 10만 원을 바치기로 한 그의 유언에 따라, 같은 달 28일 아들 조중환이 예정한 10만 원 가운데 1차분 5만 원을 대납하는 절차를 마쳤다. 이처럼 조중환도 친일 문제에서 결코 자유로운 처지는 아니었다.

이런 사정은 하경덕도 마찬가지였다. 하경덕은 1938년 大同民友會[52]에 가입하여 그 좌담회에 참석하였고,[53] 時局對應全鮮思想報國聯盟 京城支部員의 근로봉사에 참여[54]하기도 하였다. 그 외의 인물들도 크건 작건 친일 문제에 연루되어 있었다.

이상에서 설명한 사실들에 의거할 때, 새로운 간부진 중 친일분자가 다수였으므로 자치위원회가 간부진을 반대하였다는 견해에는 동의하기 어렵다. 자치위원회가 새로운 간부진용에 반발한 진정한 이유는, 새로운 간부진이 자신들의 요구 사항을 수용하지 않았기 때문이었다. 자치

---

51) 조병학은 1937년 3월 경성부 防護團 결성을 기념하고, 조선군사령부에 李相玉·林昊相·金溶禹 등과 함께 비행기 구입비로 1만 원씩을 헌납하였다. 같은 해 7월에도 애국군용기 경기도호 구입비 500원을 헌납했다. 또한 1938년 4월 매일신보사에서 주최하는 북지황군위문 겸 만주국 상업시찰단의 일원으로 참가했으며, 소감을『매일신보』, 1938년 4월 23일자에 피력하였다. 민족문제연구소,『친일인명사전』3, 2009, 564~565쪽.

52) 1937년에 內鮮一體와 皇國臣民化 등을 목적으로 설립된 친일단체로 친일 강연 개최, 일본의 태평양전쟁을 지원하기 위한 국방헌금 모금, 皇道 정신 선양, 기관총 자금 헌납 독려 등의 활동을 하였다.

53) 「時局對應全鮮思想報國聯盟 京城支部員의 勤勞奉仕에 관한 건(京高特秘 제1282호의 2),『思想에 關한 情報(9)』, 1938년 6월 28일자(한국역사정보통합시스템 데이터베이스).

54) 「時局對應全鮮思想報國聯盟 京城支部員의 勤勞奉仕에 관한 건(京高特秘 제1831호의 1),『思想에 關한 情報(11)』, 1938년 8월 10일자(한국역사정보통합시스템 데이터베이스).

위원회는 회사의 운영에 참여하고 독자적인 편집권을 획득하고자 하였다. 앞서도 언급하였듯이, 10월 23일 자치위원회의 성명은 인사권 등 회사의 운영에 참여를 요구하였다. 자치위원회의 이런 요구는 전조선신문기자대회에서의 지지에 영향을 받은 면도 있다. 10월 23일과 24일 양일에 걸쳐 열린 전조선신문기자대회에서 '매일신보자치위원회 지지의 건'이 가결되었다. 전조선신문기자대회는 조선신문기자회의 주최로 열렸는데[55] 24개의 언론사에 소속된 250명의 직원들이 참여하였다.[56] 이때 발표된 성명에서는 『매일신보』의 독자적인 편집권의 필요성을 강조하는 내용이 있다.[57] 『매일신보』는 민족통일과 자주독립촉성을 위하여 어느 당파나 편협한 권세의 지배하에 속해서는 안 된다. 몇몇 분자의 유행성을 띤 매국적 책동 또는 암약으로 중역 기타의 인사와 신문발행 및 보도의 자유를 관권의 간판 아래 간섭하고 지시하는 일이 있어서는 안된다. 조선신문기자회는 자치위원회의 주장과 활동을 적극적으로 지지하고 원조한다는 요지였다.[58] 이러한 전조선신문기자대회의 지지를 업고 자치위원회는 『매일신보』의 운영 및 인사권 참여 그리고 독자적인 편집권을 주장하였다.

11월 10일 자치위원회는 신문의 새로운 제호를 모집한다는 공고를 『매일신보』에 싣기에 이르렀다. 자치위원회는 8·15 이후 『매일신보』라는 이름과 낡은 성질을 버리고, 새 시대에 알맞은 새 이름으로 출발하기 위해 새로운 제호를 공고한다고 하였다.[59] 경영 주체가 확정되지 않았는데, 자치위원회가 신문의 제호를 바꾸겠다고 나선 것은 신문사를 소유할 태세를 보인 것이나 다름없었다.[60] 자치위원회가 공고를 낸 바

55) 「全朝鮮新聞記者大會開催」, 『自由新聞』, 1946년 4월 20일자.
56) 「24社 250명 출석, 전투적 언론진 구축 선언, 전조선신문기자대회 제1일」, 『自由新聞』, 1945년 10월 25일자.
57) 「성명서」, 『매일신보』, 1945년 10월 26일자.
58) 정진석, 『언론조선총독부』, 2005, 309쪽.
59) 「신문제호모집」, 『매일신보』, 1945년 11월 10일자.

로 그날 오후 미군정은 『매일신보』에 정간명령을 내렸다.[61]

왜 미군정은 자치위원회가 공고를 낸 바로 그날 즉각 이러한 조치를 취했을까. 이에 대해 자치위원회가 좌익계열과 밀접한 관계를 가지고 군정에 비판적인 태도를 취하였다는 데에서 원인을 찾는 의견도 있으나,[62] 이보다는 『매일신보』의 경영권을 둘러싼 다툼을 종식시키려는 조처였을 가능성이 더 크다고 생각한다.

미군정 문서에 따르면, 미군정이 『매일신보』를 정간시킨 사실상의 이유는 신문사의 재정 상태와 직접 관련이 있었다. 이 문제는 뒤에 자세히 언급하기로 하고, 당시도 그러하였지만, 오늘날에도 『매일신보』가 정치적인 이유로 정간이 되었다는 시각이 우세하므로 먼저 이 문제부터 확인하기로 한다. 이 견해에 따르면, 군정장관 아놀드(Archibald V. Arnold)가 10월 10일 발표한 성명에 대한 『매일신보』의 비판 기사가 발단이 되었다. 그러나 이 성명에 대한 당시 언론의 보도경향을 보더라도, 이를 정간의 실질적인 이유로 보기는 어렵다. 당시 아놀드의 성명은 거친 언어를 구사하며 인민공화국과 여운형을 겨냥하였다. 그는 조선의 유일한 정부는 미군정부뿐임을 천명하면서, 인민공화국은 권위와 실재가 없는 단체이며, 여운형을 비롯하여 인민공화국에서 활동하는 인물들을 괴뢰극의 배우로 폄하하였다.[63] 이에 대해 『매일신보』는 강경하게 반박하는 기사를 실었다. 『매일신보』는 아놀드 장관이 인민공화국과 여운형을 '괴뢰극을 하는 배우'라고 비난한 표현의 적절함을 문제 삼아 비판하였다. 이 기사는 인민공화국의 전신인 건국준비위원회가 비록 세상의 논란을 받는 일이 다소 있었다 하더라도 전 민중적인 활동을 펼쳤으며, 여운형이 그간 애써온 바를 생각할 때 애국자 볼 수 있다고 옹호하면서,

---

60) 정진석, 『언론조선총독부』, 2005, 309쪽.
61) 「社告-본보 정간에 대하여 독자에게 고함」, 『매일신보』, 1945년 11월 11일자.
62) 정진석, 『언론조선총독부』, 2005, 310쪽.
63) 「朝鮮엔 軍政府뿐 군정장관 아少將 발표」, 『매일신보』, 1945년 10월 11일자.

건준과 여운형을 '괴뢰극을 하는 배우'로 냉소할 아무런 이유가 없다고 지적하였다.[64]

이 기사가 발단이 되어,『매일신보』가 정치적인 이유로 정간되었다는 시각은 당시에도 이미 상당수 존재했던 것으로 보인다.[65] 그러나 무엇보다도『매일신보』에 문제의 기사를 쓴 政經部長 洪鍾仁[66]은 좌익계열과 밀접한 관계를 가지고 기사를 쓸 인물이 아니었다. 홍종인은 일제강점기『매일신보』사회부장, 國民總力朝鮮聯盟 이사를 지낸 인물이었다.[67] 1945년 12월 1일『조선일보』가 복간되자 사회부장으로 복귀하였다. 이듬해 8월부터 1947년 10월까지는 정경부장을 맡았는데, 같은 기간인 1946년 8월부터 10월까지는 편집부국장을 겸하였다. 1948년 11월부터 1959년 9월까지 10여 년 동안은 주필로 재직하면서, 같은 기간인

---

64) 아놀드의 성명을 비판하는『매일신보』의 기사는 다음과 같다.
  "一. 여상의 문구는 우리 예절을 지키려는 識者間에는 특히 공식적으로는 못쓰는 법이다. 특정한 분문율이다. 신문기자로서 그런 유의 글을 우리들 신문『제1면에 특재』된 기억을 찾을 수 없다. (중략)
  一. 돌이켜 朝鮮人民共和國政府란 것을 생각해 보자 8월 15일 그 직후로 그 모체이었든 건국준비위원회가 거의 독보적으로 전민중적인 활동을 과감히 전개하였던 사실을 시인하는 우리는 그 인민공화국의 탄생○○와 그 前途○에 대하여 그 책임자인 여운형씨로부터『사실은 우리의 기대한 바에 上○되는 점도 잇는 듯싶은 것은 ○○이다』라고 기자단에 말한 바도 있었으나 그이와 그를 중심한 中○人物들이 하등의 사감도 사심도 없는 애국자임을 믿고 싶은 이상 그 간에 세상의 논란을 받는 일이 다소 있다한들 우리로서는 그이의 애써온 과정을 역사의 어느 한페지로써 사랑할 수 있을지언정 至賤한『괴뢰극을 하는 배우』(쉽게 말하면 어릿광대같은 종류를 말함)라고 冷笑○視하여야할 아무런 이유도 ○○도 없는 것이다." 「아놀드長官에게 忠告함」,『매일신보』, 1945년 10월 11일자.
65)『매일신보』직원 및 그 외의 다른 언론인들도 미군정이『매일신보』를 정간시킨 것이 위의 기사 때문이라고 생각했던 것 같다. 아놀드가 그런 일은 없을 것이라고 단언했는데도,『매일신보』가 안재홍이나 보수적인 정당의 손에 넘어갈 것이라는 추측이 난무했던 까닭도 이 때문이었다고 본다. U.S. Armed Forces in Korea,『주한미군사 HUSAFIK』2권, 돌베개, 1988, 67면.
66)「아놀드장관에게 충고함」(H생),『매일신보』, 1945년 10월 10일자. 이처럼『매일신보』에는 기사의 작성자를 H생으로 익명 처리하여 기재하였다. 정진석 등은 H생을 홍종인으로 보았다.
67) 康晉和 編, 앞의 책, 1124쪽.

1952년 4월부터 1958년 11월까지는 부사장을 겸하였다. 1959년 9월부터 1963년 5월까지 제1공화국 말기에서 4·19혁명과 5·16군사정변을 거치는 기간에는 취체역 회장직을 맡았다.[68] 또 기사의 내용이 미군정 자체를 직접 비판하였다기보다는 아놀드의 어조를 문제 삼는 수준이었다. 이러한 수위는 당시 대부분의 우익계열들의 인사들도 공통으로 표현한 바였다.

아놀드 장관의 발표는 각계에서 비판을 받는 등 커다란 논란이 되었지만, 초점은 대부분 아놀드의 과격한 언사를 향하였다. 이 성명이 발표되자, 미군정청 기자단은 즉각 군정 보도국장 뉴먼(J. John Newman) 대령에게 성명문의 일부를 수정하라고 요구하였으나 일축당하였다.[69] 이는 당시 언론의 분위기를 보여 주는데, 『매일신보』 이외에 『자유신문』도 아놀드 성명을 비판적으로 기사화하였다. 『자유신문』[70]은 인민공화국의 정치적 지위를 변호할 생각이 없고, 보안대원에게 직장으로 돌아가라는 충고도 정당하다고 생각하지만 아놀드의 성명은 표현이 고압적이고 예의에 어긋났다고 비판했다.[71] 또 安在鴻·李克魯·金炳魯 등의 각계 인사들의 담화를 실었는데, 대부분의 각계 지도자는 아놀드의 성명에 유감을 표명하였다.[72] 당시의 미군정 자료를 보더라도, 1945년 10월 10일자 『매일신보』의 기사에 대해 불만을 표한 내용이 있으나 「아놀드장관에게 충고함」을 문제 삼지 않았다. 미군정이 문제시한 기사는 소

---

68) 한국민족문화대백과 데이터베이스.
69) 송건호, 『송건호 전집—민주언론 민족언론』 2, 한길사, 2002, 37쪽.
70) 1945년 10월 5일 鄭寅翼을 사장으로 하여 창간되었다. 발행인·편집인 겸 주필에 鄭鎭石, 편집위원장 李貞淳, 정경위원 李元榮, 사회위원 裵恩受, 편집위원 馬泰榮, 총무위원 徐廷億 등이 동인으로 참가하였다. 전속인쇄공장은 權榮社이고, 인쇄인은 柳寅昶이며, 사옥은 지금의 苧洞에 있었다. 『자유신문』 1945년 10월 5일자 창간호. 오승진은 『자유신문』의 사설을 분석한 결과, 『자유신문』이 좌우합작을 통한 새로운 국가건설을 주장하였다고 보았다. 오승진, 「해방직후 좌·우 언론인의 연대와 분열—『자유신문』을 중심으로」, 서강대학교 대학원 석사학위논문, 2007.
71) 「社說 軍政長官 發表를 보고」, 『自由新聞』, 1945년 10월 13일자.
72) 「대중의 엄정한 비판 기다리는 아놀드장관 발표 파문」, 『自由新聞』, 1945년 10월 13일자.

련군의 만주철병을 다룬 보도[73])였다. 미군정은 그 기사를 소련군이 만주에서 그러하였듯이, 미군정도 남한에서 철수하라는 내용으로 민감하게 파악하였다.[74] 이상의 사실들을 고려한다면, 미군정이 「아놀드장관에게 충고함」을 겨냥하여, 정치적 이유로 『매일신보』가 정간 조치시켰다고 보기는 어렵다.

미군정 자료가 지적한 바에 따르면, 『매일신보』를 정간시킨 사실상의 이유는 매일신보사의 재정 문제였다. 당시 미군정은 매일신보사의 경영상태를 조사한 결과, 지불해야 할 빚은 많은데 지불 능력이 없는 파산 상태로 파악하였다. 따라서 사무, 즉 재정 업무가 자리를 잡을 때까지 『매일신보』를 정간시켜야 한다고 인식하였다.[75] 이에 대해 자치위원회 측은 군정청에서 신문정간의 구체적 이유를 듣지 못했다고 밝혔다. 「社告」를 통하여 『매일신보』는 어느 편협된 당파나 그러한 類의 세력 아래 기관지로 만들지 않고, 3천만 민중의 공정한 公器로 키워가려는 종업원들의 노력에도 불구하고 정간이 되었다고 하였다.[76] 이 「社告」에서도 『매일신보』가 좌익계열과의 밀접한 관계 때문에 정간당했다는 뉘앙스를 풍기는 구절은 없으며, 다만 『매일신보』가 정파성을 띠지 말아야 한다고 강조하였을 뿐이다. 매일신보사의 직원들은 『매일신보』가 조선일보사나 安在鴻에게 넘어가지 않을까 더욱 우려하였다. 아놀드 장관이 그렇게 하지 않는다고 약속하였지만, 매일신보사원들의 불안은 증폭되었다.[77] 이들은 빠른 시일 내에 『매일신보』를 정상화시키고, 자신들의 지위를 안정적으로 보장해 줄 새 경영진이 필요하였다.

이상에서 설명한 바를 종합하면, 미군정이 『매일신보』를 정간 조치한 사실상의 이유는, 실질적인 경영진이 없는 상태에서 자치위원회가 경영

---

73) 「3個月內 撤兵完了 蘇聯軍의 滿洲撤兵 收順調進捗」, 『매일신보』, 1945년 10월 10일자.
74) G-2 Periodic Peport No.32(1945.10.12).
75) U.S. Armed Forces in Korea, 『주한미군사 HUSAFIK』 2권, 돌베개, 1988, 67쪽.
76) 「社告—본보 정간에 대하여 독자에게 고함」, 『매일신보』, 1945년 11월 11일자.
77) U.S. Armed Forces in Korea, 『주한미군사 HUSAFIK』 2권, 돌베개, 1988, 67쪽.

에 참가하려는 기도를 저지하고, 신문사의 재정 문제를 해결하려는 돌파구를 찾으려는 데 있었다. 미군정의 입장에서는 실체와 성격이 불분명한 자치위원회에 『매일신보』의 경영권을 맡길 수는 없었다. 따라서 미군정은 자치위원회가 원하는 고용승계와 독자생존을 가능케 할 수 있는 경영 능력, 미군정의 훈령에 저촉되지 않으면서 일정한 부분 한국인을 계도할 수 있는 능력도 겸비한 경영진을 물색하였다.

이와 관련하여 미군정이 출발한 즈음의 언론 방책에 대해 잠깐 언급할 필요가 있다. 결론부터 말하면, 미군정은 제재를 동반하였지만, 일제시기와는 비교할 수 없을 만큼의 언론자유를 한국민에게 부여하였다. 미군이 서울에 진주한 직후인 1945년 9월 11일, 미군정은 시내 각 대표 신문기자들과의 회견석상에서, 맥아더(Douglas MacArthur) 장군이 언론·출판·종교의 자유를 보장하겠다고 언명하였음을 선언하였다. 물론 조선인들이 이를 남용하지 말라는 경고도 덧붙었다. 미군 사령관 하지(John Reed Hodge)는 2시간 40분에 걸친 회견에서 군정의 전반적인 방침을 피력하였다. 그중 언론에 대해서는 '미군 진주 이후 현재 조선에 절대한 언론자유'가 있으며, '정당한 의미의 치안'을 방해하지만 않는다면 미군은 조선 사람의 사상과 의사 발표에 간섭이나 방해, 출판에 대한 검열 같은 것을 하지 않을 것이라고 밝혔다.[78] 이튿날 오전 10시 하지에 의해 미군 사령부 신문보도책임자로 임명된 헤이워드(Winston R. Hayward) 중좌도 기자회견을 갖고 언론의 자유는 절대로 보장할 것이라고 밝히고, 연합군에 불리한 것 이외에는 제출이나 검열을 받지 않아도 관계없다고 하였다. 다만 조선 독립을 방해하는 경우는 언론의 자유를 절대적으로 보장한다는 원칙에서 제외될 것이라고 하였다.[79] 1945년 10월 9일 군정법령 11호로 출판법, 치안유지법, 예비검속법 등 7개의

---

78) 「조선동포를 위한 자주국가 수립에 조선의 기능을 충분발휘, 하지 군사령관 기자회견담」, 『매일신보』, 1945년 9월 12일자.
79) 「언론 결사 등은 자유 헤이워드 中佐 所信을 披瀝」, 『매일신보』, 1945년 9월 12일자.

법이 폐지되었고[80], 1945년 10월 30일에 공포된 「軍政法令 19號」第5條에서는 '신문 기타 출판물의 登記'를 규정하였다. 이 법령에서는 '등기'만 하면 원칙적으로 누구나 신문을 발행할 수 있게 규정하였는데, 이것은 과거 총독부의 발행 '허가'를 받아야 신문 등 정기간행물을 발행할 수 있었던 과거와는 완전히 달라진 것이다.

물론 군정법령 19호가 식민지 시대의 유물인 발행허가의 문제점을 완전히 제거한 것은 아니었다. 미군정 당국은 신문발행의 등기제를 규정하면서 「光武新聞紙法」[81]을 폐기시켜야 옳았으나, 이 법에 대해서 아무런 조처도 없이 군정기간을 넘기고 말았다. 따라서 「光武新聞紙法」이 소멸되지 않았다는 해석이 가능하였으므로, 대한민국정부가 수립된 뒤까지 이 법이 언론탄압에 악용될 소지가 남아있었음도 사실이다.[82] 그러나 대체로 이 시기의 미군정은 언론에 상당히 유연한 정책을 폈으므로, 미군정에 비판적이었다고 해서 신문을 탄압하는 일은 드물었으며, 이를 폐간으로 이어가지는 않았다.

1945년 10월 12일 미군정 정보문서에서는 『매일신보』를 매우 '과격한 기질'의 신문이라고 평가하였다.[83] 미군정의 이러한 평가를 하게 된 것은 미군이 『매일신보』를 접수한 이후 자치위원회와의 대립하고 있었

---

80) 군정법령 11호에 의해 폐지되는 법 중 출판법과 치안유지법은 제외되었다. 상허학회 저, 『1950년대 미디어와 미국표상』, 2006, 267쪽.

81) 일본은 언론의 비판을 봉쇄하기 위해 정미7조약을 조인한 1907년 7월 23일 이완용 내각으로 하여금 '신문지법(광무신문지법)'을 만들어 공포하도록 했다. 신문지법은 신문을 발행하려면 허가를 받도록 규제했고 보증금을 예치시키도록 했으며 신문 2부를 사전 납부하도록 했다. 또 신문 및 기타 인쇄물의 내용이 외교나 군사상 비밀에 저촉되거나 안녕질서를 방해하는 경우 그 발행의 정지와 원고의 검열을 할 수 있게 되었다. 신문의 허가제는 이미 사실상 시행되고 있던 것을 법제화한 것에 지나지 않은 것이지만 중요한 것은 벌칙에 있어서 발행정지권, 벌금형, 체형, 신문시설 몰수 등을 규정한 것이었다. 광무신문지법은 언론탄압의 법적인 근거를 명문화했다는 것 이외에도 언론 통제에 대한 악용의 선례를 남기게 되었고 식민지 언론의 교두보가 되고 말았다는 점에서 그 해악이 크다고 할 수 있다. 강준만, 『한국 근대사 산책』4, 2007, 326~327쪽.

82) 정진석, 『언론조선총독부』, 2005, 297~298쪽.

83) G-2 Periodic Peport no.32(1945.10.12).

다는 문제도 있었지만, 이 무렵부터 미군정의 의도에 부합하지 않는 기사들이 등장하는 데에도 원인이 있었다. 그러나 미군정이 민감하게 받아들였던 기사는 미군정 자체에 대한 비판기사라기보다 소련과 연관된 기사였다고 생각된다. 그것은 미군정이 어떤 기사를 주목했는지를 살펴보면 알 수 있을 것이다.

1945년 10월 10일 『매일신보』는 소련 군대가 만주로부터 철군했다는 외신을 보도하였다.[84] 미군정은 이 기사가 사실상 미군이 한국에 주둔하는 것에 대한 논설로서, 소련 정책을 따르라는 우회적 제안으로 파악하였다.[85] 이후에도 미군정은 소련과 관련된 『매일신보』의 보도를 부정적으로 주시하였다. 이를테면 10월 13일자의 「朝蘇親友會 새로히 結成」이라는 기사를,[86] 한국 여론의 시각을 소련으로 결집시키려는 문건이라고 파악하였다.[87] 10월 24일자의 기사 내용에 대해서는 불쾌감을 드러내었다.[88] 특히 기사 내용 중 소련군의 전리품 약탈이나 부녀자들의 겁탈과 같은 행위가 그저 루머에 불과하다고 한 내용에 대해서, 미군정은 '매우 흥미롭다'고 표현하였다.[89] 그러나 미군정 보고서가 미군정을 비판한 기사에 대해서는 직접적으로 언급한 바는 없다. 이로써 판단하더라도, 미군정은 미군정을 비판하는 『매일신보』의 보도경향이 아니라, 북한이나 소련군에 우호적인 기사를 더욱 경계하였음을 알 수 있다.

미군정이 이렇게 『매일신보』의 기사에 민감하게 대응한 것은 당시 『매일신보』가 정치적 의사를 알리고 표현할만한 가장 효과적인 도구였기 때문이다. 미군정이 최대 주주였음에도,[90] 미군정의 뜻대로만 움직

---

84) 「3個月內 撤兵完了 蘇聯軍의 滿洲撤兵 收順調進捗」, 『매일신보』, 1945년 10월 10일자.
85) G-2 Periodic Peport no.32(1945.10.12).
86) 「朝蘇親友會 새로히 結成」, 『매일신보』, 1945년 10월 13일자.
87) G-2 Periodic Peport no.36(1945.10.16).
88) 「建設氣運이 充滿 蘇軍은 生産方面에 指導 — 北鮮地方을 말하는 吳興彬氏」, 『매일신보』, 1945년 10월 24일자.
89) G-2 Weekly Summary, no.7(1945.10.30).
90) 미군정은 해방 이전 『매일신보』의 지분 중 75%가 국가의 소유였고 『매일신보』를 실질적

여 주지 않았던『매일신보』에 대한 불만이 작용했을 것이다.

그러나 미군정은『매일신보』를 강제로 접수하거나 분해하지는 않았다. 이는 미군정의 언론정책 자체가 유연하였기 때문이기도 하지만, 미군정이 해방 이후『매일신보』의 사실상의 대주주였으므로,『매일신보』에 새로운 경영진을 구성함으로써 영향력을 행사할 수도 있었기 때문이다.

『매일신보』의 조선인 소유 주식 비율이 50%가 넘었고[91], 자치위원회에서도『매일신보』가 어느 정당·단체의 기관지가 되기를 원치 않는 상황에서, 경영진을 재편함은 미군정이 취할 수 있는 최선의 방법이었다. 물론 자치위원회가 자신들에게 경영권을 넘기라고 주장하는 상황에서 이들의 반대를 예상할 수 있었다. 그러나 급작스럽게 조직되었고, 또『매일신보』에 어떠한 권한도 없는 자치위원회에 경영권을 넘기라는 요구는 미군정에게 일고의 가치도 없었다.

앞서도 지적하였듯이, 미군정은 신문의 실질적인 정간 이유는 재정적 문제라고 밝히고 있다. 그러나『매일신보』의 정간에 대해 여타의 신문들은 미군정이 새로 얻은 언론과 출판의 자유를 억압하는 것으로 보았다. 때문에 이들 신문은 미군정의 명령에 대한 그들의 경악을 완전히 거리낌 없이 이야기하든지 그렇지 않으면 완전히 침묵을 지켰다. 어떤 신문도 미군정의 논리를 지지하는 경우는 없었다.[92] 미군정으로서는 이런 쓸데없는 오해를 확산시킬 이유가 없었다. 때문에 미군정은 미군정과 우호 관계를 유지하면서,『매일신보』의 경영을 정상화할 유능한 경영진을 빠른 시일 내에 구성할 필요가 있었다.

으로 관리했으며, 한국인의 지분은 25%정도라고 파악하고 있었다. G-2 Periodic Peport no.9(1945.9.19).

91) 당시 해방 이전 일본인 소유주인 귀속주는 총 42%였으며, 모두 정부에서 관리하고 있었다. 그 외는 모두 민간주라 할 수 있다. 이 중 남한에 거주하는 주주가 소유한 지분은 46%였다. 서울신문사,『서울신문50년사』, 1995, 153쪽.

92) G-2 Weekly Summary, no.11(1945.11.27).

이러한 과정에서 미군정은『매일신보』문제를 하경덕과 이관구에게 위임했다. 하경덕이 국내 최대의 언론사인 매일신보사의 재산관리인으로 발탁된 데는 충분한 이유가 있었다.

그는 광복 이후 영문신문『코리아타임스(The Korea Times)』를 창간하여 신문을 발행한 이력이 있었다. 해방 직후 미국 유학생 출신 인사들의 조직적 움직임은 한미협회(Korea American Association)의 결성과 영자신문『코리아타임스』의 창간으로 나타났다. 한미협회는 한미 양국 민간 친선과 문화교류의 도모를 표방하며 미군의 남한 진주 직전인 1945년 9월 4일경에 발족하였는데, 회장 李勳求를 비롯한 주요 간부 모두가 미국 유학생 출신이었다.[93] 한미협회와 더불어 영자신문『코리아타임스』[94]의 발행 또한 미국 유학생 출신들에 의해 추진되었다. 코리아타임스는 미군의 진주를 앞두고 그들에게 낯익은 글자로 된 신문을 익히어 한국민의 요구를 알리려는 목적으로 발행되었는데, 金永喜를 제외한 李卯默·河敬德·白樂濬·吳天錫·柳瀅基 등 준비위원 대부분이 흥사단계 인사들이었다.[95] 그러나 편집위원의 대부분이 미군정의 요직 또는 대학에 초청되어 가고 하경덕만이 자리를 고수하게 되었다. 하경덕 자신에게도 미군정 측 또는 연세대, 서울대 등에서 성화와 같은 초청교섭이 있었다. 결국 회사의 재정도 점점 빈약해져 갔다. 하경덕이 서울신문사 부사장으로 취임하면서 하경덕은『코리아타임스』를 그대로 서울

---

93) 한미협회의 회장에 선임된 이훈구는 북미대한인유학생총회의 회장과 숭실전문 농과 교수를 역임한 인물로 뒤에 미군정청 농무부장에 임명되었다. 이훈구의 미국유학과 경제사상에 대해서는 방기중, 「일제하 이훈구의 농업론과 경제자립사상」,『역사문제연구』1 참조(장규식, 「미군정하 흥사단 계열 지식인의 냉전 인식과 국가건설 구상」,『韓國思想史學』제38집, 2011, 254쪽 재인용).

94)『코리아타임스』의 사업자금은 이묘묵의 동향친지(平南 江西 출신)인 盧仁和라는 사업가로부터 출연을 받았는데 당시 돈 20만 원 정도였다고 한다. 社室는 구일본인 가옥을 빌려 임시로 사용하였고, 영자활자는 관철동에 있는 寶晉齋 인쇄소에 남아있는 것을 사용하여 인쇄를 하였다고 한다. 林根洙, 「人物論 : 晏堂 河敬德」,『新聞評論』통권 67호, 1976, 69쪽.

95) 「코리안·타임쓰 英字新聞發刊」,『매일신보』, 1945년 9월 3일자.

신문사 내 一室로 옮겨왔으나 구성원들이 각각 자신들의 진로를 찾아 떠나갔기 때문에,[96] 결국 코리아타임스는 평균 20일의 부정기로 발행되다가 단명으로 끝나고 말았다. 그러나 코리아타임스는 주한미군사령부와 흥사단계 인사들을 이어주는 가교 역할을 하였다.[97] 하경덕은 실제상 편집주간으로 활동[98]하였고, 이묘묵[99]은 코리아타임스의 발행준비위원을 맡았으며 뒤에는 편집위원을 맡았다. 이묘묵은 미군정장관 하지의 특별보좌관 및 통역관으로 활동하기도 하였는데, 이러한 이묘묵과의 관계는 『매일신보』 문제를 하경덕이 맡게 된 중요한 계기가 되었을 것이다. 또한 하경덕이 미군정청 하지 사령관의 정치고문인 버치(Leonard Bertsch)와 하버드 대학 동창이라는 점도 중요하게 작용했을 것이라 생각된다. 이관구에게 경영·편집진의 인선작업을 맡긴 것은 그가 과거 新幹會에도 참여해 여러 성향을 가진 『매일신보』 사원들 사이에서 무난히 받아들여질 수 있는 인물이라고 판단했기 때문일 것이다. 뿐만 아니라 해방 전 『동아일보』 논설위원, 『조선중앙일보』의 주필로 활동한 경력도 있기 때문에 신문사 운영에 무리가 없는 인물이기도 하였다.

한편 1940년 8월에 신문을 폐간당하면서 매일신보사에 인쇄시설을

---

96) 林根洙, 앞의 논문, 70~71쪽.
97) 오천석, 「군정 문교의 증언」, 『노병의 오솔길』, 대한교육연합회, 1974, 99~100쪽(장규식, 「미군정하 흥사단 계열 지식인의 냉전 인식과 국가건설 구상」, 『韓國思想史學』 제38집, 2011, 254쪽 재인용).
98) 林根洙, 앞의 논문, 69쪽.
99) 이묘묵(1902년 1월 18일생)은 평양 출신으로 光成高普를 졸업하고 연희전문학교를 마치고 공주 영명학교 교사로 근무하였다. 이후 도미하여 오하이오주에 있는 마운트 유니온 대학(Mount Union College)을 졸업하고, 시라큐즈 대학(Syracuse University)에서 석사학위를 받았으며, 보스턴 대학(Boston University)에서 철학박사학위를 받았다. (홍사단원 이력서, 독립기념관) 1937년 6월 동우회사건으로 구속되었다가 석방되었고, 1938년 연희전문학교 학감과 교장을 맡았으며, 1942년 대화숙과 황도학회 발기인으로 참석하였다.(한국민족문화대백과사이트) 해방 이후 연세대의 역사과와 영문과 교수로 있었다. 이묘묵의 하지의 통역 겸 비서관으로 일하게 된 데는 하지의 정치고문 윌리엄즈(George Z. Williams) 소령의 입김이 있었다고 하는데 이묘묵이 근무했었던 공주영명학교를 새운이가 바로 윌리엄즈 소령의 아버지(Franklin E. C. Williams, 禹利岩)였다는 인연 때문이라고 한다. 「秘話(비화) 美軍政三年 〈14〉」, 『동아일보』, 1982년 4월 22일자.

매각했던 『동아일보』와 『조선일보』는 연고권을 내세워 『매일신보』와 『경성일보』의 인쇄시설을 이용하여 신문을 복간하려고 시도하였다.[100] 미군정은 매일신보사의 임원진을 개편하면서, 조선일보사에게는 『매일신보』의 인쇄시설을, 미군정을 제외하고 『매일신보』의 최대 주주였던 동아일보사에는 『경성일보』의 인쇄시설을 사용하도록 배려하면서, 매일신보사를 인수하려는 이들의 요구를 무마하였다.[101]

미군정에게서 경영 정상화를 위임받은 하경덕 · 이관구 두 사람이 매일신보를 '혁신속간'하는 작업에 착수한 시점은 1945년 11월 10일이었다. 이관구는 신문 경영에 필요한 재원을 확보하고, 신문사 내외가 모두 수긍할 수 있는 권위 있는 인사들로 경영 · 편집 진용을 구상하는 난제 해결에 착수했다. 재원을 염출하는 문제는 쉽게 타결됐다. 이듬해 편집국장을 맡는 金武森[102]이 청년 실업가 金東濬을 추천하였고,[103] 당시 김동준의 집에 묵고 있었던 처남 曺重煥도 함께 자금을 대기로 하였다.[104] 이러한 결과로 마침내 1945년 11월 22일 『매일신보』는 『서울신문』으로 '혁신속간'되어 새로운 간부진이 취임하였고,[105] 이들은 『서울신문』을 『매일신보』와 다른 성격의 새로운 신문으로 재탄생시키기 위

---

100) 정진석, 『언론조선총독부』, 2005, 346쪽.

101) 정대철, 「해방 후 朝鮮 · 東亞日報의 속간 지연에 관한 소고」, 『경제연구』 제17집, 1998, 한양대학교, 547~577쪽.

102) 1906년생. 이명은 金東駿. 본적은 忠南 公州郡 長岐面 大橋里이며, 주소는 서울 계동 100-5번지이다. 1927년 신간회 京城支會 선전부 홍기문동과 선전부 총무간사로 활동하였다. 1929년에는 權東鎭 · 許憲 · 洪命熹 · 趙炳玉 · 李源赫 · 李灌鎔 · 韓龍雲 · 朱耀翰 · 孫在基 등과 광주학생사건에 대한 결의문을 발표하고, 조선극장 앞에서 격문을 뿌리려다가 경찰에 검거되었다. (「朝劇에 突現 檄文을 撒布」, 『동아일보』, 1929년 12월 28일자) 이른바 '민중대회사건'으로 인해 1931년 징역 1년 4월을 받고 서대문형무소에 수감되어 1932년 1월 가출옥되었다. (경성지방법원, 『수형인명부』, 1931년 4월 24일; 「民衆大會事件 關係者招待」, 『동아일보』, 1932년 1월 31일자) 해방 이후 조중환을 만났을 당시 김무삼은 골동품상으로 생계를 이어갔다고 한다. (2006년 6월 3일 조중환의 증언) 1948년 월북했다.

103) 『서울신문100년사』, 서울신문사, 2004, 295~296쪽.

104) 2006년 6월 3일 조중환의 증언.

105) 「사설-혁신에 즈음하야」, 『서울신문』, 1945년 11월 23일자.

해 노력하였다.

난제 중의 하나였던 제호는 이관구의 제의를 간부진이 숙의한 결과 『서울신문』으로 확정했다. 미국의 워싱턴포스트(The Washington Post) 나 영국 런던타임스(The Times of London) 등에서 보듯 수도 명칭을 따서 국가를 대표하는 이미지를 줄 수 있기 때문이다. 『서울신문』 제호 의 글씨는 서예가인 취체역 김무삼이 썼다.106)

이들 간부진은 해방 전후의 경력과 활동에 따라 분류될 수 있는데, 크게 재정을 뒷받침하였던 간부진과 경영 및 편집을 맡았던 간부진으로 나눌 수 있다.

❸ 서울신문사 간부진의 구성

1) 재정 관련 간부

신문사의 경영 자금을 제공한 曺重煥107)과 金東濬108)은 모두 대지주 출신으로, 이들은 언론사와 관련한 경력은 없었다. 조중환의 아버지 曺 秉學은 대지주였으며, 정미소를 기반109)으로 곡물·부동산 매매업와 토 목건축 사업으로 재산을 일군 재력가였다.110)

---

106) 『서울신문50년사』, 서울신문사, 1995, 137쪽.
107) 1917년생으로 서울에서 출생하였다. 일본 早稻田대학 전문부 정치경제과를 졸업하였 다. 귀국 이후 농장을 자영하다가 1945년 11월 『서울신문』 발간 때 운영자금을 지원하 고 초대 『서울신문』 상무가 되었다. 1949년 6월 15일 정간 이후 사퇴하여 구리(九里)농 장을 경영하였다. 『서울신문50년사』, 서울신문사, 1995, 824쪽.
108) 1909년생으로 서울에서 출생하였다. 일본 明治大學을 졸업하였고, 1932년부터 사업에 투신하여 광산업과 金城商社를 경영하였다. 1943년 세브란스醫專재단 감사역, 1945년 11월 『서울신문』 발간 당시 200만원을 출자하고 전무취체역이 되었다. 1948년 8월 이 후 합동통신 부사장직과 서울신문 전문직을 겸직하였고, 1946년 4월 신동아손해보험을 창립하기도 하였다. 1949년 『서울신문』에서 퇴직하였다. 『서울신문50년사』, 서울신문 사, 1995, 801쪽.
109) 2006년 6월 3일 조중환의 구술(면담자: 김동선, 면담장소: 조중환 자택).

조중환의 증언에 따르면 일제 말기 집을 헐려 김동준의 집에 동거하게 되었다.[111] 그때 김무삼을 비롯한 서울신문사 간부들이 김동준의 집에 드나들었고, 조중환은 김동준의 권유로 투자를 하게 되었으며, 자신이 신문사 운영자금의 대부분을 대었다고 한다. 당시 조중환은 출판업을 할 생각이었는데, 때마침 『每日申報』가 『서울신문』으로 개제하여 속간될 것이라는 것을 듣게 되어 투자를 하게 되었다. 그러나 조중환은 자신과 김동준이 『서울신문』의 기사 내용을 비롯한 편집 과정에 거의 영향력을 행사하지 않았다고 증언하였다. 그는 자신이 언론에 대해 아는 바가 없었고, 실질적으로 기사를 쓰는 것은 대부분 기자들과 편집을 맡은 인물이었음을 이유로 들었다.[112] 조중환 자신이 밝힌 대로, 김동준과 조중환 두 사람이 『서울신문』에 관계할 무렵 각각 37세와 29세였으며, 해방 전후에 언론 계통은 물론 별다른 경력이 없었던 대지주의 자제들이었다.

그러나 조중환의 말을 상당 부분 인정한다고 해도, 조중환과 김동준은 당시로는 상당히 높은 수준의 교육을 받았고, 출판업에도 관심을 두었던 차였는데 그들이 기사 내용에 전적으로 무관심했을 리는 없다. 조중환은 당시 서울신문사의 위상이나 재정 상태 등을 어느 정도 파악하고 있었음이 분명하다. 1938년 매일신보사가 주식회사로 전환할 때, 그의 아버지 조병학은 최창학 · 閔大植 · 朴永喆 · 韓相龍 · 尹致昊 · 朴興植

---

110) 다음은 일제 시기 조병학이 운영하였던 사업들이다.
　　永益社(株)(1932) · 廣德商會(株)(1940) · 京仁企業(株)(1940년) · 京城倉庫金融(1942년) · 中央燃料(1940년) · 京畿道糧穀(株)(1942년)『해방이전회사자료』, 국사편찬위원회 데이터베이스. 1935년 조병학의 소득세액은 103,122엔으로 서울에서 12번째로 많은 액수였다. 「三千里機密室 The Korean Black cham-ber」『삼천리』제7권 제11호, 국사편찬위원회 데이터베이스, 1935.12.1.
111) 1942년 조병상은 세브란스의전(당시 旭醫學專門學校)에 60만 원을 기부하였는데 이 일로 조병상 일가는 일본의 미움을 받았고, 결국 조중환의 저택(즉, 조병상의 집)에 소개도로가 생기게 되었다고 한다. 이로 인해 당분간 조중환은 자형이던 김동준과 동거를 하게 되었다고 한다.
112) 조중환 구술.

등과 함께 대주주로 참여하였다.113) 물론 이후 조병학의 주식이 크게 늘어나지는 않았으나, 조병학이 대주주였다는 사실은 조중환이 매일신보사의 재정 상황을 알고 있었을 가능성을 말해 준다. 한편 조중환은 신문사의 경영과 기사 내용에 막대한 영향력을 끼친 인물들과도 자주 어울렸다.114) 그는 누구보다도 하경덕의 경영 능력을 신뢰하였으며 높이 평가하였다. 조중환에 따르면, 하경덕의 경영 수완으로 서울신문사는 재정 상태가 호전되었으므로 제때에 급료를 받았으며, 그가 1949년 『서울신문』을 그만둘 때도 투자금액을 돌려받을 수 있었다고 한다.115)

이들은 대지주이자 자본가 계층으로 그들이 본인들에게 악영향을 끼칠만한 내용의 기사를 구분할 만큼의 소양도 갖추고 있었다. 그러므로 이들 재정 관련 경영진들은 비록 연소하고 경험이 부족하여 서울신문의 기사 내용에 직접적인 영향력을 행사하지는 못하였다고 해도 간접적으로 『서울신문』의 편집성향에 영향력을 끼쳤을 것이다. 때문에 『서울신문』이 1947년 중반까지 미군정으로부터 '좌익적'이라는 평가를 받았지만, 재정 관련 간부들의 성격을 고려해 보았을 때 『서울신문』을 단순히 '좌익신문'으로 평가할 수 없다. 어쨌든 『매일신보』는 이들의 자금력으로 다시 운영할 힘을 얻게 되었고, 이들의 자본은 『서울신문』 경영의 근간이 되었다.

---

113) 민족문제연구소, 『친일인명사전』 3, 2009, 565쪽.
114) 조중환의 구술. 특히 조중환의 부인의 구술에 따르면, 조중환은 하경덕뿐만 아니라 서울신문사의 집필진들과도 자주 어울렸던 것 같다. 다만 무슨 이유인지 모르겠지만, 조중환은 그 이야기에 대해 깊이 언급하기를 꺼리는 듯했다.
115) 2006년 6월 3일 조중환의 구술.

2) 편집 관련 간부

경영·편집진의 간부를 인선한 사람은 이관구였다. 그는 해방 이전에 新幹會 중앙위원으로 활동하였으며,『朝鮮日報』의 정치부장·논설위원·주간을, 이어『朝鮮中央日報』의 주필과 편집국장[116]을 역임한 언론계 인사였다. 그는 大同出版社를 경영하는 등 출판 경력도 있었다.[117]

서울신문사의 주요 간부 중에는 해방 전 新幹會, 특히 京城支會에서 활동한 인물이 다수 포함되어 있는데, 이는 이관구의 경력과 인맥과 관계 있으리라 생각한다.『매일신보』를『서울신문』으로 제호 변경하여 발간할 당시 간부진은 다음과 같다.[118]

[표 2] 서울신문의 편집 관련 간부

이름	출신	학력	직위	해방 이전의 경력	해방 이후의 경력
吳世昌	서울 1864		사장	漢城旬報 기자 大韓自强會 창립 大韓民報 사장 3·1運動 가담 皇城新聞 社長	天道教 舊派 大韓獨立促成國民會 회장 겸 전 국애국단체총연합회 회장 民主議院 의원 韓國民主黨 黨首
權東鎭	忠北 槐山 1861		고문	大韓協會 實業部長 3·1운동 가담 신간회 부회장	천도교 구파
洪命熹	忠北 槐山 1888	日本 大成中學	고문	3·1운동 가담 신사상연구회 화요회, 정우회 조선사정연구회 신간회 조직부장 東亞日報 編輯局長 時代日報 社長	朝蘇文化協會 會長 朝鮮文學家同盟 委員長 民主統一黨 民主獨立黨 民族自主聯盟 월북 북한 부수상 조국평화통일위원장

---

116) 서울신문사,『서울신문100년사』, 741쪽.
117)『해방전회사자료』(국사편찬위원회데이터베이스).
118) [표 2]는『서울신문』으로 발간할 당시의 부장급 이상의 간부를 기준으로 작성되었다.

이름	출신	학력	직위	해방 이전의 경력	해방 이후의 경력
河敬德	全化 益山 1897	崇實 中學校 美國 하버드 大學 卒業	부사장	조선기독교청년회 사회조사위원회 총무 연희전문 교수 興士團 단원	코리아타임스 사장 매일신보 재산관리인 合同通信社의 사장 新天地 창간 南朝鮮過渡政府立法議院 의원 국제문화협회장 한미문화협회장 6·25전쟁 직후 미국무부 특별촉탁으로 도쿄 연합군사령부에서 근무
李源赫	慶北 安東 1890	보성전문	상무	신간회 선전부 총무간사 시대일보·조선일보 기자, 朝鮮之光 간행	民主統一黨 발기인 民主獨立黨 위원 신동아손해보험 감사역, 취체역 합동통신 부사장 성균관대 재단 이사장
金武森	忠南 公州 1896	日本大學 經濟科 早稻田 大學 經濟科	취체역	신간회 경성지회 衆聲社 영업국장 알미늄工場의 직공 朝鮮勞動總同盟 委員	해방직후 골동품상으로 활동
尹喜淳	서울 1906	京城師範 學校	상임 감사 겸 출판 국장	서양화가, 미술평론가 1940년 每日申報 학예부 기자 (미술전 비평)	조선조형예술동맹 위원장 조선미술동맹 위원장 및 미술평론부 위원
李寬求	서울 1898	日本京都 帝大 經濟學部	주필	신간회 중앙위원 조선일보 정치부장·논설위원·주간 조선중앙일보 주필·편집국장	남조선과도정부입법의원 의원 合同通信社 副社長 成均館大 敎授
洪起文	충북 괴산 1904	일본 早稻田大	편집 국장	日月會, 조선무산청년동맹회 가담 신흥과학연구회 결성 신간회 경성지회 중앙위원	조선건국준비위원회 선전부 민주독립당 상무위원 월북 김일성대 교수 사회과학원장 평화통일위원회 위원
朱錬	미상	미상	경제 부장	매일신보 기자	서울신문 경제부장
崔琴桐	전남 함평 1916	중앙 불교 전문	사회 부장	매일신보 기자 시나리오 작가	서울신문 사회부장 조선신문기자회 사업부장 獨立新聞 편집국장 漢城日報 편집국장

이름	출신	학력	직위	해방 이전의 경력	해방 이후의 경력
徐康百	미상	연희 전문 상과	편집 부장	매일신보 정치부 기자	조선신문기자회 간부 民主主義民族戰線 중앙위원
洪起武	충북 괴산 1910		문화 부장	홍명희의 차남 화신백화점 삐라사건으로 체포	월북
김명수	미상	미상	특집 부장	미상	미상
趙大植			사진 부장	매일신보 사진부	서울신문 기자
崔一浚			교정 부장	매일신보 교정부	서울신문 기자
한길수	미상	미상	조사 부장	미상	미상
朴儀陽	慶北 榮州 1900		총무 국장	조선학생과학연구회 서무부집행위원 權五尙의 권유로 공산당가입 신간회 경성지회	민주독립당 노동책임위원 합동통신 상무 겸 총무국장 신동아 손해보험 감사역 서울신문 기자
閔中植			서무 부장	신간회 경성지회	민주독립당원 서울신문 기자
金元植	서울 1893	YMCA 중등과	공무 부장	미상	서울신문 工務部長, 인쇄부장· 1946년 國都新聞, 京鄕新聞· 1954년 韓國日報 공무국장· 1957년 경향신문 인쇄국장
金基柱	평남 강서 1912	일본대 경제학과	광고 부장	1938년 매일신보 광고부	1945년 서울신문 광고부장 1954년 경향신문 업무부 국장 겸 광고부장 1965년 합동통신 업무국장
宋在憲	서울 1900	삼산보통 학교	문선 부장	경성인쇄 조선일보, 매일신보 문선 부장	서울신문 문선부장 1954년 한국일보 文選部長·공무국장
朴勝源		보성 고보 日本大學 경제과	정치 부장	朝鮮學生科學研究會 집행 위원 조선공산당재건준비위원 회 경북지역 책임자 大和塾 참가 매일신보 정치부	聞慶郡人民委員會 위원장 월북 해주 제1인쇄소 편집국장(대남 선전물) 남로당 인민유격대 부사령관 1995년 숙청·처형

[표 2]에서 확인한 22명의 간부들 중『매일신보』의 기자 출신 총 9명으로 가장 높은 비율을 차지한다. 이는 서울신문사가 매일신보사의 사원을 대부분 그대로 승계해서 고용했음을 의미한다. 이는 매일신보자치위원회가 궁극적으로 요구했던 것으로, 매일신보사원들은 새로운 임원진을 맞이하면서 안정적인 지위를 확보할 수 있었고 새로운 임원진들을 별 저항 없이 받아들인 듯 보인다. 그것은 조중환의 구술에서도 드러나고 있는데 그는 취임 당시 내부의 반대는 없었다고 하였다.[119]『서울신문』의 첫 사설은 그간의 물적 경영의 곤란으로 순간의 정간을 면치 못했지만 이로 인해 새 진용을 맞이하는 다행한 기회가 되었다면서 혁신속간을 환영하는 내용을 담고 있다.[120]

每日申報는 이제 혁신되어 이름조차 새로운『서울신문』으로서 냅다 나서게 되었다. 생각하면 제국주의 일본의 搾取와 惡政의 대변자로 지내기 무릇 삼십육년에 민족의 怨府요 대중의 敵陣이었던 저 매일신보는 팔월십오일의 역사적 대전환을 계기로 곧 청산되어 마땅한 것이었다. 그러나 소위 만주사변 이래 언론을 極端으로 탄압하여 우리의 民間紙를 모조리 때려뉘고 그의 기관지 매일신보만을 유일한 朝鮮文紙로 남겨놓은 관계상 解放直初의 보도의 중책을 달리 대행할 기관이 없었기 때문에 종업원으로 조직된 자치위원회에서 그 중책을 떠맡아 분투해 온 것이다. 그러나 불행히 물적 경영의 곤란으로 旬餘의 停刊을 免치 못했지만 이 기간을 도리어 오늘의 새 陣容을 맞이하는 다행한 기회로 만든 것이다. (하략)

위의 사설의 논지는 정간 당시와는 사뭇 상반되는 내용이지만, 미군정이 내세운 정간의 이유에 대해 나름 인정하는 태도를 보이고 있다.

새로 취임한 임원들을 살펴보면, 애초에『매일신보』의 직원이었던 사람이 다수를 차지하였다. [표 2]에서 나타나듯이, 이들의 성향은 하나로 통일해 보기 어려울 만큼 상이하지만 공통점도 있다. 신임원진 가운데

---

119) 2006년 6월 3일 조중환의 구술.
120)「사설－革新에 즈음하야」,『서울신문』, 1945년 11월 23일자.

해방 이전 『매일신보』와 관계가 없던 이들은 김동준·조중환·오세창·권동진·홍명희·하경덕·이원혁·김무삼·이관구·홍기문·박의양·민중식 등이다. 이들은 대부분 일제 식민지 시기에는 신간회 활동에 관계하였고, 8·15 해방 이후 중간파의 정치 지형이 형성된 이후에는 중간파와 인맥을 맺고 있었다. 제2차 美蘇共同委員會(이하 '미소공위')가 결렬되고 남한단독정부 수립이 가시화되는 1947년 9월 이후, 이들 임원진이 보인 정치 성향은 중간파의 노선과 궤를 같이 하였다. 이는 서울신문이 출발할 당시 임원진의 구성에 나타나는 중요한 특징이다.

비록 미군정은 새로운 임원진 중 가장 중요한 인물인 하경덕을 중간좌익[121]이라 평가하고 있지만, 기독교인이었던 하경덕의 행적을 살펴보았을 때, 그가 좌익일 가능성은 거의 없다고 보인다. 하경덕은 1897년 6월 26일 全北 益山郡에서 河慶烈의 첫째 아들로 태어났다. 그의 가정은 그 지역에서 중류 이상의 생활을 하였다고 하며 그의 부친은 유학자로서 서당훈장을 지냈다. 또한 기독교신자로서 교회의 장로이기도 했다. 이와 같은 가족배경은 일찍부터 그를 기독교인으로 성장하게 하였다고 한다. 그는 1913년 전주에서 신흥학교를 졸업하고 1915년 기독교계통에서 세운 평양의 숭실중학교를 졸업하였다. 그 후 중앙기독교청년회(Y.M.C.A) 학관에서 영어를 수업하고, 중국을 거쳐 도미했다고 하는데 도미한 연도는 정확히 알 수 없으나 1917년이나 1918년이 아닌가 생각된다. 미국의 캘리포니아(California)주에서 고등학교 과정을 이수하고 하버드 대학에 들어가 사회학을 전공하였다. 1925년에 학부를 졸업하고, 1927년에 석사학위, 1928년 박사학위[122]를 각각 획득하였다. 1929년에 귀국하여 1930년에 조선기독교청년회 사업조사위원회의 총무로서 일하였고, 그 이듬해에는 연희전문학교 문과에서 교수로 부임하여

---

121) G-2 Weekly Summary, no.65(1946.12.1).
122) 박사학위 논문 제목은 "Social Laws: A Study on the Validity of Socioligical Generalizations"이라고 한다.

사회학을 강의하였다.[123] 그의 가정적인 배경은 기독교를 바탕으로 하고 있었고, 미국에 학문적인 뿌리를 두고 있는 셈이다.

게다가 하경덕·이관구는 1946년 12월 南朝鮮過渡立法議院(이하 '입법의원')의 관선의원으로 활동하였다. 입법의원이 좌우합작운동의 산물이며, 좌우합작운동이 중간좌우파 세력들로서 추진되었음은 새삼 설명이 필요 없다. 입법의원은 민선의원 45명, 관선의원 45명 등 총 90명으로 구성되어 있었다. 이 중 민선의원은 선거로 선출하였는데 주로 이승만의 독립촉성국민회 계열이 다수 당선되었고, 관선의원은 미군정이 지명하였다. 관선의원에는 좌우합작위원회에서 추천한 인사가 다수 임명되어 실상 중도파라 할 수 있었다. 편집과 경영을 담당하여 『서울신문』을 탄생시킨 두 주역이 입법의원의 관선의원으로 선임되었다는 사실은, 『서울신문』의 기사보도가 지니는 성향을 보여준다.

다음 서울신문의 고문으로 선임된 홍명희는 1947년 10월 민주독립당 창당의 주역이었다. 다 아는 바와 같이 민주독립당은 중간파의 결집체인 민족자주연맹[124]의 산하 단체 가운데 가장 큰 정당이었는데, 이원혁·김무삼·이관구·홍기문·박의양·민중식 등이 민주독립당에 가입하여 있었다. 서울신문의 고문으로 선임된 권동진은 홍명희와 동향인 괴산 출신인데, 그는 신간회 부회장을 맡는 등 홍명희와는 오랜 동지관계였다.[125] 이원혁·김무삼·이관구·홍기문 등도 모두 신간회 경성지

---

123) 「우리나라 社會學의 先驅者 河慶德」, 『人文學科』 제30집, 연세대학교 인문학과연구소, 1973, 188~193쪽.

124) 민족자주연맹은 1947년 12월 20일 김규식을 중심으로 구성된 정치조직이다. 위원장은 김규식이었고, 정치위원장은 홍명희·안재홍·김호가 맡았다. 본 단체는 4개 연합단체, 14개 정당, 25개 사회단체 및 개인으로 구성되었다. 정당으로는 대중당·민족사회당·천도교보국당·민족공화당·조선대중당·신화당·조선농민당·신진당·민주독립당·근로대중당·천도교청우당·사회민주당·민중동맹·민주한독당·근로인민당 등이 참여하였고, 사회단체는 건국청년회·청년애지단·독립운동자연맹·자주여성동맹·재미한족연합회·대동회·불교청년회·자주청년연맹·황일청년회·자주학생연맹·건민회·애국부녀동맹·대한적십자사·조선연무관 등이 참여하였다. 김동선, 「김규식의 정치노선과 민족자주연맹의 결성」, 「한국민족운동사연구」 46집, 2006, 235~275쪽.

회에서 활동한 인물들이며, 김무삼·이원혁은 신간회 민중대회사건으로 홍명희와 함께 옥고를 치르기도 하였다. 김동준은 민주독립당의 전신이라고 할 수 있는 민주통일당126)의 발기인으로 활동하였다.

서울신문 발간 당시의 신임원진들은 해방 이전부터 명망가들이었고, 또 언론인으로서 활동해 오던 인물들이 다수였으므로, 『매일신보』가 지난날과 다른 신문으로 거듭난다는 이미지에 도움이 되었으며 경영에도 무리가 없을 것이라는 신망도 따랐다. 이에 매일신보사 종업원자치위원회는 『서울신문』으로 새로 출발하는 때에 맞추어 해산을 결의했다. 자치위원회는 '덕망 높은 새 중역진을 맞이하여 『서울신문』이라는 새 題號로 舊殼을 탈피하고 재출발하게 되었다고 평가하면서, 당초의 사명을 완수하였으므로 발전적인 解消를 한다'고 밝히는 성명을 발표했다.127)

하경덕을 위시하여 중간파의 성향을 가진 인물들이 『서울신문』의 경영을 맡을 수 있었던 것은 미군정의 지지와 도움으로 가능하였다. 『매일신보』의 총 주식 중 50% 정도를 한국인 주주들이 소유하였으나, 미군정은 일본인 소유분인 48.8%의 주식을 가진 최대 주주였으므로, 미군정의 지지 없이 『서울신문』의 경영권을 장악한다는 것은 현실적으로 불가능하였다.

미군정이 『서울신문』의 경영을 중간파적 인물들에게 맡긴 이유는, 하경덕과 미군정의 친분 관계 외에도 매일신보사 내의 상황은 물론, 해방정국의 정치 상황을 고려했기 때문으로 보인다. 매일신보사 내에는 이념적으로 다양한 집단이 존재하였으므로, 일정한 경영 능력과 함께 신

---

125) 강영주, 「신간회 활동과 『임꺽정』 집필」, 『역사비평』, 1994년 여름, 144~145쪽.
126) 1946년 8월 20일 홍명희를 중심으로 조직된 정당으로 발기준비위원은 서무부 劉錫鉉·金思○·全奎鳳·李秉來·洪鐵熹, 재무부 李原赫·金東濬·金澤○·鄭元和·黃炳碩, 연락부 崔鎔振·金鎔?·朱義國·姜大寅, 선전부 李甲燮·全鳳南·申鑛雨·金성圭·朴弼煥이다. 민주통일당은 민주독립당의 구심점이 되었고, 민주통일당 사무실에서 민주독립당 창당 작업이 이루어졌다. 「民主統一黨을 組織 洪命憙氏 中心으로」, 『동아일보』, 1946년 8월 20일자.
127) 『중앙신문』, 1945년 11월 16일자(『자료대한민국사』, 1. 407~408쪽).

문사 내의 다양성을 조절·통제할 역량을 겸비한 임원진이 필요했다. 조중환의 경우는 그 아버지가『매일신보』의 주주[128]였으므로 서울신문사와 인연도 가지고 있었다.

실질적인『서울신문』의 경영자였던 하경덕의 경우를 보더라도, 그는 훗날 韓美文化協會長을 지내고, 6·25전쟁 직후 미국무부 特別囑託으로 도쿄 聯合軍司令部에서 근무할 만큼 미국과도 가까운 사이였다. 아마도 미군정은 이들 중간파적인 인물을『서울신문』의 경영진으로 지지해 주면서 일정 부분 협조를 기대했을 것이다. 이들의 등장은 이전의『매일신보』에서 탈피하여『서울신문』의 성격이 변화할 수 있는 가능성을 보여준 것이다.

미군정이 서울신문사의 최대 주주였으므로,『서울신문』의 논조가 근본적으로는 미군정과의 관계를 배제할 수는 없었겠으나 미군정의 의도대로 움직인 것만은 아니었다. 소련이 북한 상품을 만주의 곡식·비료·소금과 교역하여 북한의 경제상황을 호전시키려는 노력을 한다는 등의 소련에 우호적인 기사를 싣거나,[129] 미군정의 하곡수집을 비판하는 등[130]의 기사 등이 대표적인 예다. 이후『서울신문』의 논조와 경영진에 대한 미군정의 분석도 이러한 사정을 반영한다. 미군정이『서울신문』탄생의 주역을 맡긴 하경덕조차 미군정으로부터 중간좌익으로,[131]『서울신문』은 좌익신문이라는 평가를 받았다.[132] 물론『서울신문』이 미군정에게서 좌익으로 규정되었다고 해서, 미군정의 의도를 완전히 벗어난 것은 아니었다.

새로 선임된 경영진에는 우파와 좌파도 포함되어 있었지만, 대부분은

---

128) 조중환의 아버지는 曺秉學으로 해방 때까지『매일신보』의 주주였다. 정진석,『언론조선총독부』, 커뮤니케이션북스, 388쪽.
129) G-2 Weekly Summary, no.63(1946.11.29).
130) G-2 Weekly Summary, no.50(1946.8.29).
131) G-2 Weekly Summary, no.65(1946.12.1).
132) G-2 Weekly Summary, no.18(1946.1.15).

중간파 성향에 가까웠다. 그렇기에 미군정의 입장에서는 서울신문사의 임원진들을 크게 반대할 이유가 없었다고 생각한다. 미소공동회의 결렬 이후 미군정은 좌익세력을 탄압하였지만, 1945년 11월의 시점에서는 어느 정도 좌익의 활동을 인정하였으므로 이들에게 적대감을 아직 드러내지 않았다. 서울신문사의 임원진 가운데 미군정이 좌익 성향으로 파악하고 있었던 하경덕과 홍기문, 홍기무 등도 조선공산당 계열의 극좌 성향은 아니었다. 미군정은 이러한 점도 고려하였을 것이다. 이처럼 『서울신문』의 탄생에는 미군정의 정책적 의도와 매일신보사 내부의 복잡한 상황이 반영되었다. 이로써 조선총독부의 기관지였던 매일신보사는 기존의 사원에 새로운 성향의 지식인들이 경영진으로 참여함으로써 해방 이전과는 전혀 다른 모습으로 재탄생하였다. 새로운 경영진들은 대부분 중간파 성향의 인물들이었으므로, 『서울신문』은 이들을 통하여 중간파의 이념과 노선을 제시하는 가능성을 열었다.

❹ 『서울신문』의 수익 구조

『서울신문』이 중간파적 보도 성향을 지향하게 되는 계기성은 임원진의 성격과도 관련이 있지만, 당시 신문사의 경영 방침에 따른 수익 구조와도 밀접한 관계가 있었다.

8·15 해방 직후 신문들은 기업으로서 독립적 경영을 한 것이 아니라, 어느 하나의 정치세력이 생기면 거기에 신문이 따라서 생기고, 어느 영향력 있는 정치인이 있으면 그를 대변하는 신문이 나타나기도 했다.[133] 또한 인쇄시설 등의 빈약함과 용지의 기근 현상에 따른 생산비

---

133) 이에 대해 최준은 다음과 같이 지적하였다. "좌우지를 막론하고 그 경영 자체의 내막을 들여다 볼 것 같으면 우선 당파 관계지가 절대다수를 차지하고 있음을 알 것이다. 간혹

용의 증대에도 불구하고 이 시기의 신문은 주로 구독료에 의존할 수밖에 없었다. 즉 특정 정치세력의 기관지임을 표방하고 나선 일부 신문들은 광고를 일절 싣지 않고 구독료나 모금에 의해 신문을 발행하였고, 광고를 게재한 신문들의 대부분도 광고보다는 구독료 수입의 비중이 훨씬 컸다.[134]

더욱이『서울신문』은 발간 이후, 어느 정당이나 정치세력에도 속하지 않는 신문이 되겠다고 수없이 공언하였고, 실제로 미군정 이외에는 어느 정치세력의 소유도 아니었으므로 신문사의 경영은 독자층을 유지하는 데 사활을 걸 수밖에 없었다.『서울신문』을 발간할 당시의 구독료는 알 수 없으나, 1945년 12월 9일 당시 한 부의 값은 30전이었고, 월 구독료의 정액은 9원이었다. 이 금액은 비슷한 시기의『朝鮮日報』·『東亞日報』와 같은 수준이었다. 1946년 1월부터 1947년 6월 30일 사이의『동아일보』의 광고수입이 전체 수익의 30%가 채 되지 않았는다.[135]『서울신문』도 수입 부분 중 '잡수입'의 비중이 높지 않았다는 점에서 주 수입원은 역시 '영업수입'이었다는 것을 알 수 있다.[136] 이 영업수입에 광고수입이 포함되어 있었을 것이다. 1946년 타블로이드 2면을 기준으로『서울신문』에 게재된 광고 수량은 대략 30~40건 정도이다. 당시『동아일보』의 2면 발행면에 게재된 광고가 20건 내외였다는 점을 고려할 때『동아일보』보다 2배정도 수량이 많다. 그러나 하단 2면 정도를 광고란

유달리 진정한 여론 기관으로서의 신문을 제작하는 중립지(中立紙)가 있다 하여도 보신책의 하나로 투자된 자본가의 손으로 매수 내지, 흡수되어 가고 있음을 발견할 수 있을 것이다." 최준,「당과 신문의 운명」,『신문평론』제2호, 1947, 63쪽.

134) 고용진,「한국 신문의 광고가 지면구성의 변화에 미친 영향에 관한 연구」, 서울대학교 신문학과 대학원 석사학위논문, 1989, 22쪽.

135) 동아일보사,『東亞日報社史』卷2, 1978, 332쪽.

136)『서울신문』의 경우 따로 광고수입의 통계를 찾을 수 없었음. 서울신문사에 문의한 결과 너무 오래된 자료라 잡수입과 영업수입에 어떤 항목이 포함되어 있는지 알 수 없다는 답변을 들었음. 다만 직원을 통해 정확하지는 않으나 광고수입은 영업수입에 포함되었을 것이라는 답변을 들었음.

으로 사용한 것은 두 신문 모두 같다. 또한 『서울신문』의 발행부수가 『동아일보』보다 많았다는 것을 고려하면 결국 『서울신문』의 영업수입에서 광고수입이 차지하는 비율도 『동아일보』와 큰 차이가 없었을 것이다.

[표 3] 서울신문사의 손익계산서[137] (단위 : 천 원)

내역/연도	1946년	1947년	1948년	1949년
영업수입	30,609	70,422	166,887	378,234
잡수입	1,516	5,789	3,874	13,896
비용 計	32,016	76,565	171,583	406,144
순이익	109	354	822	14,014

조선의 산업화가 이루어지지 않아 광고수익으로 신문사를 경영하는 체제가 정착되지 않은 해방정국기에, 정당의 기관지도 아니었던 신문사를 제대로 경영하기 위해서는, 독자를 확보하여 발행 부수를 늘리는 것이 최상책이었다. 『서울신문』은 독자들이 원하는 형태로 필요한 정보를 전달하면서도, 되도록 거부감을 주지 않는 보도경향을 택하였으리라 생각한다. 특히 신탁통치와 같이 민감한 문제를 다룰 때는 더욱 중립성에 신중을 기하였다고 보인다.

1946년 1월초 신탁통치 문제와 관련하여 좌익·우익·중간의 성향을 각기 대변하는 『朝鮮人民報』[138]와 『大東新聞』[139]·『自由新聞』[140] 그

---

137) 『서울신문50년사』, 서울신문사, 1995, 761쪽 참고.
138) 1945년 9월 8일 총독부 기관지 『경성일보』를 나온 기자들이 종로의 중앙기독교청년회관에 편집실을 두어 창간한 타블로이드 신문으로 金正道가 사장 겸 발행인을, 高在斗가 부사장을 맡아 발행했다. 이 신문은 강도 높게 미군정을 비판하여 여러 차례 필화를 일으켰으며 우익 청년들에 의해 다섯 차례나 테러를 당했다. 이 신문은 1946년 9월 6일 『현대일보』,『중앙신문』 등과 함께 군정에 의해 발행정지 처분을 받았다(김민환,「美軍政期 신문의 주요 議題에 대한 論說 내용분석」,『광복과 한국 현대언론의 형성(한국사론 44)』, 국사편찬위원회, 2006, 57쪽).
139) 1945년 11월 21일 서울시 북창동 34번지에서 李鍾榮(혹은 李鍾榮)에 의해 창간되었다

리고 『서울신문』의 인쇄소가 반대 입장을 가진 세력에 의해 테러당하는 일이 일어났는데,[141] 이를 보면 당시 신탁통치에 대해 언급하는 것이 얼마나 예민한 쟁점이었는지 알 수 있다. 『서울신문』은 신탁통치에 대한 찬반을 구체적으로 표명한 바가 없었다. 그런데도 1946년 3월 독자를 자칭하는 인물이 서울신문사원들은 전부 공산주의자들일 것이며, 정확한 뉴스를 내라는 요구를 이행하지 않으면 신문사에 불을 지르겠다는 협박도 받았다.[142] 이런 상황은 『서울신문』을 더욱 중립적인 방향으로 기울게 하였다고 보인다. 8·15 해방 후 처음 맞는 3·1절 기념행사를 좌우익이 각기 치렀는데, 『서울신문』은 어느 기념식에도 참여하지 않고 독자적으로 3·1절 기념행사를 가진 사실이 이를 단적으로 보여준다.[143]

(「大同新聞 창간」, 『자유신문』, 1945년 11월 21일자). 이종형은 후일 친일파로 반민특위에 구속된 바 있고, 이 신문은 저돌적인 반공신문으로 이름났다 (송건호, 『송건호전집』 5, 한길사, 2002, 95쪽). 이 신문은 1946년 여운형의 암살이 미수로 그치자 테러범을 지사라 극구 칭찬하고 5월 16일자 논설에서 "민족혼을 가진 청년에게! 청년지사 박임호 군의 뒤를 이어라"라고 공공연히 발표하였다. 미군정은 이에 『대동신문』에 3주간의 발행정치 처분을 내렸다 (송건호, 『송건호전집』 9, 한길사, 2002, 66쪽). 1946년 9월 사장 이종형이 적산관리처에서 적산의 부정취득사건으로 검속되고, 이종형의 운영과실로 거액의 가수금과 부채금으로 휴간될 위기에 처하자 사원들은 사원자치회를 조직하였다. 이후 1947년 1월 10일 崔東昕가 사장으로 취임하였다(「人事」, 『자유신문』, 1947년 1월 10일자).

140) 1945년 10월 5일 정인익, 이정순을 비롯한 『매일신보』 출신의 언론인과 정진석 등에 의해 창간되었다. 창간 당시에 정진석이 편집인·발행인 및 주필을 겸하여 신문 논조를 주도하였다. 이는 매신계의 친일성 논란을 피하는 것과 동시에 새로운 국가적 모습이 정진석이 주장하는 진보적 민주주의로 가야한다는 것을 창간 동인들이 인식하고 동의한 결과였다. 자유신문은 국제적인 호의를 바탕으로 해외에서 귀국하는 독립운동가들과 좌우합작을 할 것을 주장하였다. 또한 민족 내부적 역량 강화를 위해서 문화적 소양을 증대해야 함을 역설하며, 야구대회를 주최하는 등의 구체적인 문화·체육 활동을 병행하였다. 그러나 1947년 이후 정진석과 배은수가 떠난 후 『자유신문』은 남은 정인익과 이정순 등은 신문을 완연한 우파지로 탈바꿈시켰다. (오승진, 「해방직후 좌·우 언론인의 연대와 분열: 『자유신문』을 중심으로」, 서강대학교 대학원, 2008, 30쪽).

141) G-2 Weekly Summary, no.18(1946.1.15).
142) G-2 Periodic Peport no.175(1946.3.14).
143) G-2 Weekly Summary, no.25(1946.3.5).

중간파적인『서울신문』의 보도경향은 경영진의 정치 성향에서 말미암았고, 미군정과의 공존·조화를 고려한 결과였으나, 신문을 구독하는 지식층들의 인식에도 부합하는 것으로 성공적이었다. [표 3]에서도 나타나듯이,『서울신문』의 1945년부터 1949년까지 수익은 꾸준히 증가하였고, 또한 판매 부수는 해방정국의 신문 중에 으뜸이었다.144)

---

144) 1946년 5월 미군정의 조사에 따르면,『서울신문』의 발행 부수는 92,000부에 달하였다. G-2 Weekly Summary, no.37(1946.5.29).

제3장

『서울신문』과 미군정의 관계

『서울신문』과 미군정의 관계

1 미군정하『서울신문』의 경영

서울신문사 임원진 중 핵심인물이라고 할 수 있는 하경덕과 홍명희는 미군정과의 관계가 나쁘지 않았다. 이것은『서울신문』의 존립을 위해서도 긍정적인 것이었다.

서울신문사를 운영하는 데 있어 대주주였던 미군정의 도움은 필수적이었다. 실제로『서울신문』은 미군정의 도움을 받았을 것으로 보이는데, 그것은 [표 4]의『서울신문』의 신문생산비용[1] 가운데 재료비 항목을 보면 알 수 있다. 재료비에 어떠한 항목이 포함되어 있는지 그 내용은 정확히 알 수 없다. 그러나 상식적으로 판단해 보았을 때 재료비 가운데 가장 큰 비중을 차지하는 것은 아마도 용지구입비였을 것이다.

[표 4]『서울신문』생산비 중 재료비의 비중[2]

내역/연도	1946	1947	1948	1949	1950
재료비	6,348 (19.82%)	28,898 (37.74%)	68,548 (39.95%)	187,645 (46.20%)	77,316 (36.81%)
총비용	32,016	76,565	171,583	406,114	210,039

1) 1946~1950년 서울신문사의 손익계산서에 따르면 비용에는 급여, 재료비, 총무비, 편집비, 보급비, 광고비, 공장비, 사업비, 지불이자, 출판인쇄비, 기타 항목이 포함되어 있다.
2)『서울신문50년사』, 서울신문사, 1995, 761쪽 참조.

1950년대 말까지 신문용지를 생산할 수 있는 능력을 갖춘 제지공장
은 고려제지주식회사 하나뿐이었다. 1956년도 신문용지량 가운데 국산
용지소비량이 차지하는 비율은 30%에 불과하였으며, 나머지 70%는 외
국산용지의 수입으로 충당하였다. 또한 이 시기에 있어서 각 신문사의
신문용지구입비는 신문생산비용 가운데 가장 큰 비중을 차지하고 있었
다. 1957년 12월 31일 현재 조선일보사의 신문용지구입비는 신문사총
운영비의 70%를 차지하였다.[3] 그러나 서울신문사는 신문용지구입비를
포함하는 재료구입비에 신문사총운영비용의 30%에서 40% 정도를 사용
하고 있다. 이 중에서도 미군정 기간만을 생각해보면 40%가 채 되지 않
는 비율인 것이다. 이것은 서울신문사가 미군정으로부터 신문용지 배정
에 특혜를 받았기 때문에 가능한 것이었다.

서울신문사는 이러한 특혜를 바탕으로 자매지인『신천지』와『週刊서
울』을 발간하기도 하였다. 해방 직후 출판계의 최대 난관은 무엇보다도
용지난이었다. 당시 미군정에서는 일제강점기 朝鮮洋紙配給會社[4]에서
시행하던 것과 유사한 방식으로 용지를 배급하였다. 신문용지와 교과서
출판에 종이를 먼저 배정한 다음 출판계획서를 제출한 회사에 용지를

---

3) 1995년 정부는 이러한 신문용지부족을 해결하기 위해 고려제지, 삼풍제지, 대한제지에
   원조자금을 배정하였고 신문용지의 생산능력이 증가하여 1959년 신문용지소비량 가운데
   국산용지소비량이 차지하는 비율은 69로 증가하였다(朝鮮日報社 編,『조선일보 60년사』,
   1980, 319면).

4) 滿洲事變 발발 이전 일본의 洋紙제조가 활발하게 이루어졌을 때 판매 경쟁이 가열되었
   다. 때문에 1937년 2월 조선에서 종이를 공동판매할 목적으로 王子製紙株式會社(당시 조
   선 내 양지 공급의 8할 이상을 점유하고 있었음)의 특약판매점 日本紙業, 荻原紙店, 中山
   洋紙店, 近○商店, 鮮一紙物, 荻野商店, 平壤中央紙業社의 7개 업체가 협의하여, 자금 5
   만 엔으로 종이를 공동판매할 목적으로 조선양지주식회사를 설립하였다. 그러나 만주사
   변이후 조선에 들어오는 종이의 수입제한으로 入荷量이 줄어들자 1939년 7월 할 수 없이
   19만 5천 엔의 자본금을 증자하고, 전기 6개 점(평양중앙지업사 제외)의 상품을 모두 同
   社에서 直賣配給하였다. 同社에서는 종이를 軍部 및 관청에 배급하는 것 이외는 전부 6
   점에서 그 규모를 바탕으로 판매하는 방법을 취하였다. 京畿道 警察部長(발송자),「洋紙
   의 公定價格 實施에 伴한 業者의 言動에 관한 건」,『經濟情報(京畿道, 昭和 15年 4月~5
   月)』, 1940년 4월 5일(발송일) (한국사데이터베이스 DB자료).

할당해 주는 것이었다.[5] 이러한 종이 배급은 절차가 꽤 까다로웠다. 상공부 유기가공과에 신청을 하고 다시 미군정 고문관의 서명을 얻어 조선양지배급회사 창고에 가면 출판계획서 검토 과정을 거쳐 책정된 양만큼 종이를 구입할 수 있는 복잡한 단계를 밟아야 했다. 배급받는 것 이외에 종이를 구하는 방법으로는 을지로에 있는 종이가게를 통하는 길이 있었다. 이것은 일종의 암거래로 물량도 적고 가격도 배급가에 10배에 해당하였다.[6] 그러나 서울신문사는 이러한 어려움을 겪지 않고 잡지를 발간할 수 있었다고 한다.[7]

또한 1946년 4월 1일 曺重煥·金東濬·劉錫鉉[8] 등은 언론사업 운영자금 마련 대책으로 신동아손해보험주식회사를 창립하게 되는데, 이 회사의 설립 역시 미군정의 동의 없이는 불가능한 것이었다. 신동아손해보험은 조흥은행으로부터의 차입금 300만 원을 제외하고는 거의 전액을 당시 『서울신문』 전무였던 조중환이 출자하였다. 회사 창립의 중심인물은 조중환·김동준·유석현·홍기문·이원혁·박의양 등이었는데 이들은 모두 『서울신문』의 중역들이었다. 손해보험업이 일제하에서 많게는 60여 회사가 운영될 만큼 활발한 업종인데다 금융기관 담보물 및

---

5) 서울신문사, 『서울신문50년사』, 1995, 162쪽.
6) 정진숙, 『출판인 정진숙』, 을유문화사, 2007, 121쪽.
7) 서울신문사, 『서울신문50년사』, 1995, 162쪽.
8) 劉錫鉉(1900)은 忠北 忠州 출신으로 1919년 고향에서 독립만세운동에 참여했다가 일경의 추적을 받아 11월 중국 東三省으로 건너갔다. 1920년 7월 중국 天津에서 義烈團에 입단하여 1922년 2월 군자금 조달을 목적으로 입국하였다. 1922년 12월 金祉燮 등과 함께 무교동에서 白允和 판사를 협박하여 군자금을 모금하려 하다가 실패하고, 다시 중국으로 건너가 1923년 5월을 기하여 전국 각지에서 대폭동을 일으키고 요인을 암살하라는 지령을 전달받았다. 그는 金始顯·黃玉·金祉燮 등 동지를 규합하여 무기 반입을 모의, 북경에서 폭탄 36개, 권총 5정, 독립선언문 3천 매 등을 소지하여 입국, 거사를 계획 중 밀고자에 의해 1923년 3월 15일 피체되었다. 경성지방법원에서 징역 8년형을 언도받고 옥고를 치른 후 만기 출옥하여 1941년 다시 만주로 건너갔다. 해방 후 光復會 고문, 광복회장을 역임하였다. 1977년 대한민국정부로부터 건국훈장 독립장에 서훈되었다. 국가보훈처사이트 공훈록데이터베이스(http://www.mpva.go.kr/narasarang/gonghun_view.asp? id=4802&ipp=10)

귀속재산 불하에 따른 영업전망이 낙관적으로 예상하여 손해보험사의 설립을 적극 검토하게 되었다. 이에 대해 이러한 고급사업을 한국인에게 인가한다는 것을 회의적으로 생각한 미군정이 냉담한 태도를 취하였으나 결국 崔淳周[9]와 호러스 호튼 언더우드(Horace Horton Underwood, 元漢慶)의 도움으로 설립할 수 있게 되었다.

미국이 남한에 주둔할 당시 미 제24군단에는 한국에서 자라나 한국말을 할 줄 아는 선교사 2세들이 배속되어 있었다. 공주 永明學校를 설립한 미감리회 선교사 윌리엄스(Franklin E. C. Williams, 禹利岩) 목사의 아들 조지 윌리암스(George Z. Williams) 소령과 개성 송도고보 교장을 지낸 남감리회 선교사 윔스(Clarence N. Weems, Jr.) 소령이 그들이었다. 또 1945년 10월 말에는 연희전문의 설립자인 미북장로회 초대 선교사 언더우드(Horance G. Underwood, 元杜尤)의 아들로 연희전문 3대 교장을 역임한 호러스 호튼 언더우드 선교사가 소령 대우를 받는 미군정청 민간인 고문으로 입국하였다.[10]

한국 사정에 비교적 밝았던 이들 선교사 2세들은 미군정청 인사에 상당한 영향력을 행사하였고, 그 결과 공주 영명학교 · 개성 송도고보 · 연희전문 출신을 비롯한 기독교계 인사들이 대거 관료로 충원되었다. 흥사단계의 경우 이묘묵 · 趙炳玉 · 黃寅植[11] 등이 공주 영명학교의 졸업

---

9) 崔淳周는 1902년 忠北 永同에서 출생하여 연희전문 商科를 졸업하고 뉴욕대학 상학부를 졸업하였다. 주요 경력은 다음과 같다. 1930년 延禧專門學校 교수 및 財團常務 이사, 1944년 朝鮮興業株式會社 代表取締役, 1945년 朝鮮銀行 이사를 역임하였다. 해방 이후 조선은행 총재, 재무부장관겸 기획처장, 自由黨 충북도당 위원장 및 중앙당 산업부장, 한국무역협회 회장을 역임하였고, 3대 국회의원(지역구 충청북도 永同, 소속정당 自由黨) 당선되었고, 國會副議長에 被選되어 四捨五入改憲 때 司會를 맡았다. 1956년 6월 11일 미국 샌프란시스코에서 身病加療 중 사망하였다(「한국근현대인물자료」, 한국사데이터베이스 참조). 이외 최순주의 친일행각에 대해서는 김삼웅 편저, 『친일파 100인 100문 친일의 궤변, 매국의 논리』, 돌베개, 1995, 136~139쪽에 자세히 기재되어 있다.

10) 강인철, 『한국기독교와 국가 · 시민사회』, 한국기독교역사연구소, 168~171쪽(장규식, 「미군정하 흥사단 계열 지식인의 냉전 인식과 국가건설 구상」, 『韓國思想史學』 제38집, 2011, 255쪽 재인용).

생 또는 교사 출신이었고, 이묘묵·조병옥·정일형·하경덕 등이 연희
전문의 졸업생 또는 교수 출신이었다.[12]

이처럼 신동아손해보험회사의 창립은 연희전문 인맥의 도움을 많이
받게 되는데, 이것 역시 하경덕과 연희전문과의 인연에서 기인한 것이
라 할 수 있다. 최순주는 일제강점기 미국에서 유학을 한 후 연희전문의
교수로 근무하였고, 하경덕 역시 미국에서 유학하고 연희전문학교 교수
로 근무했던 점이 두 사람의 관계 성에 도움이 되었을 것이라 생각된다.

1946년 1월 미군정은 자본금 100만 원을 제시하였는데 조중환이 이
것을 대부분 출자하고 나머지 부족한 부분인 300만 원은 신무경 등의
협조를 얻어 조흥은행으로부터 차입할 수 있었다. 회사설립 이후에는
미군정 측이 더욱 적극적으로 후원을 하여 사옥을 정하는 데도 미군정
청 직원들이 나서서 회사 발기인들과 서울 곳곳을 순회하며 일본인 보
험회사 사옥 중 마음에 드는 곳을 골라보라며 직접 안내까지 해줄 정도
였다고 한다.

심지어 상호까지도 간섭할 정도였다고 한다. 발기인들은 처음에
'서울화재'라는 상호를 내정했었는데 미군정청 보험과 감독인 헤릭
(B. S. Herrick) 대위가 반대하고 나섰다는 것이다. 그 이유는 손해
보험 사업을 새로 시작하는 마당에 '서울'은 너무 스케일이 작고 좁
다는 주장이었다. 그는 '보다 폭넓은 세계'를 의미하는 'New Orient'
를 사용하여 상호를 'New Orient ProPerty and Casualty Insurance'
로 명명하고 설립진들이 이에 따르도록 권유하였다고 한다. 발기인
들로서는 미군정청의 도움을 받거나 신세를 져야할 처지인 데다가 거

---

11) 1888년생으로 忠南 公州 출신이다. 平壤崇實專門學校, 美州 콜로라도 덴버大學(University
of Colorado Denver), 뉴욕 콜럼비아大學(Columbia University in the City of New
York) 師範學部를 졸업하고, 다년간 미국에 거주하였다. 해방 후 귀국하여 미군정기 忠
淸南道 知事를 거쳐 群山海洋大學 學長을 역임하였다. 永明高等普通學校 교원으로 20년
을 근무하였고, 1956년 당시 永明校 경영하고 있었다. 內外弘報社 編, 『대한민국인사록』,
內外弘報社, 1949, 191쪽; 康晉和 編, 『대한민국건국십년지』, 1956, 1125쪽.

12) 장규식, 앞의 글, 255쪽.

절할 명분도 찾지 못해 헤릭 대위의 제안을 그대로 받아들였다는 것이다. 어쨌든 미군정과의 교감과 정보의 공유, 자본금의 순조로운 확보로 인해 회사를 설립할 수 있었다고 한다.[13)

또한 당시 작성된 기록에 나타나는 『서울신문』의 사정도 미군정과의 관계를 고려하지 않을 수 없게 만드는 요인이었다. 1946년 4월 하경덕은 하지 장군의 통역이던 이묘묵 및 기타 미국 대표들을 자주 만나고 있었다고 한다. 하경덕과의 대화에서 미국인들은 "미소공위가 커다란 성과를 거두지는 못할 것이라고 말하고 그들은 미군정청이 오랜 기간 존속할 것이라는 사실에 대비하고 있다고 하였다. 이들은 또한 『서울신문』이 미군정청 관계자들 사이에서 권위를 누리지 못하며 이러한 사실이 어떠한 결과를 가져올지를 고려해야 한다"고 말했다고 한다. 게다가 미군정에서는 『서울신문』을 미군정의 기관지로 만들 생각도 있었던 듯하다. 1947년 4월 25일 안재홍이 좌익인사 황태희와의 대담에서 "행정국장 회의에서 『서울신문』을 미군정청 기관지로 만든다는 결정이 채택되었다고 하면서 기관지 편집장에는 조선통신사 편집장인 金昇植이 임명되었고, 부편집장에는 이성균이 임명될 것"이라고 언급했다고 한 기록도 있다.[14) 때문에 『서울신문』의 편집진은 해방정국의 중요한 정치적 문제에 대해 중간파의 입장을 취하면서도 일면 미군정의 입장을 고려할 필요가 있었다.

이러한 관계들을 고려하였을 때 『서울신문』은 미군정의 입장과 정면으로 대치되는 보도를 하기보다는 미군정 정책과 조화를 이루면서 자신들의 정치적 입장을 피력할 필요가 있었다. 때문에 미국정과의 일정한 관계를 고려하면서도 자신들의 생각을 드러내는 기사를 게재하였다. 그 일례를 볼 수 있는 것이 1946년 7월 28일자 사설로 그 내용은 정판사

---

13) 신동아손해보험주식회사, 『신동아 50년의 발자취』, 1997, 142~147쪽.
14) 러시아연방국방성중앙문서보관소, 『소련군정문서, 남조선정세보고서: 1946~1947』, 국사편찬위원회, 2003, 32~33쪽, 242쪽.

위조지폐공판에 관한 것이었다. 『서울신문』은 司直(당국) 측이 조그마한 일을 기화로 삼아서 공산당을 모함하는 것을 추정하고 싶지도 않고, 지금까지 민중을 위해 가장 열심히 싸웠다고 자기들 스스로 긍지를 가진 공산당이 일을 꾸미다가 司直에게 발각되었음에도 불구하고 그를 인정하고 있지 않은 상황이라는 것도 상상하기 어렵다고 하였다. 그리고 공정한 재판을 해 줄 것을 요구하면서 만약 그 결과가 경찰에 의해 조작된 사건이었다면 당국자가 그 책임을 지게 하고 반대로 공산당이 연루된 것이 사실이라면 공산당이 책임을 지게 해야 한다고 보도하고 있다.[15] 이것은 미군정의 입장과 부합하는 보도라고 할 수는 없는 것으로 미군정 측에서는 달갑지 않을 수 있는 내용이었다. 그러나 공산당에 책임이 있다면 그 책임을 지게 해야 한다는 부분도 분명히 언급하고 있다는 점에서 좌익과도 다른 태도를 취하고 있었음을 알 수 있다. 이처럼 『서울신문』은 좌·우 어느 쪽에도 기울어지지 않으면서 자신들의 의견을 분명하게 전달하고 있었다.

8월 21일의 크레디트(credit) 설정에 대한 사설도 마찬가지이다. 『서울신문』은 크레디트 설정에 대해 경제건설이 시급한 우리로서는 그 호의에 대하여 매우 감격하며 시급한 경제복건의 자재를 미국에 의뢰하지 않을 수 없는 상황에서 이런 차관 설정은 바라던 바라고 표현하였다. 그리고 "임시정부가 수립되지 못한 현재 조선에 있어서 미군정청은 남조선에 한하여 그 경제 복건을 하려는 것으로 민주의원은 그 자문에 응하여 찬의를 표한 것뿐이요 민주의원이 계약의 상대기관 아님은 명백한 사실"이라고 하였다. 또한 "남조선에 한한 군정하의 이 차관을 장래 조선정부에서 전 책임을 져야 할 것인가 또 제안된 계약조건은 절대로 수정할 수 없는 성질의 것인가 그리고 제안된 물자 중에서 우리의 경제복건에 필요한 물자를 군정장관의 설명과 같이 선택할 자유가 과연 어떤

---

15) 「사설 僞幣事件 公判에 臨하야」, 『서울신문』, 1946년 7월 28일자.

정도일 것이며 그 선택 심사에 당할 기관은 어떻게 결정될 것인가 그리고 미군정하에서 이때까지 소비해 온 미국물자의 대가는 이 차관이 포함되지 않을 것인가 구입물자의 처리를 민주의원과 상의한다 함은 어떤 범위의 일일 것인가"하는 문제들이 분명하게 해명되지 않아 민심이 석연치 못하다고 하면서 민의의 반영을 표시할만한 성의와 주의가 필요하다고 지적하였다. 그러면서 우리는 크레디트 설정에 대해 무조건으로 반대함을 경계하는 한편에 또 단순한 수동적 태도로서 무조건 찬성함도 경솔함을 면할 수 없는 것이라고 하였다.[16] 이것은 크레디트를 전적으로 환영하던 우익과 민주의원이 승인했다는 이유로 반대하던 좌익과 모두 차이가 있는 태도였다. 『서울신문』은 크레디트 설정은 남한의 재건을 위해 미국에 차관을 요청하는 것은 필요한 일이지만 이 차관에 어떤 것이 포함되고 우리가 이 차관을 들여오는 데 어느 정도 자율성을 가지게 될 것인지 그리고 앞으로 수립될 정부에 어떤 영향을 미칠지를 고려해야한다고 하였다. 이것은 중간파의 성향을 드러내면서도 미군정과의 조화를 고려한 것이라 할 수 있다. 『서울신문』의 경영진들은 '중간좌익'이라는 평가를 받았으나 크레디트 설정 문제에서 보이듯이 실제로 그들의 보도경향은 중립적이라고 할 수 있었다.[17]

이러한 사정들은 임원진의 실제 행보에도 영향을 미쳤다. 1946년 3월 하지와 아놀드는 자신의 통역인 이묘묵과 『서울신문』 편집장을 통해 홍명희와 만났으면 하는 희망을 피력했다고 한다. 이에 홍명희는 자신은 민주의원이 반민주적인 기관이라고 간주하기 때문에 이에 들어가는 것을 단호히 반대한다고 성명하고 면담요청을 거절하였다고 한다. 그러나

---

16) 「사설 크레딧트 設定에 對하야」, 『서울신문』, 1946년 8월 21일자.
17) 크레디트 설정에 대해 조선공산당 선전부는 차관은 국가 간 협정에 의해서만 성립될 수 있는 것임에도 불구하고 군정 자문기관인 민주의원이 이를 승인하는 것은 민족적 이익이 될 수 없는 배족 행위라고 비판하고 또한 미군의 수요품 구입에 크레디트가 사용된다고 하니 그것은 '반독립적 시장화 정책'이라고 규정하였다. 「僭越히 '크레디트' 承諾」, 『現代日報』, 1946년 8월 20일자.

그의 아들인 홍기문은 조완구와 밀접한 관계를 유지하고 있었으며 그의 아버지가 미국인들의 제안을 수락해야 한다고 완강히 주장하였다고 한다.[18]

또한 '좌익신문'이라는 평가를 받던 『서울신문』 중역진들은 사내에서 '좌익' 성향의 인물들이 주도권을 잡는 것을 경계하였던 것 같다. 당시 기자였던 김영상의 구술에 따르면 김영상은 정치부장이던 박승원의 지시로 우익정당을 출입하면서 열심히 취재하였으나 그 기사가 매번 지면화 되지 않아 편집국장 홍기문에게 사표를 제출하였는데, 홍기문은 즉석에서 사표를 반려하였다고 한다. 퇴근 무렵 박승원은 "서로 사상적으로 통한다고 믿고 지냈는데, 그럴 수가 있느냐"며 몹시 언짢아하더니 그 이튿날부터 출근하지 않았다고 한다. 그리고 30년이 지난 80년대 와서 김동준이 들려준 후일담에 따르면 그 당시 서울신문사 안의 공산당 프락치 '두목'이 바로 박승원이었고, 그 때문에 중역실에서도 애를 먹던 차에 그의 사표가 계기가 되어 내보낼 수 있었다는 것이다.[19]

이처럼 홍기문 자신이 '좌익적' 성향임에도 불구하고, 박승원을 내보낸 것은 박승원이 고의로 기사를 누락한 것에 대한 질책이기도 하지만 홍기문을 포함한 임원진들이 사내의 흐름이 '극좌적'으로 흐르는 것 또한 원치 않았다는 점을 보여 주는 것이다. 또한 미군정의 정책에 대해서는 신중한 보도를 하면서 임원진이 직접 그 정책수립에 참여하기도 하였다. 『서울신문』은 과도입법의원 설립에 대해 새로운 법률수립 등에 기대를 나타내면서도 과도입법위원이 남한 단정의 기반이 되는 것을 경계하고 있었다.[20]

(전략) 論者에 따라 不一하나 臨時政府의 樹立이 遲延하는 ○○下에서 軍政이

---

18) 러시아연방국방성중앙문서보관소, 앞의 책, 25~26쪽.
19) 『녹취 한국언론사』, 사단법인 대한언론인회, 2001, 40쪽.
20) 「사설 過渡立法議院令의 制定」, 『서울신문』, 1946년 10월 17일자.

全혀 지금까지의 ○○와 制度에만 依賴하는 행정을 ○○할 수 업는 同時에 自○로 모든 法律과 制度를 改革할 수도 업스매 흔히 無○○策의 批難을 밧게도 되는 것으로 비록 ○定的이나 立法院가튼 ○○로 이 矛盾을 解決하랴는 ○○에는 肯定되는 바 업지안다. 그러나 도리켜 우리 民族의 ○地에서 생각할 때 國大反邦의 우리에 對한 政策에 不少한 相異가 잇서 美蘇共同委員會는 ○今 休會 中이며 民族內部에는 左右相剋이 더욱 激化하는 ○○이 숨길 수 업는 事實로서 同族相殘의 ○○한 事○는 오즉 眞正한 民族의 統一에서 南北과 左右가 完全히 民主主義的 原則 미테 聯合된 統一的 臨時政府에 依하지안코는 到底히 解決할 수 업슴이 明若觀火한 이 重大○ 時期에 ○○하야 過渡立法議院이 그 主○的 ○○의 如何를 不○하고 人的 構成과 ○○에 잇서 全民族 모다 願치 안는 南朝鮮에 局限된 單○政府的인 傾向에로 逸脫되지 안키를 바라서마지 안는다. (하략)

그리고 사장인 하경덕은 관선의원으로 과도입법의원에 참여하고,[21] 단선안 반대에 서명하였다.[22]

『서울신문』의 이러한 행보는 물론 중역진들의 '중간파적' 성향이 반영된 것임은 분명하다. 그들은 좌우합작과 남북이 통일된 임시정부를 염원하고 있었기 때문이다. 그러나 한편으로 중역진들의 이러한 행보는 미군정과의 관계를 의식한 것이라고도 할 수 있다. 이러한 중역진의 태도는 당시 '중간파'의 입장과도 통하는 것이었다. 어쨌든 경영진들은 신문사의 실질적인 경영이라는 면과 그들의 정치적 지향이라는 부분에서 균형 감각을 유지하고 있었다. 때문에 미군정 시기 동안 '좌익적' 신문이라는 평가에도 불구하고 별다른 제재를 받지 않고 비교적 무난하게 최대 신문사라는 위치를 유지할 수 있었던 것으로 보인다.

---

21) G-2 Weekly Summary, no.65(1946.12.12).

22) 김영미, 「미군정기 南朝鮮過渡立法議院의 성립과 활동」, 서울대 대학원 국사학과 석사학위논문, 1993년, 41쪽.

2 미군정의 입장과 서울신문사 임원진의 정치적 활동

미군정 1946년부터 1947년까지『서울신문』에 대한 미군정의 인식은 거의 한결같이 '좌익적' 성향을 가진 신문이라는 것이었다.[23] 미소공위가 휴회된 이후 미군정에 의해 대부분의 '좌익신문'들이 탄압을 받았고,[24]『서울신문』의 보도성향이 미군정의 뜻과 일치하는 것만은 아니었음에도 불구하고『서울신문』은 별다른 제재를 받지 않고 신문을 발간할 수 있었다. 이것은 미군정의 입장에서 보면『서울신문』이 일정한 필요성을 지니고 있었기 때문이었다.

제1차 미소공위가 개최되고, 진행되는 도중의 미군정의 입장은 미묘한 것이었다. 미소공위에서 조선 문제를 소련과 함께 협의해야 하는 미군정의 입장에서는 무조건 반탁을 주장하는 우익신문과 같은 태도가 달갑기만 한 것도 아니었다. 소련을 자극할 수 있었기 때문이다. 실제로 소련대표단은 남조선의 대표적인 우익신문인『대동신문』[25]의 폐간을 요구하였고,[26] 1946년 3월 15일『대동신문』은 암살행위를 선동하고 연합국의 1국을 비방하였다는 명목으로 3주간 정간당하였다.[27]

---

23) G-2 Weekly Summary, no.18(1946.1.15); G-2 Weekly Summary, no.37(1946.5.1.); G-2 Weekly Summary, no.59(1946.10.31).

24) 1946년 9월 6일『중앙신문』,『현대일보』,『조선인민보』는 미군정에 의해 정간되었다. G-2 Weekly Summary, no.59(1946.10.31).

25) 1945년 11월 21일 서울 北米倉町(北倉洞) 34번지에서 李鍾榮이 창간한 일간지이다. 부사장 李鳳九, 주필 黃錫禹ㆍ金玉斤, 편집국장은 崔瑗植이며 미군정으로부터 극우신문으로 평가받았다. 1946년 9월 5일 사장 이종영이 대동신문사와 선광인쇄소의 부정취득사건으로 종로서에 검속되어 취조를 받았다. 또한 그의 잘못된 운영으로 인해 거액의 가수금과 부채금으로 휴간될 위기에 처하자 대동신문사 사원들은 사원자치회를 조직하여 미군정 당국과 교섭을 시도하기도 하였다. 1947년 1월 10일 崔東晤가 사장으로 부임하였다.

26) 러시아연방국방성중앙문서보관소,『소련군정문서, 남조선정세보고서: 1946~1947』, 국사편찬위원회, 2003, 28쪽.

27) G-2 Weekly Summary, no.22(1946.2.1);「大同新聞三週間의 停刊處分」,『東亞日報』, 1946년 5월 16일자.

때문에 『서울신문』의 객관적인 보도경향을 묵인하는 태도를 보였을 것이다. 더군다나 『서울신문』이 '좌익적'이라고는 하지만 미군정에 대한 직접적인 비판이나 좌익에 대한 직접적인 찬동을 하는 것도 아니었기 때문에 '언론의 자유'를 표방하고 있었던 미군정에서는 『서울신문』의 보도경향을 선호하지는 않아도 인정할 수는 있었던 것이다.

이것은 미군정이 『서울신문』의 보도성향이 '좌익적'이라는 판단을 하면서도 『서울신문』에 대해 별다른 제재를 가하지 않은 이유와도 관련이 있다고 생각된다. 미군정은 중간파를 정치세력화할 필요가 있었지만 국내에 기반을 가진 중간파는 그리 흔치 않았다. 그런데 『서울신문』은 비록 보도성향이 '좌익적'이라는 평가를 받았지만 그 경영진이 좌익정당과 직접적인 연관성이 없었다. 또한 『서울신문』의 경영진은 재정적으로나 조직적으로 여타 중간파보다는 상당히 양호한 상태에 있었던 것이다. 때문에 미군정은 『서울신문』을 탄압하기보다 어느 정도 배려해 주면서 경영진의 협조를 얻어내려고 했을 것이다.

이러한 과정에서 미군정은 서울신문사가 합동통신에 출자하는 것을 묵인했던 것으로 보인다. 합동통신은 초창기 모스크바삼상회의 결정에 대한 내용을 국내에 전달했다. 그로 인해 우익의 반탁운동이 반소여론을 조성하고 남한에서 우익의 정치적 입장은 강화되었다. 이는 적절히 이용한다면 미소공위 회담에서 미국 입장을 강화해 줄 수 있었다. 우익은 반탁운동으로 좌익과의 세력 불균형을 일시적으로 만회할 수 있었다. 이러한 사태는 미군정으로서도 바람직한 일이었다.

그러나 1월 22일 모스크바에서 타스통신이 미군정이 남한 언론의 반탁선동을 방조하였다고 비판하고, 1월 24일 모스크바삼상회의 경과와 신탁통치안의 원래 제안자가 미국이라는 사실을 공개함으로써 미군정은 오히려 곤경에 빠졌다. 즉 반탁운동이 가지고 있던 반소여론의 조성, 우익의 정치적 입지 강화는 정치적 효과는 그 근거가 사라지게 되었을 뿐만 아니라 미국의 신용은 크게 추락하였다.[28] 그런데 이러한 합동통신의 대주주가 서울신문사로 교체되었던 것이다. 1945년 해방직전 조선에서 통신을 발행하던 기관은 일본 同盟通信 京城支社뿐이었다. 8월 17일 동맹통신 경성지사에서 근무했던 직원들은 통신기재를 접수하여 우리말 통신을 발간하기로 하고 일본인 사장으로부터 통신기재와 집기 그리고 장부를 넘겨받아 해방통신을 발행하였다. 이후 통신사는 내부의 분열을 수습하고 9월 초 통신제호를 國際通信으로 변경하게 되었다.

직원들의 자치제로 운영되던 국제통신은 9월 19일 미군정에 의해 金東成[29]과 南相一[30)에게 위탁관리를 받게 되었다. 그리고 11월 1일 마침내 미군정은 글래스(William A.Glass) 대위를 사장으로 김동성을 주간으로 남상일을 영업담당 전무로 임명하여 접수하였다. 그러나 글래스 사장은 관리의 책임만 있을 뿐 김동성과 남상일에게 운영자금 조달을 지시하여 국제통신은 곧 경영난에 시달리게 되었다. 결국 1945년 12월 20일 국제통신사와 閔元植[31)이 사장으로 있던 연합통신사가 합병함으

---

28) 정용욱, 「모스크바삼상회의 결정의 국내 전달과정에 대한 연구」, 『청계사학』 18, 2003, 289쪽.

29) 京畿道 開城 출신으로 1890년생이며, 호는 千里駒다. 韓英書院을 졸업하고, 중국 蘇州 東吳大學에서 1년간 공부하고 미국 아칸소州 엔드릭스 대학(Hendrix collge)을 거쳐 美國 오하이오주립대학(Ohio State University)에서 新聞學 전공하였다. 1919년 귀국하여, 1919년 『매일신보』에서 활동하다가 1920년 4월에 동아일보사에 입사하였다. 1921년에 동아일보 제2대 조사부장이 되었으며, 1924년 동아일보를 퇴사하였다. 이후 조선일보를 거쳐 중앙일보 편집국장을 지냈다. 1945년 12월에 閔瑗植·南相一·南廷麟 등과 합동통신사를 설립하여 초대 사장에 취임하였다. 1953년부터 1960년까지 합동통신사 제3대 회장을 역임하였으며, 그 뒤 1964년까지 고문직에 있었다. 한편 1948년 대한민국정부 초대 공보처장에 임명되었으며, 1950년 제2대 무소속으로 국회의원(개성시)에 당선되어 국회부의장(1952.5.8~1952.6.18) 및 1960년 국회사무총장을 역임하였다. 그 뒤 민주공화당 중앙위원으로 활동하였다. 김동성에 대해서는 김을한, 『千里駒 金東成』, 을유문화사, 1981 참조.

30) 1896년 충남 출신으로 선린상업학교를 졸업하였다. 『매일신보』와 『동아일보』 기자로 활동하였으며 만주국 관리를 역임하기도 하였다. 한약수출입조합 간사, 조선생회사의 중역으로 재직하였다. 1954년 11월 30일 현재 합동통신사 상무이사로 재직 중임이 확인된다. 『大韓年鑑』, 大韓年鑑社, 1955년, 663쪽.

31) 1918년 프랑스 리-새중학교를 졸업하고, 1921년 프랑스 투루-스대학 理科를 거쳐, 1928년 미국 네바다 대학을 졸업하였다. 이후 민원식은 서울타임스를 창간하고 사장을 역임

로서 합동통신사가 발족하게 되었다.[32] 합동통신사의 초대사장인 김동성은 이승만과 밀접한 관계에 있었던 인물이었다. 그는 이승만 정권에서 초대 공보처장(1948년 8월~1949년 8월)을 지냈다.[33] 또한 합동통신은 1945년 말 1946년 초 국내에 반탁운동 열기를 몰고 오는 데 결정적 역할을 한 『동아일보』의 모스크바삼상회의에 관한 기사의 출처라고 지목되고 있고, 그 과정에서 미군정의 영향을 받은 의혹이 있다.[34] 합동통신은 대체적으로 우경 중립의 태도를 유지한 것으로 평가되고 있다.[35]

그런데 1946년 4월 초 합동통신이 주식회사로 전환되면서 당시 합동통신의 운영진은 『서울신문』의 주필인 이관구를 중간에 넣고 서울신문사 출자주인 김동준에게 설립발기에 참여해 줄 것을 권유하였다. 김동준을 주축으로 한 서울신문사 자본계열의 주식회사 설립발기 내약을 얻은 합동통신 운영진은 4월 26일 상임이사회를 개최하고 규약을 고쳐 부사장제 신설과 이사증원의 결의하였다.[36] 그리고 10월 8일 주주총회를 개최하고 취체역 회장 민원식, 사장 김동성, 부사장 이관구, 상무취체역 남상일 · 남정인, 취체역 김동준 · 유석현, 감사역 김무삼 · 조중환 · 白南鎭 등의 역원을 선정하였다.[37]

합동통신 출자금은 대부분 김동준으로부터 나왔다. 김동준은 주식을 자신과 처남 조중환이 45%, 합동통신의 구경영진 5인이 30%를 갖도록 배분

하였고, 1950년 現在 合同通信社 理事長, 서울타임스社 社長, 朝鮮호텔 支配人, 株式會社 朝鮮旅行社 社長으로 활동하였다. 『대한민국인사록』, 內外弘報社, 1949, 53쪽.

32) 合同通信 三十年 編纂委員會 編, 『合同通信 三十年』, 合同通信社, 1975, 1~5쪽.

33) 정진석, 『한국현대언론사론』, 1985, 263쪽.

34) 이에 관해서는 정용욱, 「모스크바삼상회의 결정의 국내 전달과정에 대한 연구」, 『청계사학』18, 2003, 275~291쪽. 이 논문에서는 합동통신이 가져온 정보의 출처를 『태평양성조기(Pacific stars and Stripes)』로 보고 있다. 그러나 『합동통신30년』에서는 그 정보는 워싱턴발 AP통신의 카피에서 나온 것이라고 기재하고 있다. 그러나 어느 쪽이든 『동아일보』 기사의 출처는 합통통신이라는 것은 분명한 사실이다.

35) 송건호, 『송건호 전집』5, 한길사, 2002, 96쪽.

36) 合同通信 三十年 編纂委員會 編, 앞의 책, 18쪽.

37) 「합동통신창립총회」, 『경향신문』, 1946년 10월 10일자.

하였는데 주식의 분포로 보면 구합동계 25% 대 서울신문사계 75%로 나타나 실제 운영권은 김동준을 주축으로 하는 서울사신문계로 넘어갔다.

[표 5] 합동통신의 출자금 배분

주주	주식수	주식금액	제1차 불입
김동준	25,000	1,250,000	312,500
김동성	5,000	250,000	62,500
조중환	20,000	1,000,000	250,000
하경덕	10,000	50,000	125,000
남상일	5,000	250,000	62,500
이관구	5,000	250,000	62,500
남연린	5,000	250,000	62,500
백남진	5,000	250,000	62,500
민원식	5,000	250,000	62,500
유석현	5,000	250,000	62,500
김무삼	5,000	250,000	62,500
홍기문	5,000	250,000	62,500
합계	100,000	250,000	1,250,000

* 하경덕의 주식금액은 500,000의 오기로 보임.
출처: 『합동통신30년』, 1975, 21쪽.

1946년 11월 9일 개최된 임시주총에서는 당시 서울신문사 사장이던 하경덕을 취체역으로 서울신문사의 중역이던 홍기문을 전무취체역으로 맞아 들였다. 뒤이어 11월 22일의 취체역회는 취제역 김동준을 부사장으로 부사장이던 이관구를 고문으로 추대했다.[38]

서울신문사의 합동통신 출자에 대해 『합동통신30년』에서는 이관구를 매개로 설명하고 있으나 어떻게 합동통신에 서울신문사의 중역진들이 출자를 하게 됐는지에 대한 설명은 부족하다. 다만 민원식과 하경덕이 『서울타임스』에서 함께 활동했었던 인연과 무관하지는 않을 것이다. 사

---

38) 合同通信 三十年 編纂委員會 編, 앞의 책, 25쪽.

실 서울신문사의 중역진과 합동통신의 사장이자 핵심인사인 김동성은 그 성향이 전혀 다르기 때문이다. 게다가 합동통신 창립주주총회 직전인 1946년 10월 3일 김동성은 미국 언론계를 시찰하는 동시에 조선 사정을 공정히 소개한다는 명분으로 渡美하였다.[39] 도미기간도 짧지 않았다. 애초에 3개월을 예정으로 하고 있었던 도미 일정[40]이었지만 김동성은 1947년 3월 31일에야 귀국했던 것이다.[41] 합동통신이 주식회사로 전환되고 임원진에도 상당한 변화가 있는 기간임에도 불구하고 사장은 도미를 결정하고 예정보다 훨씬 오래 미국에 체류했던 것이다.

또한『서울신문』계열의 인물들과 합동통신 계열 인물들의 분규도 끊이지 않았다. 1946년 4월 27일 이관구, 김동준이 합동통신의 부사장과 전무로 취임한 직후 들어온『서울신문』취체역 홍기문, 김무삼 등을 주축으로 하는『서울신문』계 일부 임직원과 합동통신의 주도권을 지키려는 일부 임직원들 사이의 갈등이 표면화하였다.

이것은 합동통신 입장에서『서울신문』의 출자가 반갑기만 한 것은 아니라는 것을 의미한다. 앞에서도 언급했지만 합동통신의 전신이라 할 수 있는 국제통신사는 본래 관영이라고 할 수 있다. 또한 합동통신의 건물은 군정청 서울시적산관리국 당국으로부터 임차한 것이었다. 이것은 곧 합동통신이 미군정의 영향을 강하게 받았던 기관이었음을 의미한다. 그런데 국제통신사와 연합통신사가 합병할 때『서울신문』의 주필이던 이관구가 거중조정인으로 교섭하였다고 한다.[42] 당시 관영이던 국제통신사에서 이관구를 거중조정인으로 내세운 것은 곧 미군정이 이관구를 거중조정인으로 인정한 것이라 할 수 있다.

이렇게 미군정이『서울신문』임원진과의 관계를 배려한 것은 미소공

---

39)「金合同通信社長渡美」,『동아일보』, 1946년 10월 4일자.
40)「合同通信社長渡美」,『동아일보』, 1946년 9월 21일자.
41)「金東成氏昨朝歸京」,『경향신문』, 1947년 4월 1일자.
42) 合同通信 三十年 編纂委員會 編, 앞의 책, 6·43쪽.

위 휴회 후 미국의 대한 정책이 변화한 것에도 영향이 있었다. 미군정은 1차 미소공위가 휴회된 이후 1946년 6월 6일 '대한정책'을 발표하였다. 여기에서는 미군정에 대한 한국인의 지지 기반을 확대하고 미소 관계에서 미국의 위치를 강화하는 것을 강조하고 있었다.[43] 이것은 랭던(Wm. R. Langdon)과 데이어(Charles W. Thayer)의 제안에 기초하고 있다. 랭던과 데이어는 한국을 보호하는 데 확고한 결의를 가지고 있음을 소련 측에 알려 주어야 하며, 남한에서는 온건한 애국인사들의 지위를 강화시키고 북한에서는 이들의 저항을 고무시켜야 한다는 점을 강조하였다. 두 번째로는 민주세력의 통합 문제로서, 군정에의 참여를 증대시키고 이들이 더 많은 책임을 맡을 수 있도록 준비시킨다는 점을 강조하였다.[44]

특히 입법자문기구를 설치하기 위한 선거는 한국의 대중의사를 대표할 수 있는 새로운 정치지도력을 만들고, 이것은 민주의원보다 더 강력한 기구가 되어 소련과의 협정을 가능케 할 것이라고 보았다. 결국 대한정책의 지침은 한국인을 군정에 참여시키고 좌우합작과 개혁조치 등을 통하여 미소공위에서 소련과 합의를 도출하는 데 목표를 둔 것이다. 이를 위해서 이승만과 김구와 같은 낡은 지도자들을 배제하고 중립적이고 대중적인 지지를 받는 중간파 인물을 전면에 내세워 과도입법기구를 형성하는 일이 요구되었다.[45] 이에 따라서 미국무부는 무엇보다도 민주적인 한국정부를 세우기 위한 미국의 노력을 도와 줄 중간집단의 정치인들을 육성하는 일이 필요했다.[46]

그런데 서울신문사의 경영진들은 이들이 육성할 필요가 있는 중간파라고 할 수 있었다. 특히 홍명희는 좌우 모두에서 영입하려고 할 만큼 정치적인 명망성도 지니고 있었다. 때문에 미군정의 입장에서는 이들에

43) 윤민재, 『중도파의 민족주의운동과 분단국가』, 서울대학교출판부, 176쪽.
44) "The Political Adviser in Korea(Langdon) to the Secertary of State", May 24, 1946, FRUS, vol.Ⅷ, pp.685~689. 앞의, 『해방3년과 미국 Ⅰ』, 283~288쪽.
45) U.S. Armed Forces in Korea, 『HUSAFIK』, partⅡ, chap2, pp.93~95.
46) 윤민재, 앞의 책, 179쪽.

대해 어느 정도 배려를 해주고 협조를 구했을 가능성이 크다고 할 수 있다. 앞서 언급했듯이, 서울신문사의 임원진들 가운데 하경덕과 이관구은 남조선과도입법의원에 관선의원으로 활동하였다. 물론 이들이 과도입법위원에 참여하면서 미군정의 뜻대로 움직인 것은 아니었다. 하경덕과 이관구는 단선안을 반대하였다. 그로 인해 하경덕은 제명되고 이관구는 사임했던 것이다.[47] 이것은 그들의 중간파 성향과 깊은 연관이 있는 것이었다. 그럼에도 불구하고 미군정이 이들을 과도입법의원의 관선의원으로 받아들였다는 것은 이들이 필요했기 때문이라고 할 수 있다.

때문에 이들은 좌우합작의 대상이 되기에 매우 적합한 인물이었고, 중간좌우파의 끊임없는 영입의 대상이 되고 있었다.[48] 그러나 홍명희는 이들의 제안을 모두 거절하였고, 독자적인 정당 설립에 노력하였다. 그는 민주통일당이라는 정당 설립을 준비하고 있었는데 홍명희는 이 정당이 조만간 모습을 드러내기는 어려울 것이라고 지적하였다. 이 정당은 최소한 300~400명의 지역대표가 소집될 때 비로소 조직될 수 있다고 하면서 창당을 방해하는 두 가지 요인은 간부의 결핍과 자금의 부족이라고

---

47) 김영미, 앞의 논문 42쪽.

48) 홍명희는 1947년 5월 홍남표에게 다음과 같이 말하였다고 한다. "여운형의 지지자인 김집우가 나를 찾아온 일이 있다. 그는 나에게 여운형이 조직하고 있는 근로인민당에 가담하여 당 검열위원회 위원장 직책을 맡아 줄 것과 여운형과 긴밀한 관계를 확립할 것을 제안하였다. 나는 웃으면서 만일 나에게 신당의 지도자 자리를 제안하였다면 여운형과 협력하는 일에 동의하였을지 모른다고 말하였다. 한번은 여운형의 또 다른 지지자인 이만규가 나를 찾아왔다. (중략) 그는 내가 신당에 합류하도록 간곡히 설득하였다. (중략) 한번은 여운형의 지지자 김한규의 초청으로 그의 집을 방문한 적이 있었는데 그의 집에 들어서자마자 바로 내 뒤를 쫓아 이만규와 여운형이 들어왔고 (중략) 여운형은 우리들에게 현 정세를 논의하기 위해 김규식, 허헌, 안재홍 등 모두 약 10여 명 정도로 회의를 개최하자고 했다. 나는 이에 반대하였다. 한번은 김규식이 나를 찾아왔다. 그는 매우 긴장된 모습이었다. 그는 나에게 '나는 이제 정말 모든 것이 지긋지긋하다. 내가 원하는 것이 있다면 누군가 나를 죽여주는 것이다. 부탁하건대 제발 나를 도와주기 바란다'고 말했다. 나는 당신이 만일 정말 그렇게 말할 수 있다면 자신을 이미 죽은 사람으로 간주하고 조국의 민주독립을 위해 모든 것을 바치라고 말하였다. 안재홍도 내게 찾아온 적이 있었는데 우리는 대화에서 서로에게 부정적으로 응대하였고 어떠한 것도 합의할 수 없었다." (러시아연방국방성중앙문서보관소, 앞의 책, 323쪽).

말하였다.[49] 홍명희를 중심으로 한 민주통일당의 준비 과정에는『서울신문』의 임원진들이 중추적인 역할을 하였다. 특히『서울신문』의 전무이자 회사에 대규모 출자를 하였던 김동준은 민주통일당의 발기인이었는데 아마도 그는 실질적 자금을 지원했을 가능성이 높다고 생각된다.

러시아 측 자료에 따르면 민주통일당이 조직될 시기에 미국인들은 이 당에 대해 커다란 관심을 기울이고, 적극적으로 지원하며 좌익분자들이 당내에 침투하지 못하도록 모든 수단을 동원하여 노력하였다는 것이다. 그리고 공식적인 지도자들 중에서 홍명희는 最良의 입장을 견지하고 있지만 미국인들의 영향하에서 동요하기도 하고 소심성을 드러내기도 한다고 하였다. 또한 당내에는 김호, 홍명희, 안재홍, 이극로 등의 지지자가 있다고 하였는데[50] 이들 민주통일당의 핵심인물들은 모두 중간파라고 할 수 있다. 민주통일당은 민주독립당의 모체가 되었고, 민주독립당은 민족자주연맹 내 가장 큰 조직이었다.

때문에 민족자주연맹의 실질적인 기반은 홍명희를 중심으로 한 서울신문사 계열 인물들이라고 생각된다. 송남헌은 홍명희가 민주독립당 대표를 맡은 것은 김규식이 삼고초려한 결과였다고 회고하였다. 중간파 정치지도자들은 김규식을 통합 신당의 대표로 추대하고 싶어했지만 김규식이 원하지 않았기 때문에 결국 홍명희가 가장 적임자로 꼽혔다는 것이다. 그리하여 김규식이 홍명희에게 당 대표를 맡도록 여러 차례 간곡히 권유하여 마침내 그의 수락을 받았다는 것이다.[51] 왜 김규식이 독자적으로 중간정당 통합에 나서지 않았는지는 명확하지 않다. 그러나 그가 좌우합작과 입법기구에 치중하고 있었으며, 중간파 창당이 거론되던 1947년 8월 무렵은 아직 한국 문제가 유엔에 이관되기 전이기 때문에 좌우합작위원회에 기대를 걸고 있었을 것으로 생각된다. 그러나 김

---

49) 앞의 책, 324쪽.
50) 앞의 책, 344쪽
51) 강영주, 「홍명희와 남북연석회의」,『역사비평』, 1998 여름호, 52~53쪽.

규식이 홍명희를 필요로 했던 가장 큰 이유는 홍명희가 자신과 함께 중간파 세력을 이끌어갈 수 있는 정치적 파트너가 될 수 있다고 생각했기 때문인 것으로 보인다. 홍명희는 신간회 활동을 했던 인물이었으며, 한때는 김규식도 가담한 바 있는 동제사[52]에 가입하기도 하였다.

해방 이전 홍명희의 전력을 살펴보면 몇 가지 특기할 만한 사항이 있다. 홍명희는 식민지 시기에 사회주의 운동에 참여한 경력이 있으며, 저명한 사회주의자들과 상당한 친분 관계를 가지고 있었다. 그는 우리나라 최초의 사회주의 단체 신사상연구회 창립회원이었고, 그 후신인 화요회의 간부를 지낸 바 있다. 그리고 1920년대 조선공산당 비밀당원설이 있을 만큼 박헌영 등 화요회계 조선공산당원들과 서로 잘 아는 사이였다.[53] 또한 그의 아들이었던 홍기문, 홍기무 그리고 그의 이복동생 홍성희는 모두 좌파계열의 인물들이라 할 수 있었다. 때문에 사회주의 사상에 대한 이해가 남달랐던 홍명희는 좌파와의 합작이라는 것에 거부감이 적었을 것이라 생각된다. 홍명희는 1946년 12월 10일 민주통일당 발기인 대표회를 개최하였다.[54] 민주통일당은 민주독립당내 홍명희의 지

---

52) 1912년 申圭植을 중심으로 설립되었고, 이칭은 在上海韓人共濟會이다. 상해에서 조직된 최초의 한국인 독립운동 단체로서, 1919년 상해 임시정부가 수립되기 전까지 상해 한국인의 중심 조직으로 그 역할을 다했다. 이사장에 신규식, 총재에 朴殷植이 선출되었다. 그 밖의 중견 간부는 金奎植・申采浩・洪命熹・趙素昻・文一平・朴贊翊・曹成煥・申健植・金容鎬・申澈・閔濟鎬・金甲・鄭桓範・金容俊・閔忠植・李贊永・金永武・李光・申錫雨・韓震山・金昇・金德・卞榮晩・尹潽善・閔丙鎬 등이었다. 회원은 300여 명에 달하였고, 구미 각지에 사무실을 만들어 활동하였다. 그 뒤 중국의 혁명 지도자들과 보다 깊은 관계를 유지코자 新亞同濟社를 조직, 중국 국민당과 사회 저명인사 중 宋敎仁・陳其美・胡漢民・唐紹儀・陳果夫 등을 가입시켜 독립운동에 중국인의 지지를 받고자 노력하였다. 1913년 12월에는 독립운동을 담당할 청년들을 교육하기 위해 博達學院을 설립하였다. 1917년 8월에 잠시 조선사회당으로 이름을 바꾸었다. 당시 스톡홀름에서 국제사회주의자대회가 열린다는 소식이 있자, 이 대회에서 한국이 독립할 수 있도록 국제적인 지원을 요청할 목적으로 신규식 등이 하룻밤 사이에 이름을 바꾼 것이다. 그러나 동제사 자체가 사회주의 노선을 택하거나 실천할 목적이 없었기 때문에 스톡홀름대회가 무산되자 조선사회당이라는 명칭은 더 이상 사용되지 않았다. 한국민족문화대백과 데이터베이스.
53) 강영주, 「벽초 홍명희 2-3・1 운동에서 신간회 운동까지」, 『역사비평』, 1994 봄, 154~156쪽.

지기반이라 할 수 있다. 이들은 민주독립당에도 참여하여 민족자주연맹의 영향력 증대에도 영향을 미쳤을 것으로 생각된다. 이들 중 주요 인사들은 언론계와 실업계에 몸담고 있었던 사람들로 주로 서울신문, 新東亞損害保險會社, 合同通信의 임원직을 수행하고 있었다. 세 회사의 주요 경영진들을 살펴보면 상당부분 중복되어 있으며, 비슷한 시기에 겸임하고 있음을 알 수 있다.

[표 6] 서울신문 · 신동아손해보험 · 합동통신 간부 재임기간과 경력

이름	출생지	출생년도	신동아손해보험	서울신문	합동통신	해방 이전 경력	해방 이후 정치 경력
金東濬	서울	1909	회장 (1946.4.1~ 1949.4.30) 취체역 (1949.9.30~ 1951.5.21)	전무 (1945.11.22~ 1949.6.15) 서울신문 창립자금 출자	부사장	대지주 출신, 明治大, 광산업 및 金城商事 경영(1932) 세브란스의대 재단 감사(1943)	민주통일당 발기인 (1946.2.16 기준)
趙重煥	서울	1917	감사역 (1946.7.3~ 1951.5.21)	상무 (1945.11.22~ 1949.6.15) 서울신문, 합동통신, 신동아손해보험의 자본금과 운영자금 출자	감사역 (1946. 10.8~)	김동준의 처남, 早稻田大 정치경제학, 대지주출신 漢城精米所운영	
劉錫鉉	忠北忠州	1900	감사역 (1946.3.22~ 1949.4.30) 취체역 (1948.9.28~ 1949.4.30) 사장 (1949.4.30.- 1956.12.28)	고문 (1946.4.21~ 1946.9.11) 감사역 (1949.4.30~ 1949.6.15)	상무	의열단 단원	1948년 이후 신동아손해보험의 경영에 적극적 참여 민주통일당 발기인 민주독립당 서무책 임위원

---

54) 『조선일보』, 1946년 12월 12일(한국사데이터베이스).

이름	출생지	출생년도	신동아손해보험	서울신문	합동통신	해방 이전 경력	해방 이후 정치 경력
洪起文	忠南 傀山	1903	감사역 (1946.3.22~1948.8.30) 취체역 (1946.4.30~1948.8.30)	고문 (1946.3.20~1946.4.16) 편집국장 (1946.4.16~1946.9.15) 주필 (1946.6.6~1946.9.11) 감사역 (1946.6.21~1948.4.28)	전무 (1946.11.22~)	신간회, 조선일보문화부장 겸 사업부장	민주독립당 당무위원, 홍명희의 아들
李源赫	慶北 安東	1890	감사역 (1948.4.30~1950.1.24) 취체역 (1950.1.24~)	상무 (1945.11.22~1949.6.15) 초대총무국장 제2대 회장	부사장 (1956~)	신간회경성지회 선전부총간, 시대일보·조선일보 기자, 조선지광 간행	민주통일당 발기인, 민주독립당 위원
朴儀陽		1900	감사역 (1950.1.24~1951.5.29)	감사역 (1949.4.30~1949.6.15) 초대총무국장	상무겸 총무국장 (1948.9.8~)	신간회경성지회	민주독립당 노동책임위원

또한 과거 신간회에서 활동하던 인사들이 다수 기용되었다. 홍명희와 함께 고문으로 추대된 권동진은 같은 괴산 출신으로 신간회 부회장을 맡는 등 홍명희와 오랜 동지였으며,[55] 서울신문사의 핵심간부들인 상무 취체역의 이원혁·김무삼, 주필 이관구, 편집국장 홍기문 등은 모두 신간회 경성지회에서 활동한 인물들로서, 그 후 김무삼과 이원혁은 신간회 민중대회 사건으로 홍명희와 함께 옥고를 치르기도 하였다.

홍명희의 차남 홍기무도 서울신문사에 입사하여, 출범 당시 문화부장 직을 맡았다가 얼마후 편집부국장이 되었다. 홍명희가 이러한 서울신문

---

55) 강영주, 「신간회 활동과 『임꺽정』 집필」, 『역사비평』, 1994년 여름, 144~145쪽.

사에 거점을 두고 본격적인 사회활동을 재개한 것은 해방 이후 그의 정치 활동에 중요한 기반이 되었다. 비록 그가 서울신문사에 재직한 기간은 만 4개월에 지나지 않았지만 서울신문사 간부진에는 그의 장남 홍기문을 비롯하여 측근인사들이 포진해 있었고 이들 중 상당수는 1947년 10월 홍명희가 창당한 민주독립당에 참여하였다.

또한 합동통신에 출자한 조중환과 그의 처남 김동준도 민주통일당 발기인 중 하나인데 조중환은 연간 1만 2천 석을 거둬들이는 대지주였다. 김동준 역시 세 회사 모두에 출자를 하고 있으며 대지주의 아들이라는 점은 조중환과 같다.[56]

이들 『서울신문』 계열이 장악하고 있던 또 다른 회사인 합동통신은 1946년 1월에 부산, 대구, 인천, 대전, 광주, 전주에 지사를 두고 있었다.[57] 그런데 합동통신이 지부를 설치했던 지역 중 부산, 인천, 대전, 광주, 전주 등지에 민족자주연맹 지부가 설치되고 있었으며 이러한 상황은 양자 간의 일정한 연결고리가 있었음을 시사하고 있는 것이라 생각된다.

『서울신문』 계열 인물들은 직·간접적으로 민주독립당과 연관 관계를 맺고 있었다. 이들은 언론계에 종사하였던 인물들로 상당한 교육을 받은 엘리트이며 또한 자산가이기도 했다. 이러한 서울신문계 인사들은 국내 기반이 약한 민주독립당과 나아가서는 민족자주연맹의 큰 힘이 되어 주었을 것이다. 특히 언론과 자금을 이용할 수 있게 하는 하나의 창구가 되어주었을 것으로 생각된다. 또한 이들은 홍명희가 민족자주연맹 내에서 김규식에 버금가는 영향력을 행사할 수 있게 한 원동력이라고도 할 수 있다. 이것은 김규식이 홍명희를 중심으로 민주독립당을 결성하게 한 원인이며 홍명희와 제휴한 이유기도 하다.

---

56) 신동아화재보험, 『신동아50년의 발자취』, 1997, 153~154쪽.
57) 合同通信 三十年 編纂委員會 編, 앞의 책, 25쪽.

이들이 김규식을 지지하게 된 데는 그들이 독자적인 세력을 구축하기에는 역량이 부족했기 때문이라고 생각된다. 우선 이들『서울신문』계열 인물들의 면면을 살펴보면 홍명희를 제외한 인물들은 명망성이라는 부분에서 취약성을 드러낸다. 그들은 대부분 국내세력으로 독립운동의 경력은 상대적으로 미약한 편이었기 때문에 독자적으로 내세울 만한 인물이 없었다. 때문에 해방 이후 상황에서 정치적 참여를 위해서 김규식을 지지하기가 상대적으로 어렵지 않았을 것이다. 게다가 홍명희는 동제사에서 같이 지냈던 경험이 있는 동지이기도 하였고, 좌우합작이라는 부분에서 홍명희와도 융화할 수 있는 인물이었다. 김규식의 입장에서도 실질적인 국내기반이 없었던 처지에서 이들과의 제휴는 상당히 고무적인 일이었을 것이다. 그리고 이들이 구성했던 민주독립당은 민족자주연맹의 다수당으로 상당한 영향력을 행사했던 것이다. 홍명희가 민족자주연맹 내의 2인자가 될 수 있었던 것도 이러한 맥락에서 이해해야 할 것이라 생각된다. 김규식과 홍명희의 이러한 이해관계는 김규식과『서울신문』계열 인물들 사이의 느슨한 연대를 만들어 주었다.

③ 서울신문사 임원진의 언론관과 정치적 경향

『서울신문』임원진의 언론관은 서울신문사에 내부 자료가 남아 있지 않아 파악하기 어렵다. 그러나『서울신문』속간사를 비롯한 기사내용과 자매지였던『신천지』의 기사,『서울신문50년사』에 수록된 좌담회의 내용을 살펴보면 서울신문사 간부진의 언론관과 정치적 경향을 추정해 볼 수 있다. 특히 서울신문사의 두 매체『서울신문』과『신천지』는 서로 보완적인 관계에 있다고 생각되는데『서울신문』이 정국에 대해 주로 다루는 신문이었다면『신천지』는 편집진이 표방하는 대로 관념적이거나 형식적인 편집이 아닌 실질적이며 능동적인 편집[58])을 하는 잡지였다. 그러나 이 두 매체는 모두 서울신문사 임원진의 언론관과 정치적 경향을 반영하고 있었다.

기본적으로 서울신문사의 경영진들은 재정계통의 간부진을 제외하고는 일제강점기부터 언론계통의 일에 관여하고 있었던 인물들이 많았는데, 기사보도를 공정하고 정확하게 하며, 독립의 완성과 민족의 결합을 위한 언론활동을 전개하겠다는 생각을 가졌던 것으로 보인다. 그것은 1945년 11월 23일 혁신속간 1호에 게재된 사설을 보면 알 수 있는데, 임원진의 인식을 가장 명확하게 게재하고 있다. 이 사설에서는『매일신보』가『서울신문』으로 속간된 과정을 언급하고 "일당일파에 기우러지지 않고 언론보도에 공정하고도 的確할 것이고 민족총력의 단결 통일과 독립완성의 시급한 요청에 매진하며 국내를 비롯하여 聯合友邦의 同業機關과 어깨를 겨누며 민주주의적 질서 확립을 위하여 노력을 기울이겠다"고 하였다. 또한 "思慮없는 말은 도리어 一家一國을 혼란에 빠뜨리는 일이 적지 않은데 사려란 현실의 정확한 파악과 彼我의 순수한 파악으로부터 나오는 것을 명심해야 한다"고 지적하면서 "은 같은 말은 금 같은 실천이 따라야 되는 것을 잊어서는 안 된다"고 하였다. 마지막으로는 앞의 내용을 아울러서 "우리는 언론인이매 스스로 三省해 나갈 것을 약속하는 동시에 삼천만 동포와 함께 實踐躬行할 과제로 삼고저 하며 현실의 파악과 순수한 이해로부터 우리 한겨레가 독립완성을 목표로 철석같이 뭉치는 데 도움이 되도록 지도편달 해달라"고 하였다.

數十年間 ○縮된 勢力을 내뿜어 自由로운 言論으로서의 眞實한 任務를 다할 날이 시작되었다 여기서 우리는 一黨一派에 기우러지지안코 言論報道에 公正하고 또 的確할 것은 勿論이어니와 한거름 나아가 民族總力의 集結統一과 獨立完成의 時急한 要請에 마추어 斷乎 ○進하는 同時에 國內를 비롯하여 聯合友邦의 同盟關係와

---

58) 「二週年을 當하야」,『신천지』3권 2호, 서울신문사, 1948년 2월, 5쪽.

더부러 어깨를 겻고 民主主義的 秩序獨立을 爲하야 相應한 努力을 기우리랴한다. 입잇서도 말못하는 우리가 인제는 말문이 열렷스니 무삼말을 못하리오만은 그러나 思慮없는 말은 도리어 矛盾과 ○○을 이르켜 一家一國을 昏亂에 빠치는 일이 적지 안타 그런데 思慮란 現實의 正確한 把握과 彼我의 純粹한 ○○로부터 나오는 것을 銘心해야 될 것이다. 또 銀가튼 말은 金가튼 實踐이 따라야 되는 것을 이저서는 안 된다 우리는 언론인이자 또 解放된 언론인이매 스스로 三省해나갈 것을 約束하는 同時에 우리 三千萬同胞와 함께 實踐躬行할 課題로 삼고자 한다 거듭 말씀하거니와 現實의 파악과 순수한 이해로부터 우리 한겨레가 독립완성을 목적으로 鐵石가티 뭉치는데 한 도움이 되도록 이 『서울신문』을 指導鞭撻해주시기를 革新첫머리에 讀者 여러분께 바라마지 아니하는 바이다.[59]

또한 1947년 11월 23일자 사설을 살펴보면 『서울신문』이 혁신한 지 2년 동안 국토가 미소 양군에 의하여 절단된 채로 미소의 협력은 좀처럼 성립되지 못하고 남북의 통일조차 여의치 못한 형편을 이야기하면서 이러한 사정은 그들의 의도에서 빗나가는 것이며 노력한 것에 비해 결과가 변변치 못하다고 평가하면서도 항상 커다란 민족적 이익에 입각한 태도를 취했다는 데는 스스로 만족한다는 내용이 있다.[60] 이것은 임원진들이 『서울신문』의 보도가 민족의 이익을 성취할 수 있도록 하는 촉매제가 되기를 바랐다는 것을 알 수 있는 내용이다.

이러한 서울신문사 경영진의 언론관과 정치적 경향은 자매지였던 『新天地』의 전반적인 기사와 특징을 살펴보아도 확인할 수 있다. 『신천지』는 1946년 2월 서울신문사에 의해 창간된 월간 종합잡지이다. 이전에도 그러하였듯, 해방기에도 많은 매체들이 문학과 문화 저변에서 지대한 역할을 담당하였는데, 『신천지』는 그중에서도 가장 완성도가 높았고 담아내는 분야도 포괄적이었다.[61] 1946년 8월호에는 발행인은 하경덕, 편집인은 尹喜淳, 鄭玄雄으로 기재되어 있다.[62] 편집인 중 윤희순은

---

59)「革新에 즈음하야」, 『서울신문』, 1945년 11월 23일자.
60)「本報革新二周年을 마저」, 『서울신문』, 1947년 11월 23일자.
61) 이봉범, 「잡지 『신천지』의 매체 전략과 문학」, 『한국문학연구』 39집, 2010, 216쪽.

『서울신문』의 직원이었지만 정현웅은 그렇지 않았다. 그러나 정현웅도
그 지향점이 『서울신문』의 임원진과 크게 다르다고 할 수는 없을 것 같
다. 정현웅은 화가, 삽화가, 장정가, 평론가, 만화가 등으로 활동했던 인
물로 홍명희의 추천을 받아 편집인이 되었고 1950년 6·25 이후 월북하
여 북한에서 활동한 인물이다.[63] 이후 편집인은 1946년 10월에는 김무
삼, 1947년 9월에는 鄭宇洪,[64] 1948년 3월에는 李健赫으로 변했지만 이
들은 모두 『서울신문』의 사원들이었다. 더욱이 『신천지』는 서울신문사
의 중역들과 편집국장, 문화부장까지 참석하는 편집회의를 열어 그 회
의의 결정을 서울신문사의 출판국장이 실행에 옮기도록 되어 있었다.[65]
때문에 『신천지』는 서울신문사의 언론관과 시국관을 반영하고 있다고
할 수 있을 것이다.

출판부장 정현웅은 「본지가 1년 동안 걸어온 길」이라는 글을 통해
『신천지』가 좌냐 우냐는 질문에 대해 『신천지』는 애초부터 좌우 어느
쪽도 아니라고 전제한 후 "우익으로부터의 질문에 대해서는 민주주의의
모든 원칙을 내세웠고 좌익으로부터의 질문에는 언론의 독자성을 내세
워야했다"[66]고 언급하고 있는데 이것은 『서울신문』과 마찬가지로 불편
부당한 언론관을 내세우고 있었다는 것을 알 수 있다. 이들의 시각은
단골 기고자였던 吳基永[67]의 글 속에도 드러난다. 오기영은 「언론인의

---

62) 『신천지』 1권 8호, 서울신문사, 1946년 9월, 208쪽.
63) 정현웅에 대해서는 신수경·최리선, 『시대와 예술의 경계인 정현웅』, 주식회사 돌베개,
    2012 참조.
64) 1897년 全北 泰仁에서 출생하였다. 별명은 馬鳴이며, 종교는 원불교이다. 1916년 11월
    京城基督靑年學館을 퇴학하고 1917년 4월 중국 間島로 도항하였다가 7월에 귀향하였다.
    1924년 7월 朝鮮勞農總同盟 常務委員이 되었고, 1925년 朝鮮共産黨事件에 관계하여 치
    안유지법 위반으로 新義州署에 검거될 때 피신하였다. 『국외용의조선인명부』, 조선총독
    부 경무부, 221쪽. 1947년 8월 22일부터 1948년 1월 15일까지 서울신문사 편집국장을
    역임하기도 하였다.
65) 한국민족문화대백과사전 데이터베이스(http://encykorea.aks.ac.kr/Contents/Index).
66) 「本誌가 1년 동안 걸어온 길」, 『신천지』 2권 2호, 서울신문사, 1947년 2월, 5쪽.
67) 1909년생으로 호는 東田이며 黃海道 白川 출신이다. 1929년 수양동우회에 입단하고
    1937년에는 동우회 사건에 연루되어 검거되기도 하였다. 10년간 재직하던 『동아일보』도

재무장을 促하야」라는 글에서 어떤 신문사의 주필이 하는 연설을 들은 일이 있는데 그 연설에서 "이때가 어느 때라고 中間的 존재를 許할 것이냐, 右가 아니면 左다. 각자의 정치적 색채를 분명히 하고 싸워야한다"라는 말을 듣고는 실성한 자의 검무를 보는 것처럼 느껴졌다고 서술하고 있다. 그리고 현존하는 언론들이 대부분 정당의 기관지였기 때문에 自黨의 논리는 모두 정당하고 他黨의 논리는 부당하다고 주장하는 분위기는 대중의 언론자유를 침해하는 것으로 보았다. 또한 그나마 중립의 노선을 취하는 자는 좌우의 눈치꾸러기가 되어 버렸다고 지탄하고 있다.[68]

이미 허두에 指摘한 바와 같이 여기서 함께 自己批判을 하기를 願하는 言論人이란 오늘날 우리 政界의 混濁한 중에서 ○然히 옷깃을 여미고 靜觀하며 良心的으로 울고 良心的으로 이 民族의 危機를 悲觀하는 同志를 對象으로 삼는 것이요. 一黨一派의 機關紙에 口腹을 달고있는 宣傳業者가 아니다.

이때가 어느 때라고 中間的 存在를 許할 것이냐, 右가 아니면 左다. 各自의 政治的 色彩를 分明히 하고 싸와야 한다.

는 演說을 드른 일이 있는데 그가 어떤 新聞의 主筆이었기 때문에 나는 그 자리에서 失性한 者의 劍舞를 보는 것처럼 ○然함을 느꼈다. 이러한 이들이 犯○過誤는 自派의 主張은 모두가 옳고 相對便 주장은 모두가 틀렸으며 不統一의 責任은 相對便에 있고 愛族愛國은 自派만이 가진 것이며 自己同志는 모두 애국자요 혁명가지마는 상대편은 모두 극렬분자요 반동분자라고 민중앞에 ○告하는데 있는 것이다. 이런 主筆은 一黨一派의 선전을 위하여는 필요한지 모르나 진정한 언론인의 ○○를 가졌다면 이것은 誇大妄尊이요 分數없는 ○覺이다. (중략) 진작부터 이 中立의 正路를 取하야 애써서 이 路線을 직히려는 者 손을 꼽아서 몇이나 될까말까하였다. 그나마도 左○右○하기에 눈치꾸벅이가 되어버리고 이것은 저절로 어느 便에 對해

이 사건으로 퇴사당하였다고 한다. 도산 안창호의 최후를 끝까지 지키기도 하였다. 해방 후 오기영은 경성전기주식회사에 입사하여 귀속사업체의 운영에 참여하였고, 1949년 초 월북하였다. 한기형, 「오기영의 해방 직후 사회비평활동」, 『창작과비평』, 2002년 겨울호 (통권 118호), 2002. 12, 371~385쪽. 오기영의 사상에 대해서는 장규식, 「해방정국기 중간파 지식인 오기영의 현실인시과 국가건설론」, 『한국 근현대의 민족문제와 신국가건설 (김용섭교수정년기념한국사논총 3)』, 지식산업사, 1997 참조.

68) 오기영, 「言論과 政治 言論人의 再武裝을 促하야」, 『신천지』 2권 1호, 서울신문사, 1947년 1월, 16~24쪽.

서도 是를 是라하고 非를 非라고 快○할만한 용기가 없었을 뿐만아니라 ○○ 있는 事實, 나타난 現狀을 忠實히 報道하는 程道를 넘어서지 못하였다.

당시 중요 사건에 대한 서울신문사의 시각들이 三面佛 혹은 시사해설, 편집후기 등을 통해 드러나고 있는데, 이러한 글을 통해 임원진의 정치적 관점을 엿볼 수 있다.

삼면불은 오기영의 글로 1년 6개월 동안 『신천지』에 다달이 연재되었고, 단행본으로 발행되었다. 단행본의 머리말에서 오기영은 삼면불은 『신천지』측의 所請에 의해 쓰였고, 「모세의 律法」이라는 제목으로 삼면불 첫 회를 연재한 후 신천지 측의 마음에 들었는지 다달이 써내라는 청을 받아 연재하기 되었다고 하였다. 또한 이 삼면불이라는 주제는 본인의 것이 아니라 신천지의 것이라고 하면서, 신천지의 편집자인 정현웅이 이 책을 장정하여 주었다고 밝히고 있다.[69] 즉 삼면불의 내용이 서울신문사가 추구하는 정향에 부합하고 있었음을 의미한다. 내용을 살펴보면 『서울신문』임원진이 좌우정당과 중간파를 어떻게 바라보고 있었는지 알 수 있다.

1946년 7월 삼면불에서는 좌우는 각기 상대가 한마디를 하면 두 마디 세 마디로 갚고 모략을 하면 더 심한 모략으로 대응하여 그 과정에서 좌는 모두 極烈分子가 되고 우는 모두 反動分子가 되었다고 하였다. 뿐만 아니라 좌우가 냉정을 찾고 반성하기를 바라며, 어느 쪽을 차별하는 불공평을 범하지 않으려고 조심하며 쌍방이 하루바삐 아집에서 벗어나기를 바라는 부류가 생겼는데, 이들에게도 기회주의자라는 명칭이 붙었다고 지적하였다. 그러면서 좌우가 서로를 심판할 수 없으며, 심판자는 오로지 민중이므로 상대 당을 꺾으려 하는 태도는 반인민적이라고 평하였다.[70] 또한 좌우가 극렬분자나 반동분자를 언급하며 싸우는 대신 실

---

69) 오기영, 「머리말」, 『三面佛』, 醒覺社, 1948년, 1~2쪽.
70) 東田生(오기영), 「三面佛」, 『신천지』1권 6호, 서울신문사, 1946년, 6~7쪽.

업이 늘어나 현실적으로 어려운 동포들을 돌아보라고 지적하고[71], '헛되이 정치의 이념을 떠들기보다 우선 당면한 문제들부터 하나하나 실천해나가야 한다'고 주장하였다.[72] 이러한 기사들은 서울신문사의 임원진들이 좌우가 현실 문제를 등한시하고, 서로를 공격하는 태도에 대해 비판적이었으며, 중간파가 기회주의자가 아닌 공평한 부류로 좌우의 반성을 촉구하는 무리라고 인식하고 있었다는 것을 짐작할 수 있게 한다.

한편, 『서울신문』과 『신천지』에서 공통적으로 다루고 있는 내용이 있는데 그것은 바로 남조선과도입법의원에 관한 부분이다. 1946년 12월 『서울신문』 사설과 1947년 『신천지』에 등장하는 高一河의 글에서 관련된 내용을 다루고 있다. 사설에서는 입법의원의 필요성에 대해서 인정[73]하고 高一河의 글에서는 입법의원이 생겨난 배경과 입법의원의 문제점에 대해서 고찰하고 있다. 『신천지』에 기고한 고일하라는 인물은 『서울신문』 火曜政評의 기고자이기도 하다. 그러나 고일하라는 인물은 누구인지 확인되지 않으며 『신천지』의 글 말미에 '필자 정치평론가'라고 되어 있는 것으로 보아 가공의 인물일 가능성이 높다. 어쨌든 『신천지』에서 고일하는 입법의원이 미국이 꾸준히 도모한 좌우연합의 일환으로 보았다. 그리고 입법의원의 가장 큰 문제점은 민선의원으로 이들은 한민, 독촉, 한독의 세력으로 실상 좌우합작을 백안시하는 사람들이기 때문에 이들이 한독당의 수뇌와 연합하여 탁치 문제를 재연하여 입법의원이 와해될 수 있음을 경고하였다.[74] 이것은 서울신문사의 임원진들이 과도입법의원 자체의 의의를 인정하면서도 그 입법의원의 운영과 문제점에 대해서도 상당한 주의를 기울였다는 것을 의미한다. 이것은 당시 중간파들 그중에서도 중간우파들의 의식과 매우 유사한 것이었다.

---

71) 東田生(오기영), 「三面佛」, 『신천지』 1권 7호, 서울신문사, 1946년, 6~7쪽.
72) 「本誌가 1년동안 걸어온 길」, 『신천지』 2권 2호, 서울신문사, 1947년, 7쪽.
73) 「立法議員의 意義」, 『서울신문』, 1946년 12월 15일자.
74) 「立法議員의 今後 歸歸」, 『신천지』 2권 2호, 1947년, 74~76쪽.

이러한 『서울신문』 임원진들의 전반적인 생각은 임원진 개개인의 행적과 발언에서도 찾아 볼 수 있다. 1985년 8월 12일의 좌담회에 참석했던 초창기 사원들(李寬求, 金光涉, 金永上, 李秉殷, 高興祥, 姜永壽, 조중환) 등의 증언을 살펴보면 『서울신문』의 경영진들 개개의 생각과 행적을 엿볼 수 있는 부분이 있다.

사장이었던 하경덕에 대해서 조중환은 "재직 당시 엄격하게 중립노선을 지키기 위해 전력을 기울였고 세계적으로 저명한 사회학자였지만 『서울신문』을 위해 일생을 바친 분"이라고 회상하고 있다.[75] 또한 기자들의 편집권을 최대한 보장하고 있었던 것으로 보이는데 당시 사회부 기자인 朴性用은 다음과 같이 회고하였다. "河사장은 철저한 자유주의자로 놀라운 식견과 인품을 지닌 인격자였고 특히 편집에 관한 불필요한 간섭을 절대로 하지 않았다. 편집국장의 재량권을 최대한 존중하였으며 정초에 한번 정도 인사 겸 편집국에 들어서는 일이 있을 뿐 거의 편집국에 나타나는 일이 없었다. 특히 미국식 경영체제를 본떠 한 달에 두 번 나눠서 일정한 날짜에 틀림없이 봉급을 지불하였고 당시 다른 신문과는 비교도 안될 만큼 좋은 대우를 해주는 등 유능하고 합리적인 경영자였다"[76]는 것이다. 이것은 편집권을 상당 부분 인정하였다는 것을 의미하며 한편으로는 하경덕이 편집을 담당했던 국장이나 기자들을 상당히 신뢰했다는 것을 의미한다. 『서울신문』의 편집국장은 시기에 맞게 변화하였지만 기본적으로 하경덕의 입장과 같았을 것이기 때문에 간섭할 이유가 많지 않았다고 해석할 수도 있을 것이다. 『서울신문』 운영에 대한 하경덕의 입장은 1946년 6월 23일 1면에 게재된 하경덕의 사장취임사를 살펴보면 알 수 있다. 하경덕은 국토의 분단, 정치지도자들의 쏘疎한 감정 대립, 극에 달한 민심·민생 문제를 언급하고 『서울신문』의

---

75) 서울신문사, 앞의 책, 1995, 199쪽.
76) 서울신문사, 앞의 책, 1995, 172쪽.

지표는 '하루바삐 민주독립국가 수립을 위하여 안으로는 자체적인 통일운동을 전개하면서, 국제의 公明路線을 밟아감에 있다'고 천명하였다.[77]

이제 우리 ○情은 바야흐로 重大한 ○○에 當面하엿습니다 解放 이미 1년이지나는 이때에도 國土는 分斷된 채 政府도 아직 形成되지 못하야 政治的 經濟的 온갖 秩序가 자리잡지 못한 결과 민심의 불안과 민생의 困乏이 거의 ○亢에 達함을 살피게 합니다. 그럼에도 불구하고 지도자 상호간의 空○한 感情의 대립으로 인하야 대중의 ○○을 ○○할뿐만아니라 못처럼 차저오는 국제의 원조까지 蹉跌케하는 ○過를 犯 하고 잇슴은 이러틋 政治的 見識과 外交的 ○○을 ○如케한 40년 國恥를 다시금 설명케합니다. 해방의 기쁨도 이제는 해방의 ○○으로 변하야 우리 민족의 부침을 占치고 잇습니다. 이즈음 통일정부수립을 목적으로 새로히 左右兩○의 ○斷이 ○○한것도 그 ○○의 一端을 表現한 것이라면 이보다 다행함이 없슬 것 입니다. (중략) 우리가 自○하는 언론의 ○○도 하루바삐 민주독립국가수립을 위하야 안으로는 자율적인 통일운동을 전개하면서 국제이 공명한 노선을 밟어감에 잇는 것입니다. (하략)

하경덕의 이러한 발언은 언론인으로서 당연한 발언이라고 할 수도 있겠으나 한편으로 그의 정치적인 경향을 반영하는 것이라고도 볼 수 있을 것이다.

편집국장이었던 홍기문에 대해서는 강영수가 "좌익계통이었지만 처음에는 공정한 신문을 만들려는 자세"였다고 표현하고 있다. 홍기문은 또한 좌익계 인물이던 박승원을 『서울신문』에서 내보내기도 했는데 이것은 홍기문도 『서울신문』이 정치적으로 어느 쪽으로 기울지 않기를 바랐던 것이라 할 수 있다. 홍기문은 1946년 6월 19일 주주총회에서 주식회사 매일신보사를 개편하여 새로 발족한 주식회사 서울신문사의 감사로 선임되어, 1948년 4월 28일까지 재임했다.[78] 그리고 어느 시점부터는 총무국장으로도 재직했던 것 같다. 1947년 10월 초 몇몇 일간지에

---

77) 「本紙의 基礎確立에 즈음하야」, 『서울신문』, 1946년 6월 23일자.
78) 서울신문사, 앞의 책, 2004년, 305~308, 315쪽.

실린 조선신문학원 광고에 강사진의 한명인 홍기문의 직함이 『서울신문』 총무국장으로 되어 있어, 그 사실을 알 수 있다.[79] 총무국장직을 사임한 뒤 홍기문은 조선일보사로 옮겨, 월북할 때까지 조선일보사 전무취체역을 맡았다. 그가 조선일보사로 옮긴 시기는 알 수 없으나, 공식적으로 조선일보사 전무취체역을 사임한 것은 그가 월북한 뒤인 1948년 11월 18일자로 되어 있다.[80] 일제 말에 폐간했던 『조선일보』는 1945년 11월 22일 속간되었는데, 홍기문은 1930년대에 조선일보사에 장기간 재직했던 만큼 사장 방응모의 권유로 뒤늦게나마 재입사하여 전무취체역을 맡게 된 것으로 보인다.[81] 이러한 이력을 고려하면 홍기문의 성향이 극좌적인 것과는 거리가 멀다는 것을 알 수 있다. 또한 당시 주필이었던 이관구 역시 좌담회에서 『서울신문』의 발간 의의를 '해방된 조국의 기틀을 다지는 주춧돌이 되고 새 역사 창조를 위한 길잡이가 되고자 태어난 것'이라고 평가를 하였다.[82]

앞서 내용들을 종합해보면 서울신문사의 임원진들은 『서울신문』이나 『신천지』가 不偏不黨한 태도를 지니도록 하여 "민족의 단결 통일과 그를 통한 독립의 완성"시키는 데 필요한 도구로 인식하고 있었다는 것을 알 수 있다. 때문에 좌우의 대립에 대해 부정적이었고 정치적으로는 중간파에 호의적이었고 본인들 역시 중간파로서 활동을 전개하기도 하였다. 이로 인해 『서울신문』은 1949년 사실상 정부기관지가 되기 전까지 중간적 노선을 지향하였다고 할 수 있다.

---

79) 『경향신문』, 1947년 10월 2일자; 『자유신문』, 1947년 10월 6일자; 『산성일보』, 1947년 10월 8일자. 광고에 나열된 강사들의 인명을 보면 현직이 아닌 경우에는 직함 앞에 '전'자가 붙어 있어, 당시 홍기문의 현직이 서울신문사 총무국장이었음을 알 수 있다. 한편 『서울신문100년사』의 역대임원간부란에는 1960년 이전 총무국장에 대한 기록이 누락되어 있다. 강영주, 「국학자 홍기문연구 4—해방 직후 홍기문의 활동」, 『역사비평』 102, 2013, 338~339 · 358쪽, 재인용.

80) 「本社辭令」, 『조선일보』, 1948년 11월 20일자.

81) 강영주, 앞의 논문, 339쪽.

82) 서울신문사, 앞의 책, 1995, 199쪽.

제4장

『서울신문』에 나타나는
국가건설의 정향성(定向性)

『서울신문』에 나타나는
국가건설의 정향성(定向性)

1 정치체제론

1945년부터 1947년에 이르기까지 『서울신문』에서 어떤 국가를 건설해야 하는가를 구체적으로 언급한 내용은 많지 않다. 그러나 『서울신문』이 이상적으로 생각했던 정치지향은 사회민주주의였던 것으로 생각된다. 『서울신문』의 이와 같은 定向은 대한민국헌법에 대한 언급에서 드러나고 있다. 『서울신문』이 희망했던 국가 政體는 자본주의와 공산주의의 장점을 모두 취하는 것이었다. 『서울신문』은 1948년 7월 18일자 사설 「大韓民國憲法宣布」에서 "대한민국의 헌법선포에 대해 민주정치의 세계적 일원이 된 것이오. 정치, 경제 문화, 사회 등 모든 영역에 있어 개인의 자유와 평등과 창의가 보존케 되어 민족의 새로운 살길을 찾게 되었다"고 하였다. 또한 "개인의 경제상 均等經濟主義를 채택하여 社會正義의 실현과 균형 있는 국민 경제의 발전을 기본으로 하며 이것을 害하지 않는 범위에서만 경제상 자유를 보장한다는 것은 자본주의와 공산주의의 장점만을 취한 헌법이라고 평가하고 영광을 길이 살리자"고 하고 있다.[1] 이날 『서울신문』의 사설은 같은 날 게재된 다른 신문들과 비교했을 때 상당히 다른 시각을 드러낸 것이다.

---

1) 「社說 大韓民國憲法宣布」, 『서울신문』, 1948년 7월 18일자.

『동아일보』는 헌법 공포로 인해 "대한국민으로서의 생명에 대한 기본 권리를 회복하였다. 또 우리는 대한국민으로서 생존할 受益權利를 회복하였다. 헌법이 발포된 이날부터는 우리 자신이 정부를 조직할 수 있는 권리가 있을 뿐 아니라 이 정부를 운영하는 데 참여할 수 있는 권리가 보장되었다. 이로써 우리는 己未運動에서 발단한 그 위대한 독립정신을 계승하여 민주독립국을 재건할 법리상 권리를 완전히 회복하였는데 이후 문제는 이 법리상 권리를 구체적으로 어떻게 운영하는가에 있을 것이다"라고 하였다. 즉『동아일보』는 이날 헌법 공포를 축하하면서, 헌법의 내용보다 헌법 공포 그 자체의 의미를 중심으로 하는 사설을 게재하였다.[2] 또한 헌법 운영에도 신중을 기하라는 사설도 게재하였는데, 특히 경제조항에 대해 소유권이 상당히 제한되어 있으며 경제사회화의 범위가 다소 지나치다고 지적하고 있다. 『동아일보』는 "국가에서 경제의 대부분을 독점하여 민간에게 문호를 개방하지 않는 것이 결코 경제의 번영을 기하는 길이 아니며 도리어 經濟惡을 초래하기 쉬운 것이다. 또 노동조항을 보면 노동자에 대하여 기업이익에 대한 균점권이 부여되어 있다. 그러나 이 이익이라는 개념을 이후 법률로서 어떻게 규정할 것인가 즉, 자본의 유지 축적을 위한 償却積立分을 제외한 순이익은 의미하는가 또 순이익에 대하여 균점할 권리가 있다면 손해에 대한 의무는 어떻게 규정할 것인가"라고 하면서 이것은 成文上의 不備함이므로 앞으로 그 운영에 신중을 기할 것을 주문하고 있다.[3] 이것은 『동아일보』로 대변되는 우익이 제헌헌법에서 제시한 경제상 均等經濟主義에 그다지 동의하고 있지 않다는 것을 의미한다.

그러나 앞서 언급한 『서울신문』의 사설은 제헌헌법의 내용에 대해 큰 의미를 부여하고 있었다. 이것은 제헌헌법이 『서울신문』의 국가건설

---

2) 「社說 憲法公布와 國民의 感激」, 『동아일보』, 1948년 7월 18일자.
3) 「社說 憲法運營에 愼重을 期하라」, 『동아일보』, 1948년 7월 14일자.

론과 상당히 부합했기 때문이다.

국가건설에 대해 보다 구체적으로 언급한 기사 내용을 살펴보면 『서울신문』이 이상으로 생각하는 나라는 평화적 相互扶助, 共存共榮의 공동사회라고 하고 있다. 때문에 "만일 새로 생길 나라가 萬民平等한 나라가 되지 않는다면 그러한 독립은 우리들이 바란 것이 아닐 것"이라고 언명하고 있다. 또한 독립은 3천만이 다 같이 잘살 수 있는 나라를 세우는 것으로 국민은 누구나 그날그날의 생을 즐기게 되어야 한다고 하고 있다. 아울러 이러한 나라를 만들기 위해서는 萬民共生하고 자급자족하는 나라가 되어야한다고 하였다. 일 개인을 위해서 대중을 착취하고 남을 희생시켜서는 안 되며, 그 반대로 지금까지 착취당하던 계급이 다른 계급의 생존까지 박탈해서도 안 된다고 주장하였다.[4]

『서울신문』은 헌법초안 83조의 내용으로 정치적 민주주의와 경제적 사회주의 체제가 실현될 수 있을 것으로 보았다. 1948년 6월 27일자 사설 「經濟上의 자유」에 따르면 "자유주의 경제는 ○利第一主義로 되어 개인의 부의 증진을 위해서는 민족을 해치고 국가를 망치는 행위도 제지할 도리가 없고 억지로 통제하면 통제의 그물을 뚫고 역효과를 내던 것은 일본에서 그 適例를 찾을 수 있던 것이다. 그렇다고 경제상의 자유를 전연 否認하면 국민의 창의를 滅殺케되고 전체주의를 연출하여 국민을 기계나 도구를 만들게 될 것이다. 경제상의 자유를 제한하되 그것은 공공정신의 향상을 해치는 것 즉 만민공생의 나라, 평등의 나라를 세우는 데 지장되는 要素만 제거하자는 것이다"라고 하였다. 그리고 이렇게 모든 주의의 장점만을 취한 결과·다른 나라에서 골치를 앓고 있는 모든 불합리와 모순을 제거할 수 있을 것이라고 하였다.[5]

이것은 서울신문사 경영진이 관여했던 민족자주연맹의 국가건설론과

---

4) 「社說 憲法上程과 均等社會論」, 『서울신문』, 1948년 6월 17일자.
5) 「社說 經濟上의 自由」, 『서울신문』, 1948년 6월 27일자.

매우 유사하다. 민족자주연맹은 "조선적 민주주의 사회"의 건설을 표방하였는데 민족자주노선의 대내적인 표현은 "조선적 민주주의 사회건설"이었다. 이것은 "조선의 현실이 지시하는 조선적 민주주의 사회건립"이라는 선언문의 주장처럼 새로운 민족국가를 건설하는 데 있어서 미국을 건설함도 아니오. 소련을 건설하려는 것도 아닌 한국의 실정에 맞는 민주주의의 모색이었다. 그들은 어떠한 국가의 세력이나 어떠한 사상의 역량으로도 변경할 수 없는 역사적 귀결이라고 주장하면서, "조선을 민주화할 뿐만 아니라 민주주의를 조선화하여야 할 것"이라고 선언하였다. "민주주의를 조선화"한다는 것은 김규식이 발기인대회에서 "지금 세계에는 자본주의의 美式 민주주의, 제국주의의 영국식 민주주의 및 독재주의의 소련식 민주주의가 있거니와 조선 사람에게는 조선 사람의 복리와 행복을 위한 좋은 민주주의가 있을 것"이라고 하였다. 한편 김규식은 그 이전에도 한국이 취해야할 민주주의 형태는 봉건제 없는 영국식 민주주의, 자본주의 없는 미국식 민주주의 및 혁명적 전통이 없는 불란서 민주주의를 언급한 적이 있었다.6)

또한 『서울신문』의 인식은 민족자주연맹 이외의 중간우파들과도 일맥상통하는 것으로 安在鴻은 "均等社會의 經濟的 土臺 위에 大衆的 政治平等의 體制를 수립하는 것이 新民主主義"라고 정식화하였다. 이는 신민족주의가 공산주의 경제균등과 자유민주주의의 정치평등을 기초로 한 사회민주주의 정치체제를 지향하였음을 의미하는 것이었다.7) 또한 이것은 『서울신문』이 당시 중간우파들의 정치적 이상을 공유하고 있었다는 것을 의미하는 것이다. 이와 같은 내용을 통해 『서울신문』이 지향하던 정치이념은 사회민주주의라는 것을 추정할 수 있다.

---

6) 조성훈, 「좌우합작운동과 민족자주연맹」, 『白山朴成壽教授華甲紀念論叢』, 1991년, 431쪽.
7) 김인식, 「안재홍의 신국가건설의 이념 – 신민주주의 이념 정향」, 『한국민족운동사연구』 20집, 한국민족운동사연구회, 1998년, 464쪽.

2 경제체제론

1) 토지개혁[8]에 관한 인식

해방 직후 토지개혁에 대해서는 대부분의 정치세력이 그 필요성에 대해 공감하고 있었다. 심지어 대지주의 이익을 옹호하는 『동아일보』에서도 "토지개혁은 사회의 분화형태가 생긴 이후 오랫동안 소수에 의한 계급이 다수의 인간집단 계급의 과잉생산을 독점·탈취하여 그 계급을 강압적으로 지배할 수 있도록 하기 위한 기관으로서 구성된 국가형태를 말살시키고 봉건농노제인 잔재를 숙청함을 의미함이다. 실로 사회정치상 중대한 의의를 가진 개혁이며 상업과 상품교역을 전제로 하여 존재하고, 번영하는 독점금융자본계급이 위장시킨 시민의 粉飾的 평등과 자유에서 이탈하여 형식적 민주국가생활을 일소할 수 있으며 명실이 상부하는 사회제도의 진정한 민주화의 新作路일 것이다"[9]라고 하며 토지개혁을 조속히 추진하라고 주장하고 있었다. 『서울신문』에서도 토지개혁

---

8) '토지개혁'과 '농지개혁'은 그 의미하는 바가 다르다. 5·10총선 직후부터 兪鎭午와 행정연구회가 협의하여 새로운 헌법초안을 만들어 내는데, '第2段階 憲法草案(또는 유진오·행정연구회 공동안'(이하 '공동안'이라 약함)이 그것이다. 이 공동안의 농지개혁 조항은 "90조 농지는 농민에게 배분함을 원칙으로 하며 그 배분의 방법 소유의 한도소유권의 내용과 한계는 법률로 정한다"라고 명시하고 있다. 공동안이 작성되기 이전의 헌법문서에는 대체로 '토지개혁'을 규정하였으나, 공동안 이후에 나타나는 헌법문서에는 '농지개혁'을 규정하고 있다. 토지가 농지로 바뀐 것은 상당한 변화이다. 토지개혁의 대상을 농지로 한정하게 되면 임야나 염전, 과수원 등 농지 이외의 토지는 개혁에서 제외되기 때문이다. 과도입법의원은 1947년 5월에 토지개혁법안의 기초에 착수했고, 9월에는 미군정이 상정한 농지개혁법안이 제시되었다. 그리고 이를 수정한 농지개혁법안이 12월에 입법의원에 상정되었다. 1948년 이후에는 5·10총선이 실시되고 제헌국회가 구성되는 등 정치적 환경변화에 의해 남한에서 '토지개혁'이라는 용어를 대신해서 '농지개혁'이 주로 사용된 것으로 보인다. 이에 대해서는 서용태, 「대한민국 헌법 농지개혁조항 입법화 과정과 귀결 ―1945~1948년 헌법문서들의 토지개혁 관련 조항 검토」, 『역사와 세계 제31집, 효원사학회, 2007. 6, 127~128쪽 참조. 이 논문에서는 『서울신문』의 농지개혁과 토지개혁에 관한 인식을 모두 다루고 있으므로 소제목에는 토지개혁이라는 용어를 사용하였다.

9) 「朝鮮農地問題의 解剖」, 『東亞日報』, 1946년 10월 29일자.

의 필요성에 대해서 그 필요성을 인식하고 있었음은 물론이다.

다만 1945년부터 1947년 사이에『서울신문』의 기사를 살펴보면 토지개혁에 대한 적극적인 인식을 찾기가 쉽지 않다.[10] 그러나『서울신문』이 토지개혁의 중요성을 인식하지 못한 것은 아니다.『서울신문』은 자본, 토지, 勞力을 경제의 기본으로 보았기 때문이다.[11] 때문에 많지 않은 기사 가운데서도『서울신문』의 입장을 보여주는 몇몇 기사를 찾을 수 있었다. 1946년 3월 16일『서울신문』은「社說 南北朝鮮土地政策의 根據」이라는 기사를 게재하였다. 이러한 글을 게재하게 된 것은 북한 토지개혁의 영향이 있었을 것이라 생각되는데, 그 내용을 살펴보면『서울신문』은 "북조선의 토지정책을 곧 남조선에 옮겨 놓기도 곤란한 상황이 존재"한다고 인식하고 있었다. 그러나 결국 토지개혁이라는 것이 토지를 소유하는 대신 다른 곳에서 토지를 소유했을 때의 결과(이익)를 구하도록 하는 것이라고 규정짓고 있다.[12]

또한『서울신문』은 토지개혁이 미군정의 주도로 이루어지지 않을 것이며 조선인들이 선출한 입법의원에서 토지개혁법을 제정한 후 이루어질 것이라고 언급하였다. 그리고 만약 토지개혁법이 제정되어 토지개혁이 이루어진다면 지주들은 그 토지의 대가를 지불받게 될 것이라고 전망하였다.[13] 이것은 곧『서울신문』이 남한에서의 토지개혁 방식이 有償回收로 이루어질 것이라는 사실을 인식하고 있었던 것을 의미하는 것이었다.

이 같은 농지개혁에 관한 인식은 1948년 敵産農地拂下 과정에서 본

---

10) 그것은 직접적으로 토지개혁이나 농지개혁에 대해 특정한 인물이 아닌『서울신문』자체의 입장을 담은 기사가 적기 때문이다. 1945~1947년 특정인물의 주장을 담지 않은 신문사 자체의 농지개혁에 관련된 입장을 다루는 기사 수가 적기는『동아일보』같은 신문도 마찬가지이다.
11)「利益配分均露」,『서울신문』, 1848년 7월 9일자.
12)「社說 南北朝鮮土地政策의 根據」,『서울신문』, 1946년 3월 16일자.
13)「土地改革은 立議서 決定 軍政廳의 沒收說은 虛報 軍政廳의 沒收說은 虛報」,『서울신문』, 1946년 12월 8일자.

격적으로 나타난다. 1948년 3월 미군정은 敵産農土를 소작인에게 불하하고 新韓公社를 해산하였다. 이에 『서울신문』은 1948년 3월 25일자 사설 「敵産農土拂下」에서 이 조치를 환영하면서 토지를 가장 사랑하고 가장 잘 이용할 줄 아는 농민에게 그 힘에 맞는 땅을 소유케 한다는 것은 반드시 독립을 기다려서 해결해야만 하는 것은 아니라고 하였다.[14] 또한 무상분배를 해야 한다는 일각의 의견에 대해 농민만이 무산계급이 아닌데 토지개혁으로 농민만 거저 땅을 얻게 한다는 것은 다른 무산층과의 형평성으로도 맞지 않는 것으로 보았다. 그러면서도 공출을 제외하고 현행 소작료보다도 저율인 현물을 15년간 납입하면 자기 소유가 되게 하는 방식에 대해서는 농민 자신의 勸農을 위해서도 바람직한 것으로 인식하고 있었던 것으로 보인다. 그리고 이후 적산이 아닌 토지를 조선인소유토지로 분배 받을 농민들도 형평성 문제로 인해 적산토지를 분배받은 농민과 별다르지 않은 조건으로 분배받을 것으로 전망했다.[15]

그리고 유상분배를 반대하는 사람들은 '일제강점기 자작농과 유사하다는 구실을 잡고 시비하는 하거나 그렇지 않으면 허울 좋은 무상분배를 내세우는 자들'로 규정하고 있다. 즉 『서울신문』의 편집진들은 무상분배에 대한 반대를 분명히 하면서 유상분배에 찬성하는 입장을 나타내고 있었다고 하겠다.

이는 좌익 측에서 북조선의 토지개혁을 찬성하고 미군정이 추진하려는 토지개혁의 방향을 非進步的 성격이라고 규정한 것과는 상반된 것이다. 『解放日報』는 1946년 3월 15일자 「土地問題解決에 對하야」라는 기사에서 "미군정은 첫째 조선에서 지주와 소작인 관계를 ○淸하려 함이 아니요 그와 반대로 지주 대 소작인 관계를 그대로 ○持하면서 소위 자

---

14) 『서울신문』은 본래 토지개혁 시행은 立議에서 입안을 거쳐 시행되야 한다고 생각하고 있었으나, 이 시기에는 이미 과도입법의원에서 토지개혁 시행법안을 시행하기 힘들 것으로 내다본 것으로 생각된다.

15) 「社說 敵産農地拂下」, 『서울신문』, 1948년 3월 25일자.

작농 創定이라는 보수적 방법을 채용하려 함이요. 둘째로 北鮮에 있어서 전 조선지주 156,367호의 3分之 2인 100,000 내외의 지주의 이익을 삭감하여 토지 없는 농민, 토지 적은 농민의 총수 2,842,566호의 자유로운 농민을 ○○할 수 있음에 반하여 일제의 토지만을 ○○함에 당연히 해결되어야 할 농민의 약 20分之 1밖에 토지를 가질 수 없을 것이며, 셋째 北部 朝鮮에서는 토지는 농민에게라는 곧 토지는 경작자가 가지지 아니하면 아니되는 원칙에 의하여 해결됨에 반하여 南部朝鮮에서는 농민이 토지를 매수하는 원칙을 세울 것은 빈농층에 있어서는 그 토지점유에 대한 막대한 支○을 주어 오히려 이 토지가 농촌에서 잔학한 투기적 상인고리대금업자의 ○○을 ○○하는 결과를 招來하여 ○○히 할 뿐이다"[16]라고 하였다. 좌익 측에서는 미군정이 적산농지만을 대상으로 토지분급을 한 것, 토지를 무상배급하지 않고 유상배급한 것에 대해 비판적으로 평가하고 있었던 것이다. 이 내용으로 보아 토지개혁에 관해 『서울신문』은 좌익 측과는 완전히 다른 견해를 가지고 있었음을 의미하는 것이었다.

그러나 서울신문사 임원진이 토지개혁에 대해 우익과 완전히 같은 입장을 취한 것은 아니다. 정부 수립 이후 농지개혁법을 둘러싸고 많은 논란이 있는 가운데 1948년 11월 농림부에서는 農地改革法 草案[17]을

---

16) 「土地問題解決에 對하야」, 『解放日報』, 1946년 3월 15일자.
17) 농지개혁안의 비교(『농지개혁사연구』, 1188~1210쪽. 신병식, 「제1공화국 토재개혁의 정치경제」, 『한국정치학회보』, 31집 3호, 36쪽 재인용)

	입법의원안	농림부안	기획처안	산업위원회안
기본정신	- 봉건적 토지소유제도 타파 - 민주경제적 토지제도 수립 - 농가경제 자립, 농업생산력 발전	- 좌동	- 불합리한 토지 소유제도 타파 - 좌동	- 농지를 농민에게 적당히 분배
분배농지	- 적산, 자경치 않는 농지 - 3정보 이상 농지 - 지주귀농 인정	- 소작농지 - 2정보 이상 *농지의 '징수'	- 소작, 위탁경영농지 - 3정보 이상 - 지주귀농 인정	- 농가 아닌자 농지 (자영 인정) - 3정보 이상 - 일시 이농 허용 - 매수제외농지 확대

만들어 발표했다. 농림부안은 농지소유권의 제한, 토지자본의 산업자본화를 통한 산업입국을 그 골자로 했다. 농지를 시가보다 낮은 가격으로 '징수'한다는 점, 매매·이전의 금지를 통해 농지의 소유권을 제한한 점 등에서 사적 소유권이 제한되었다. 또한 농업보다는 산업발전의 길을 강조했고, 이는 귀속업체의 불하를 통해 지주계급의 산업자본가화에 의해 달성될 수 있다고 보았다.[18] 이에 대해 『서울신문』은 11월 25일자 사설에서 국유인 농지나 적산농지까지도 유상분배하는 것은 국가재정과 농민과 비농민에 대한 차별로 인한 모순 해결을 위해서 반대할 것이 아니라고 지적하였다. 그리고 농지겸병을 방지하기 위하여 그 원인이 되는 행위를 금지하는 것과 과도정부법령 제173호[19]를 폐지하여 이미 처분된 적산토지도 토지개혁법에 의하여 일률적으로 농지를 개혁하게 한 것도 당연한 것으로 보았다. 농지를 개혁하는 데 두 가지 방법이 공

	입법의원안	농림부안	기획처안	산업위원회안
지주보상	- 30할, 15년 - 정부보증금 등록식 융통증권	- 15할, 3년거치 10년 - 보상증권 - 기업자금 담보	- 20할, 10년 - 농지증권 - 좌동	- 30할, 10년 - 정부보증부융통증권 - 지주전업 알선
농민상환	- 30할, 15년 - 농지금고 설치 - 경작소작농 우선	- 12할, 6년 - 농업금고 설치 - 순소작농 우선	- 20할, 10년 - 경작소작농 우선	- 30할, 10년 - 좌동
소유권 행사	- 상환 후 행사	- 농지 자유매매, 이전금지	- 상환 후 허용	- 상환 후 허용
농지 위원회	- 1/2이상 소작농의 토지개혁위원회 - 중앙토지개혁행정처 원조 - 서류 종람 등	- 농지개혁 급속 추진 위해 설치 - 분배, 조정 등	- 본법 시행위해 설치	- 원활한 운영을 보조

18) 신병식, 「제1공화국 토지개혁의 정치경제」, 『한국정치학회보』 31집 3호, 한국정치학회, 1997, 37쪽.

19) 1948년 3월 22일 미군정에서 발포한 법령으로 총 24조로 구성되어 있으며, 中央土地行政處 설립과 적산농지처분에 관련한 내용을 담고 있다. 이 법령의 목적은 "토지를 소유치 못한 소작농민에게 전일 일본인 소유의 농지를 방매하여 소작농민으로 하여금 자립농지소유자가 되도록 협조하며 토지소유권을 광범위로 보급시켜 조선의 농업을 발달시키는 것"으로 규정되어 있다. 미군정은 그 작업을 위해 중앙토지행정처를 설립하고, 일인 소유의 농지 27만 정보를 15년간 賦로 50만 농가에게 방매하였다. 「中央土地行政處設置 法令第一七三號發布」, 『東亞日報』, 1948년 3월 23일자.

존해서는 안 되고, 불하된 적산농토가 여러 가지 불합리로 인해 겸병이 심했기 때문이라며 긍정적으로 평가했다.[20)]

반면 『동아일보』는 11월 26일 農林部土地改革案의 不備點이라는 제목으로 사설을 게재하고, 그들이 불합리하다고 생각하는 부분을 지적하고 있다. 『동아일보』는 농림부 농지개혁안은 농지를 분배소유할 수 있는 일 순위로 농지 없는 소작농을 지정하고 있는데, 소작 관계를 고려하지 않고 농지를 배분한다면 혼란이 올 것이라고 하였다. 때문에 농지는 최고소유면적 범위 내에서 현 소작자에게 원칙적으로 분배되어야 한다고 주장하였다. 또 분배받은 토지에 대한 자유매매, 증여 기타 소유권 이전의 처분 금지와 抵當權, 地土權, 質權 기타 모든 담보권이 인정되지 않고, 소작임대차 기타 직접 경작을 방해하는 모든 이권대상이 되는 것을 금지하는 것도 문제라고 주장하였다.[21)] 이는 토지의 사적소유권을 보다 강하게 주장하고, 한편으로는 토지겸병의 가능성을 열어둔 것이라고 할 수 있다. 그리고 民主國民黨[22)](이하 민국당)이 지배하는 국회산업위원회에서는 지주계급에 보다 유리한 독자적 案을 상정했다. 이 과정에서 민국당은 법안 상정의 지연, 개혁적 내용의 완화, 지주계급의 전신 보장 등에 주력하였다. 산업노동위원회의 법안은 지주보상률을 시가에 근접한 30할로 인상하고, 매수제외농지를 확대했다. 또한 "국가경제에 유조한 사업에 우선 참획한다"는 규정을 통해 지주계급의 산업자본가화를 보장했고, 지가보상 증권의 역할을 축소시켰다.[23)]

이에 『서울신문』은 1949년 2월 11일자 사설에서 "토지개혁의 필요는 새삼스럽게 논의할 것도 없는 것으로 헌법에도 명백하게 農地는 농민에게 분배한다고 했으니 시급히 분배해야 할 일"이라고 지적하면서 농지

---

20) 「社說 農地改革法」, 『서울신문』, 1948년 11월 25일자.
21) 「社說 農林部土地改革案의 不備點」, 『동아일보』, 1948년 11월 26일자.
22) 1949년 2월 10일 한국민주당과 大韓國民黨이 합당하여 발족하였다. 약칭은 민국당이다.
23) 신병식, 앞의 논문, 37~38쪽.

개혁을 조속히 처리할 것을 요구하였다. 그러나 당시 농지개혁의 방안을 두고 農林部案과 국무회의를 통과한 기획처의 수정안과의 차이를 지적하면서 농민에게 지나치게 불리한 것이 아닌가하는 지적을 하였다. 아울러 "아무리 시급하다고 해서 아무렇게나 입법해도 좋다는 것은 아니다"라는 점을 밝혔다.[24]

그리고 산업위원회에서 기초한 농지개혁법안이 국회에 상정된 후인 1949년 3월 12일에 게재한 사설 「農地改革法案上程에 際하여」에서는 농지개혁법안에서 우려되는 바를 조목조목 지적하였다. "1戶당 3町步 이내 배분을 하기로 한다는데 정확한 ○○戶數와 분배할 농지면적의 세밀한 조사가 완성되었는지 궁금하다. 만일 실제로 분배받아야 할 농가에게 배분할 농지가 배정되지 않는 착오는 생기지 않을까? … 다음 價○에 있어 십 년간 30할로 하자는 것인데 이것은 농림부안의 6년간 12할, 기획처안의 12년간 20할보다 率에 있어 過高하고 기간에 있어 過長한 점이 不無하다. 왜정시대 총독부에서 소위 自作農創定이란 것을 한 일이 있지만 민족사회주의국가를 건설하려는 우리나라의 농지개혁이 이것과 흡사 同一線되는 오해가 생기어서는 큰일이다."라고 하였다. 아울러 耕者有田의 원칙은 좋으나 만약 소작인 때보다 더 많은 경제적 부담을 지게 된다면 농지개혁의 의의가 없다고도 하였다.[25] 또한 "농지개혁이 지주를 못살게 하는데 있는 것이 아닌 만큼 지주도 살아갈 방도를 열어주어야 할 일이나 그것을 농민에게 過高한 부담을 시키는 것으로 해결 짓고자 하는 것은 어불성설"이라고 주장하였다.[26]

이처럼 『서울신문』이 농림부안을 지지하였던 것은 농지소유권의 제한과 토지자본을 근간으로 한 산업자본가의 출현을 지지하고 있었기 때문이다. 이것은 유상회수, 유상분배 등 사적소유를 바탕으로 한 자본주

---

24) 「社說 土地改革을 時急히 하라」, 『서울신문』, 1949년 2월 11일자.
25) 「社說 農地改革法案上程에 際하여」, 『서울신문』, 1949년 3월 12일자.
26) 「三十割十年 反對論優勢」, 『서울신문』, 1949년 3월 19일자.

의적 입장을 취하면서도 민국당으로 대표되는 우익과 차별되는 부분이다. 대체로 『서울신문』은 농지개혁을 통해 농업자본의 산업자본화를 기하고 경자유전과 균등사회의 원칙을 실현할 수 있다고 보았다.

당시 정치세력들의 토지개혁안은 그 정치세력의 성격을 규정하는 중요한 기준 중 하나이었다. 이러한 가운데 미소공위 자문안에 대해 각 정치세력들은 그에 대한 답신안을 제출하여 자신들의 토지개혁에 대한 구상을 밝히기도 하였다.[27] 그리고 1946년 10월 7일 김규식의 명의로 발표된 좌우합작 7원칙에서는 國有國營, 경자유전과 유조건 몰수, 체감매상을 당하는 자의 생계고려, 대지주의 재생방지 등을 원칙으로 하는 토지정책을 발표하였다.[28] 이 내용은 대체로 『서울신문』의 농지개혁 방향과 일치한다고 할 수 있다.

다만 좌우합작 7원칙에서 규정한 '무상분여'의 원칙은 『서울신문』의 입장과는 차이가 있었다. 이것은 우파의 입장과 그 궤를 같이하는 것으로 1946년 10월 『동아일보』에 게재된 한민당 중앙위원 洪性夏의 칼럼 「土地政策의 批判 ⑤」의 내용과 유사한 부분이 있다. 홍성하는 좌우합작7원칙에서 발표한 토지정책을 비판하면서 유상매수에 의한 무상분여는 불가하다고 보았다. 홍성하는 "농민에게 토지를 무상으로 분여하는 이유는 농민생활 확보를 위함에 있는데 국민생활을 확보하겠다는 취지

---

27) 윤민재, 『중도파의 민족주의 운동과 분단국가』, 서울대학교 출판부, 2004, 218쪽.

제2차 미소공동위에 대한 제6호 답신안(새한민보사 편집국, 『임시정부수립대강: 미소공위자문안답신집』, 1947, 윤민재, 앞의 책, 334쪽, 재인용)					
구분	한민당	시국대책협의회	미소공위대책 제정당단체협의회	근민당	민주주의 민족전선
토지정책	유상매수 유상분배	체감매상 무상분배	몰수·매상 무상분배	– –	무상몰수 무상분배
토지소유	사전소유 (전매제한)	사적소유 (처분제한)	사적소유	사적소유 (처분제한)	사적소유 (처분금지)
적산토지	무상몰수 유상분배	무상몰수 무상분배	무상몰수 무상분배	무상몰수 무상분배	무상몰수 무상분배

28) 「左右合作七原則 下 金奎植 博士, 거듭 解明」, 『동아일보』, 1946년 10월 16일자.

는 한없이 좋은 일이다. 그러면 하필 농민에게 국한할 理는 어디 있는 가? 노동대중을 위하여 공장을 無償分與하고 漁夫에게는 어업상 必要 用具를 무상분여하고 소시민에게는 사업장을 무상분여하여야 하지 않 겠는가? … 다른 일반국민에게는 무엇을 무상분여하여 생활기초를 확보 하려는 것인가?"[29]라고 하였다. 앞서 언급하였듯이 『서울신문』은 무상 분여를 한다면 무산자계층 중 농민층에 특권을 부여하는 것이라고 인식 했다.

그런 점에서 『서울신문』의 농지개혁 방향에 관한 인식은 초기 안재 홍의 토지분배 방식 및 제헌국회의 조봉암을 중심으로 하는 세칭 '소장 파' 의원[30] 집단의 그것과 상당한 유사점을 가지고 있다.

---

29) 「土地政策의 批判」 ⑤, 『동아일보』, 1946년 11월 2일자.
30) 이들의 구성 범위는 1948년 6월 13일 헌법안의 상정을 앞두고 52명의 의원이 남북통일과 자주독립을 평화적으로 전취하기 위하여 행동통일을 도모하고, 균등사회 건설에 매진하 기 위해 정치이념을 같이하는 동지 일동이 연락 친목기관을 조직한다고 밝히고 무소속구 락부를 결성하면서 시작되었다. 이들 소장파의 경력 배경을 보면 전체의 약 50%가량이 제헌국회 구성 이전에 건준, 한독당, 대동청년단, 민족청년단, 독촉국민회, 민족자주연맹, 사회당, 한민당 등의 조직에 참여하여 정치활동의 경험을 가진 것으로 나타났다. 특히 이와 같은 경력 배경의 일부에서는 단정 수립에 반대하였던 김구, 김규식 계열 및 중도세 력과의 직·간접적인 연계를 발견할 수 있다. 즉 협상파 중도세력이 공식적으로는 5·10 총선거에 불참하였지만 실제로는 이들 중 소장 인사 상당수가 제헌국회에 진출하여 소장 파의 핵심세력을 형성하였다는 것이다. 김구를 소장파의 배경 혹은 정신적 지주로 보는 시각이 있었다는 점과 국회프락치 사건으로 소장파의 일부 의원들이 구속되기 시작하자 김구를 이들의 배후로 지목하는 분위기가 있었다는 점, 그리고 이승만이 소장파의원들에 대해 좌익으로 주목받는 의원, 좌익분자 등으로 지칭했던 점은 어느 정도 이와 같은 인적 연계에 근거한 것으로 보인다. 이들은 1949년 '국회프락치 사건'으로 사실상 붕괴될 때까 지 의회 내에서 가장 활동적이고 견실한 응집력과 동질성을 보여준 정파였으며, 당시 원 내에서 대정부 공격을 주도했던 진보집단으로 그 활동기의 정치국면에서 무시 못 할 비 중을 지니고 있었다. 이들 소장파의원 집단은 헌법과 반민법, 지방자치법, 농지개혁법, 국가보안법 등의 제정 과정에서 그리고 친일분자 숙청 외군철수, 평화통일 등의 쟁점을 중심으로 이승만 보수노선에 도전하였던 의회 내 강력한 저항세력이었다. 따라서 이들은 제헌국회 내의 보수세력과 대비하여 진보적 소장집단, 지속적으로 대통령에 반대해온 의 회 내의 진보블럭, 국회의 중간파 색채를 띤 그룹, 민족주의적 개혁주의자, 진보적인 개 혁주의적 소장파, 이론파요 과격파였던 소장파 또는 민족적 사회개혁적 정치세력 등으로 구별되어 지칭되었다. 백운식, 「역비논단 제헌국회 소장파의 활동과 역사적 재평가」, 『역 사비평』 24, 1993, 233~236쪽.

안재홍은 토지정책의 궁극 목표를 자작농을 만들어내는 데에 두었으므로, 일본인·민족반역자가 소유한 토지를 몰수하여 소작농을 비롯한 농민에게 유상으로 분배하고, 이를 세습·사유하도록 한다는 원칙을 세웠다. 또한 안재홍은 초기에는 유상분배 방식을 취하였다. 그는 무상분배가 언뜻 보아 좋은 듯하나 혁명의 덕분에 땅을 거저 얻었다는 느낌으로 농업생산력이 오히려 저하될 수 있다고 우려하였다. 반면에 유상분배에 대해서는 새로운 건설 도중에 있는 국가의 財源이 되며, 농민들이 토지소유에 애착심을 갖도록 조장하여 생산력을 증진시킬 수 있다고 기대하였다.[31]

제헌국회 내의 소장파들은 농림부안을 지지하였다. 당시 농림부 장관이었던 조봉암도 바로 이 소장파에 속하는 인물이었다. 농림부안에서는 농지개혁의 헌법적 근거로 헌법의 농지개혁 조항(제86조)보다 제15조를 더 앞세웠다. 헌법 제15조는 "재산권은 보장된다. 그 내용과 한계는 법률로서 정한다. 재산권의 행사는 공공복리에 적합하도록 하여야 한다. 공공 필요에 의하여 국민의 재산권을 수용, 사용 또는 제한함은 법률의 정하는 바에 의하여 상당한 보상을 지급함으로써 행한다"는 내용이었다. 이에 따라 농림부안에서는 농지를 매수가 아니라 '징수'라고 표현했다. 이것은 농지를 제값을 주고 매수하지도, 무상으로 몰수하지도 않겠다는 의지의 표현이었다. 즉, "유상매수·유상분배와 무상몰수·무상분배의 중간적인 입장을 채택한 것"이다.[32] 이러한 내용들을 고려했을 때 『서울신문』의 농지개혁에 대한 입장은 중간우파의 그것과 유사함을 알 수 있다.

---

31) 김인식, 「안재홍의 토지개혁안」, 한국중앙사학회, 2002, 54쪽.
32) 전강수, 「역비논단 평등지권과 농지개혁 그리고 조봉암」, 『역사비평』 91, 2001, 313쪽.

2) 기업정책에 관한 인식

1948년 이전의 『서울신문』이 어떠한 형태의 경제정책을 이상적으로 인식하고 있었는지에 대해서는 많은 기사가 나타나지는 않는다. 다만 『서울신문』은 자유는 귀하나 민족의 복리를 위한 자유여야 하며, 민족의 복리를 위하여 개인의 자유를 제한하는 것도 마땅한 일이라고 인식하고 있었다.[33] 또한 대규모 회사의 처분은 조선경제를 위해 장차 정부가 수립된 이후에 처리하는 것이 좋다고 인식하고 있었다. 만약 미군정기에 新韓公司[34]를 해체하고, 대규모의 회사들을 분해하여 군소회사를 만든다면 수많은 모리배의 손에 넘어가고 말 것으로 전망하고 있었기 때문이다.[35]

그러나 『서울신문』이 경제재건에 대한 중요성을 모르고 있었던 것은 아니다. 1948년 『서울신문』은 새로 건설될 국가는 경제적으로는 自給自足하는 나라가 되어야 한다고 규정하고, 경제의 자주적 건설 없이는 조국의 완전한 독립을 기대할 수 없다고 보았다.[36] 때문에 미국의 무상원조에 대해서도 무작정 거부하기보다 잘 활용해야 한다는 입장을 나타냈다. 미국이 무상경제원조의 대가로 내정간섭이나 이권요구, 제국주의적 침략의도가 있다면 이것을 거부하여야 하지만 "선심으로 은혜를 베푸는 것을 앙탈하고 탈잡는 것도 능사가 아니다"라고 하면서, "주려는 것은

---

33) 「社說 奸商謀利輩를 懲治하자」, 『서울신문』, 1945년 12월 12일.
34) 일찍이 군정법령 제33호에 의하여 조선 내 일체의 옛 일본인 재산을 군정청 소유로 넘긴 바 있는 미군정은 다시 1946년 2월 법령 1946년 2월 법령 제52호를 공포하고 자본금 1억 圓 전액을 미군정이 인수하는 방법으로 신한공사를 설립하였다. 옛 '東洋拓植株式會社' 소유 토지만이 아니라 기타 일본 법인 및 개인이 소유하던 농지까지를 모두 포함하는 귀속농지 정체를 인수·관리하는 미군정 직속의 특수법인이었다. 공사는 1946년 5월 7일 군정법령 제90호에 의거, 상법상의 '신한주식회사'로 이름을 바꾸었다가, 1948년 3월 소유 토지를 중앙토지행정처에 이관함으로써 해체 과정을 밟게 된다. 이대근, 『해방 후 1950년대의 경제─공업화의 사적배경 연구』, 삼성경제연구소, 2002년, 81~82쪽.
35) 「新韓共社 解體는 시기상조─般의 관심 沸騰, 현직원들도 陳情」, 『서울신문』, 1946년 8월 17일자.
36) 「社說 農業의 緊急復興」, 『서울신문』, 1948년 2월 20일자.

감사하게 받아서 우리 살림살이를 자주자립하는 데 유용하게 써서 하루 바삐 건전한 국가를 이룩하는 데 노력함이 우리의 도리일 것"이라고 하고 경제건설의 중요성을 강조하였다.[37] 이와 연장선상에서 『서울신문』은 정부 수립 이후 기업정책에 관해서도 입장을 표명하고 있다.

사실 8·15 해방 직후 중요산업을 국유화·국영화는 당시 모든 정치세력들 사이에 일치하는 정책이었다. 이는 당시 자본주의 발전이 매우 미숙한 상태였고, 기업의 대부분─전부라 할 만큼─아직도 일본인 소유이어서 한국인 자본가층이 무척 얇았다는 사실에서 말미암았다. 1930년대 후반기 이후 해외의 독립운동노선이 좌우익을 막론하고, 민족국가 건설방안에서 경제·사회정책이 같은 방향─토지와 대생산기관의 국유화 등─으로 합일점에 도달해 있었다는 독립운동의 경험에서 보더라도 중요산업의 국유화는 당시의 모든 정체세력들 사이에 합의된 결론이었다고 할 수 있었다.[38] 소기업의 私營에 대해서도 마찬가지로 합의된 내용이었다. 다만 중기업의 경우 우익에서는 사영, 좌익에서는 국공유인데 비하여 중간파는 官民合辦으로 좌우익을 조정하였다.[39]

그러나 국유화와 국영화의 범위와 인식은 각 정치세력에 따라 차이가 있었던 것은 분명하다. 우익세력들은 다른 정치세력들에 비해 국유화의 대상이나 국영화의 효과에 대해 회의적인 시각을 가지고 있었다. 이러한 시각은 『동아일보』 사설에서 확인할 수 있다. 1949년 5월 3일자 사설에서 국영이라는 것은 추상적 이상론으로는 훌륭한 듯하지만 능률의 증진과 산업의 발전상은 공영이나 국영보다는 사영이 더 유리하다고 지적하였다. 그뿐 아니라 적자예산을 편성해야 하는 국가재정으로 국영이 가능하지 않다고 하면서 산업을 재건하고 진흥시키기 위해서는 귀속사

---

37) 「社說 無償經濟援助」, 『서울신문』, 1948년 10월 23일자.
38) 金仁植, 「안재홍의 신민족주의 국가건설론」, 『中央史論』 제9집 별쇄본, 中央大學校 中央史學研究所, 1997년, 158쪽.
39) 조성훈, 「좌우합작운동과 민족자주연맹」, 『白山朴成壽教授華甲紀念論叢』, 1991년, 432쪽.

업을 빨리 사영하도록 하는 것이 가장 현명한 방법이라고 하였다.[40) 또한 헌법에서 중요한 지하자원을 국유로 한다는 규정을 있는 문자 그대로만 해석해서는 안 된다고 하였다. 이 규정을 문자 그대로 해석한다면 모든 지하자원과 수산자원 그리고 이용할 수 있는 모든 자연력은 모두 국유로 해야 한다고 하면서 국유가 필요한지 여부는 현실적 요청에서 검토되어야 한다고 주장하였다. 또한 "사회정의의 실현과 균형 있는 국민경제의 발전은 증산과 자본의 축적으로만 기할 수 있는 것이기 때문에 증산과 자본축적이 없다면 국민경제의 발전도 기대할 수 없다"고 하였다. 그러므로 "증산과 資本新種을 위해서 국유로 하는 것이 좋은지 民有로하는 것이 좋은지를 따지지 않으면 안 된다"고 하였다. 그리고 자본축적을 능률적으로 하는 데 있어서 국유는 民有만 못하므로 "한국처럼 생산이 부족하고 자본축적이 미약한 나라에서는 국유화 정책이 곧 사회정의의 실현과 균형 있는 국민경제의 발전을 기하는 데 필요하다고 단정할 수는 없다"고 주장하였다.[41) 이들이 이러한 주장을 한 것은 토지개혁 및 지주층의 이익과도 관련이 있었다. 지주층들이 주를 이루는 우익세력들은 토지개혁을 최대한 축소 내지 형해화하고, 그것이 실패할 때는 '지주계급의 산업자본가화' 즉, 지주계급의 귀속재산 불하를 주장하고 있었다.[42)『동아일보』에서도 그러한 내용이 게재되어 있다. 귀속산업체를 누가 맡아서 사영할 것인가에 대해 언급하면서, 현존의 상공업자는 고리대금을 쓰지 않는 이가 없고 적산을 맡아서 사영할 수 있는 능력자는 없다고 주장하였다. 때문에 이들을 사영할 수 있는 계층은 지주층인데 토지개혁 이후 이들도 그만한 실력이 될지 의문이라고 우려를 표하고 있다.[43)

---

40) 「社說 産業再建의 施策如何(上)」, 『동아일보』, 1949년 5월 3일자.
41) 「社說 國營企業體의 浪費를 排함」, 『동아일보』, 1949년 10월 16일자.
42) 신병식, 「제1공화국 토지개혁의 정치경제」, 『한국정치학회보』31집 3호, 한국정치학회, 1997, 32쪽.
43) 「社說 國營企業體의 浪費를 排함」, 『동아일보』, 1949년 10월 16일자.

이에 비해 1948년 6월 17일『서울신문』은 사설 「社說 憲法上程과 均等社會論」에서 "대기업은 國營으로 하고 中企業은 ○國營으로 하되 정부의 엄격한 관리하에 두고 소기업은 民營"을 허할 것을 주장하였다. 또한 國防工業과 민영공업이 그 균형을 이루어야 자주 독립을 이룰 수 있고, 이를 이루기 위해 균등화가 필요하다고 하였다. 또한 사회 전반의 불평등을 해소하기 위해서는 경제적 평등화 노력이 선행조건이 된다고 하였다. 그리고 이것 없이는 사회생활의 평등도 바랄 수 없고, 기회평등과 문화생활의 평등도 바랄 수 없다고 보았다. 그러나『서울신문』이 결코 공산주의나 물리적인 수단을 사용하는 것을 찬성한 것은 아니다. 경제의 균등화가 필요한 것이기는 하지만, 이것을 실현시키는 수단으로 개인의 자유를 억압하는 것에는 결코 찬성할 수 없다고 밝히고 있기 때문이다.[44] 이러한 내용은『서울신문』의 기업정책에 대한 인식이 기본적으로 중간파의 그것과 틀을 같이하고 있다는 것을 보여준다.

한편,『서울신문』은 국민경제에서 활동하는 국민들을 인격자인 사람으로 보았고 노동은 국민경제의 사활을 결정하는 관건으로 보았다. 때문에 사업자와 노동자의 이익협의와 보장에 관한 문제를 상당히 중요한 것으로 생각했다. 1948년 7월 9일자 사설 「利益配分均霑」에서 "생산부족으로 민생이 자멸에 빠져있는 우리로서 생산제일주의로 나가야겠지만 그렇다고 질병의 격증, 재해의 빈발, 노동능률 저하를 초래하는 노동강화는 사회정책상 ○地로서 絶對로 容許되지 않는 만큼 고민이 크다."고 언급하고 있다. 그러면서 노동자의 복리증진을 圖치 않는다면 생산성의 향상 능률의 증진은 실패할 것으로 보았다. 때문에 노동조건을 악화시키는 노동시간 연장 심야작업 강행, 소년공 여자노무자 激增 등은 만민평등, 만민공생의 나라를 세워야할 때에는 행해서는 안 된다고 지적하였다.[45] 이것은 간접적으로나마 노동자의 단체교섭의 필요성을 인

---

44) 「社說 憲法上程과 均等社會論」,『서울신문』, 1948년 6월 17일자.

정한 것으로 볼 수 있다. 그리고 실업 문제에 있어서도 만민공생원칙에 의해 실업자를 구제하여야 명랑정치를 구현할 수 있다고 강조하였다.[46] 이러한 입장은 사장 하경덕의 의식과도 일치한다. 그는 노동조합운동은 정직한 방법으로 질서 있게 하면 찬성할 수 있다고 하였다. 다만 노동조합과 사회주의단체 간에는 밀접한 관계가 있을 수 있는데, 미국과 같은 곳은 노동계급이 사회주의에 부당한 소동을 피하고, 자본계급과 평화적 수단으로 모든 노동문제를 해결하려 하기 때문에 사회당과 노동조합의 관계가 거의 소원하다고 하였다. 정치운동도 또한 노동조합운동과 정직한 방법으로써 질서 있게만 행하면 찬성할 수 있다고 하였다. 그러나 폭력적인 방법은 폭력으로 시비를 분간할 수 없기 때문에 용인할 수 없다고 하였다.[47]

이러한 내용은 「민주독립당 정책초안」(1947.9.24)의 제12항에 "모든 企業에 있어 勞動者의 代表 參加와 團體交涉權의 確保를 期할 것이다"라고 명시되어 있다.[48] 그러나 『서울신문』 기사에도 「민주독립당 정책초안」에도 노동자의 파업권을 인정한 내용은 확인되지 않는다. 그것은 『서울신문』 자체도 기업체라는 데 그 원인이 있을 것이다. 경영진들 가운데 자본가들이 포함되어 있고, 『서울신문』 외에도 신동아손해보험과 합동통신 등의 다른 기업을 거느리고 있는 상태라는 점도 고려할 필요가 있었다. 그리고 이것은 『서울신문』이나 중간우파의 기업정책에 관한 인식에 상대적으로 보수성을 띠고 있는 것이라 할 수 있다. 심지어 보수 우익정당인 한민당의 것보다도 표면적으로는 더욱 보수적이었다.

한민당은 1946년 2월 4일 7개 항목의 政策細目을 결정하고 2월 5일

---

45) 「社說 利益配分均霑」, 『서울신문』, 1848년 7월 9일자.
46) 「建設事業과 失業對策」, 『서울신문』, 1948년 10월 6일자.
47) 河敬德, 「現代思潮 問題와 우리의 態度: 科學的 社會主義」, 『靑年』 제10권 제7호, 1930, 19쪽.
48) 『漢城日報』, 1947년 9월 24일. 김인식, 「안재홍의 경제균등의 정책안」, 『中央史論』 제20집, 韓國中央史學會, 2004년 12월, 65쪽 재인용.

기자회견 석상에서 발표하였다. 이를 보면 勞農의 문제에서 노동자의 단결 교섭권 인식, 노동자의 자유적 노동조합법의 제정, 공장의 경영 및 관리의 노동대표자의 참여 등을 명시[49]하였다. 한민당은 이론상으로는 자본과 경영도 분리시키는 진보성을 보였다. 나아가 노동자의 대표들이 경영자 대표와 함께, 국가의 경제기획에 참여하는 全國産業協議會의 구성원이 되도록 제안하였다. 겉으로 내세운 강령만을 보면 노동자정책에서, 보수우익세력이 중도우파보다 훨씬 더 진보성을 띠었음은 두루 아는 사실이다. 그러나 한민당이 내걸은 진보강령은 현실정치에서는 상반되는 괴리를 보였다.[50]

이러한 중간파의 生産組織案은 노동자, 기술자에게 어느 정도 발언권을 허용하여 자본가와 함께 협력체제를 구축하며, 필요시에는 국가가 경영하거나 국가의 엄중한 감독하에 개인단체에게 그 경영을 맡긴다고 하는 것이었다.[51] 그런 점을 고려해 보면『서울신문』의 기업정책에 관한 인식은 중간파의 그것과 틀을 같이 한다고 볼 수 있을 것이다.

3 민족문화와 국민교육인식

『서울신문』에서는 후발국가로서 문화의 전통을 찾고 또 민족의 생명을 길이 만고에 이어가기 위해 민족문화를 再建해야 한다고 주장하였다. 1948년 7월 11일자 사설「民族文化政策을 세우자」에서 민족문화의 중요성을 강조하고, 민족문화를 발전시키기 위한 정책을 하루빨리 정립해야한다고 주장하였다. 이 사설에서는 민족문화란 민족정신의 표현이

---

49)「七項目의 政策細目 韓國民主黨에서 決定發表」,『東亞日報』, 1946년 2월 8일자.
50) 김인식,「안재홍의 경제균등의 정책안」,『中央史論』제20집, 한국중앙사학회, 2004년 12월.
51) 윤민재, 앞의 책, 337쪽.

며 태동이 되는 것이라고 하면서 민족문화에 대해 다음과 같이 정의하고 있다. "민족문화라는 것은 어떠한 것인가, 여기서 민족이라고 함은 封建的貴族支配階級을 총괄하는 광의의 말이 아니다. 민족의 대다수를 구성하는 노동계층을 爲始하야 일반지식층 供給者를 의미한다. 따라서 민족문화라는 것은 貴族的문화에 대한 일반민중을 위한 문화를 이르는 것임은 말할 것도 없다. 다시 말하면 다수한 민족의 생활을 향상시키고 민족적 양심을 교양시키는 것이 곧 민족문화를 確立發展시키는 것이다" 라고 하였다. 또한 문화는 정치나 군사, 경제방면에서 중요하며 민족의 향방을 결정하고 자주력을 낳는 것이라고 지적하였다. 때문에 현재의 정신적 혼란과 불안을 제거하려면 사회적 문화정책의 바른 궤도를 찾아서 강력히 추진해야 한다고 하였다.[52]

민족문화를 일반민중을 위한 문화이고 다수한 민족의 생활을 향상시키고 민족적 양심을 교양시키는 것이라고 정의한 것이다. 이것은 민족문화의 발전이란 사회적 교양의 향상이라고 보는 것과 같은 시각이라 할 수 있다. 『서울신문』은 국민의 교양이란 것은 그 사회의 본질을 반영하는 척도이며 사회발전의 근간이라고 보았다. 또한 과도기적 혼란기에 있어서 일반대중의 猛省을 통한 자치적 통제력과 사회적 양심 궐기가 선행되어야 이 혼란기를 탈출할 수 있으며, 우리나라의 완전독립 달성이 가능하다고 하였다.[53] 그리고 이러한 민족문화 창달과 국민의 교양향상은 교육을 훈련되어야 한다고 인식하였다.

때문에 『서울신문』은 교육문제에 관해서도 1946년부터 꾸준히 관심을 보이고 있었는데, 1946년 1월 31일에는 의무교육문제에 대해서 언급하기도 하였다. 『서울신문』은 의무교육을 "건국사업의 중추를 이루는 국가 문제"라고 언급하고 있다. 그리고 이 의무교육제 실시를 위한 재정

---

52) 「社說 民族文化政策을 세우자」, 『서울신문』, 1948년 7월 11일자.
53) 「社說 憂慮되는 社會的 敎養」, 『서울신문』, 1945년 12월 8일자.

문제에 관심을 표명하였다.[54] 또한 일제 36년간 일본의 식민통치 정책에서 실업교육만이 강조되어 제대로 시행되지 못한 교육을 개혁하는 미군정의 교육개혁을 환영하였다.[55] 이것은 『서울신문』의 교육에 대한 인식을 보여 주는 것이었다.

『서울신문』은 교육을 통해 건국에 이바지하고 국가발전을 도모할 수 있다고 보았다. 특히 성인교육[56]의 필요성에 대해 강조하였는데, 성인교육은 새로운 국민을 양성하는 실질적인 교육으로 보았기 때문이다.

성인교육문제는 『서울신문』뿐만 아니라 당시 사회에서 상당한 관심을 기울이던 문제였다. 당시 한국 성인의 80%가 읽고, 쓰지 못하는 문

---

54) 「義務教育案具體化 豫算六十二億 醸出討議」, 『서울신문』, 1946년 1월 31일자.
55) 「中等校入試大改革 學校差別撤廢코 資格試驗試行」, 『서울신문』, 1946년 4월 30일자.
56) 성인교육의 개념은 시대와 사회에 따라 다르게 정의되어 왔다. 미군정기의 성인교육과 일제하의 사회교육은 다를 수밖에 없다. 해방 전까지만 해도 1896년부터 일본 행정부에서 채택한 사회교육이란 용어가 사용되었다. 식민지하에서의 사회교육은 본질적으로 모든 조선인의 황민화와 전쟁 완수를 위한 '국민 총력운동'의 업무를 수행했다. 그러나 해방이 되자 사회교육이라는 용어 대신에 영·미에서 보편적으로 사용되는 용어인 '성인교육'이라는 용어가 공식적으로 사용되었다. 이것은 군정기의 한미 교육개혁 주도 세력에게는 성인교육이라는 용어가 친숙했기 때문인 것으로 추측된다. 문교부가 정의한 성인교육은 일반 성인 및 미취학 소년들의 교육을 의미하였다. 성인교육의 목적은 취학할 연령을 초과한 청소년과 일반 성인을 계몽 혹은 재교육하여 공민으로서의 자질을 향상시키는 데 있었다. 계몽교육은 일반 성인 비문해자를 대상으로 한 문해교육 위주의 교육이었으며 공민학교 형태를 취하였다. 재교육은 일제하에 교육받은 성인을 대상으로 인권, 자유 등과 같은 민주주의 기초를 중심으로 한 교육이었으며 공회, 강습회, 토론 형태를 취하였다. 또한 연령면에서는 성인은 아니나 성인의 역할을 수행하는 미성년 근로자는 의무적으로 공장학교를 통해 성인교육을 받도록 하였다. 성인의 개념은 사회에서 성인으로서의 역할을 수행하는 자, 곧 사회적으로 정의되었음을 보여준다. 성인교육의 범주에는 문해교육 외에도 노동자교육, 부녀교육, 시민 정치교육이 포함되어서, 앞에서 살펴본 대로 광의의 성인교육이 전개되었다. 노동부에서는 노동자보통교육, 노동에 관계된 특수교육, 빈주주의 교육의 일환으로 노동자 교육을 전개하였다. 여성의 높은 비문해율과, 봉건성과 정치적 참여 경험의 부족 문제를 해결하기 위해 보건 후생부 부녀국에서는 부녀교육의 일환으로 계몽 교육과 민주시민 교육을 전개하였다. 공보부에서는 전 국민을 대상으로 시민 정치교육의 일환으로 민주주의 교육을 실시하였다. 성인교육은 이처럼 광의의 성인교육으로 전개되었다는 것 못지않게, 대상자별로 특수한 형태를 취하였다는 특징을 아울러 보여 준다. 이희수, 「미군정기 성인교육의 정치 사회화 기능」, 중앙대학교대학원 교육학과 박사학위논문, 7·12쪽.

맹자였고, 나머지 20%는 한자와 일본어는 알아도 한글을 몰랐다. 1944년 일본 측의 인구조사에 따르면, 남한 인구 1천 7백만 인구 중 7백 7십 3만 3천 명이 문맹자였고, 이 중 4백만 명이 국가 경제 및 정치 활동의 중심이 되는 18세에서 45세 사이에 분포했다.[57] 이러한 상황에서 해방이 되자 너도 나도 "배워야 산다"면서 전국적으로 교육에 대한 민중의 욕구가 분출하였다. 주권재민의 민주독립을 지향하던 당시에 있어서 국문 보급의 시급성은 누구나 공감하고 있었다. 또한 미군정은 미국식 민주주의 제도를 성공적으로 이식시키기 위하여 미국식 시민 재교육과 언론매체를 통하여 자유민주주의 문화를 부식시켜 나가는 시책을 펴기 시작하였다. 이러한 민주시민 교육은 정치활동의 주체인 성인교육을 통하여 수행하는 것이 적절한 일이었다. 이렇게 일제하에서 식민주의 교육의 도구로서 황국식민을 기르는 데 사용되었던 교육은 주권을 가진 민주시민으로서의 자질을 함양하고 새로운 민주정치 체제를 가르치는 정치 사회화에 기여하는 교육 내용으로 바뀌게 되었으며, 이 역할을 떠맡은 것이 바로 성인교육이었다.[58] 특히 公民의 자격은 글을 알아야 주어진다는 인식이 있었기 때문에 성인교육은 더욱 강조되었다.[59]

때문에 성인교육은 좌·우익을 막론하고 정치적 문맹을 타파해야 한다는 목적하에 중시되었다. 당시 정계를 대표하던 이승만, 김구, 김규식, 여운형, 안재홍, 박헌영 등은 민주국가 수립을 위해 성인 문해교육이 중요하며, 이를 위해서는 문해교육운동을 범정부적, 범사회적으로 전개하여여 한다는 데 한 목소리를 내었다. 이것은 문해교육에 대한 이들의 정치적 의지를 보여 준다. 성인 문해교육의 목적은 단순히 읽고 쓰는 데 있는 것이 아니라 정치, 경제, 사회, 과학, 상식 등을 포괄하는

---

57) 『Summation of United States Army Military Government in Korea』, Vol. No2. No.5~12, p.32.
58) 이희수, 앞의 논문, 42~43쪽.
59) 「文化向上에 啓蒙분 公民의 資格은 글을 알어야」, 『동아일보』, 1947년 8월 3일자.

공민성 함양에 두어서 민주국가 시민으로서의 역할을 해내도록 하는 데 있었다는 점에서도 정파의 견해가 일치하나 성인 문해교육은 포괄적인 기초 성인교육이었음을 말해준다.[60]

이 같은 분위기에서 당시 신문사들도 그 정치적 성향에 관계없이 성인교육의 중요성을 강조하는 기사를 게재하였다. 『동아일보』에서는 "성인교육은 국민지식의 계발과 진보, 국민의식의 앙양 그리고 공민자격의 함양을 목적으로 하는 것으로 現在 正規의 학교에 통학하지 못하는 學齡以上의 국민을 대상으로 夜學校 등을 시설하여 각각 그 직업 또는 기호에 隨應한 교육을 시행하고 나아가서는 때로서 특수 문제에 관하여 전문대학 정도의 강의를 듣게도 하며 통속강연 또는 단기강습을 개최함으로 修養上 혹은 직업상 필요한 지식을 교수하여 그 품성을 도야하는 동시에 국가사회의 일원으로서 적절한 자격을 조성하려 함에 있는 것이다"[61]라고 하며 성인교육을 중시하였다. 『조선일보』도 민주주의 국가의 국민은 알아야 하며, 학생계몽대는 정치적 색채를 배제하고 가르치는 일에 정성을 쏟으라고 권면하였다.[62] 『자유신문』도 청년운동 및 지방 계몽운동을 통한 민주주의 국민 훈육과 민주주의 국가건설과[63] 국민 개학운동을 전국 방방곡곡에서 추진하자고 역설하였다.[64] 『한성일보』한글반포 오백주년을 맞이하여 "우리 민족은 남녀노소할 것 없이 최단기 내에 누구나가 한글을 알 수 있도록 모르는 이는 힘써 배우고 아는 이는 힘써 가르쳐주자"고 제안하였다.[65] 좌익신문도 성인교육을 중시하는 보도는 마찬가지였다. 『독립신보』는 "조선 공업의 발전과 조선 건설을 위하여 문맹퇴치가 중요하다"면서 문해교육에 앞장선 학생문화 부대에 찬

---

60) 이희수, 앞의 논문, 60쪽.
61) 「成人教育問題」, 『동아일보』, 1946년 2월 7일자.
62) 「아는 것이 힘―학생의 문맹퇴치 운동」, 『朝鮮日報』, 1946년 6월 10일자.
63) 「地方啓蒙運動과 青年」, 『자유신문』, 1946년 7월 5일자.
64) 「國民皆學運動의 推進」, 『자유신문』, 1946년 7월 19일자.
65) 「한글반포 오백년 기념―문맹퇴치에 힘쓰자」, 『漢城日報』, 1946년 6월 4일자.

사를 보냈다.[66] 『해방일보』도 건국기의 주요한 사업 중 하나가 계몽운동이며, 계몽운동은 일본 제국주의적 사상의 청산, 봉건적 관념 및 중세적 신분노예적 관념 소탕, 진보적 민주주의 사상 보급, 독립사상과 애국심의 고취, 비문해퇴치와 미신타파를 목표로 하며, 방법으로는 방학 동안의 학생 이용을 제시하였다.[67]

『서울신문』도 군정청 문교부 성인교육부에서 하는 國民皆學運動의 일환인 學生啓蒙隊를 후원하였다.[68] 학생계몽대의 활동 내용은 일제 시기 전개된 브나로드운동과 매우 흡사한 것이었다. 때문에 『서울신문』에는 일제 시기 브나로드운동에 참여했었던 인물의 경험담이 실리기도 하였다.[69] 당시 문교부에서는 "배우자 가르치자"라는 구호 아래 성인교육협회를 조직하여 총본부를 서울에 두고 각도에는 道本部를 두어 각 읍면과 각 동리 부락에 지부와 분회를 조직하여 1946년 6월 國文皆學運動을 일으키기로 하였다. 이 운동의 주요 목표는 문맹퇴치였다. 대상은 國文未解者인 세대주와 그 외 18세 이상의 성인이었다. 이들에게 짧은 시간에 한글을 보급하기 위해 6월 말까지 성인교육협회와 부·군·읍·면 공동주최로 각도 학무과의 후원을 얻어 7·8월을 거쳐 한 달 동안 매일 한 시간씩 한글을 가르치기로 하였다. 강사는 학교직원, 중학·전문대학생 등을 동원하고, 장소는 각 마을의 학교나 개인주택을 이용하였다. 교재도 무료로 공급되었다.[70] 『서울신문』은 "아는 것이 힘! 배우자 가르치자!"라는 말이 나라의 장래를 약속해 주는 金言이라고 하면서 우리나라와 같은 약소국에서는 뼛속 깊이 아로새겨 실천해야 한다고 하였다. 그리고 한 자라도 더 배워 나라의 힘이 되어야한다고 하였다.[71] 이

---

66) 「文盲退治運動의 展開」, 『獨立新聞』, 1946년 6월 4일자.
67) 「啓蒙運動을 全國的으로 展開하자」, 『解放日報』, 1945년 12월 14일자.
68) 「學生啓蒙隊出動式 千五百名參加로그 成果期待(本社後援)」, 『서울신문』, 1946년 7월 5일자.
69) 「조선의 『브나로드』운동(鄭寅承)」, 『서울신문』, 1946년 6월 23일자.
70) 「成人부터가갸거겨 各 部落洞廳서 힘껏 敎授」, 『서울신문』, 1946년 6월 23일자.

는 전반적인 국민자질 향상을 위해 가장 중요한 것이 바로 문맹퇴치라
는 인식을 가지고 있었다는 것을 의미한다.

성인교육에 관한 이러한 관심은 民主統一黨 발기인회의 정치적 주장
에서도 나타나는데, 민주통일당에서는 "문맹을 하루바삐 없이 하도록
성인교육에 치중할 것이다"라고 하고 있다.[72] 또한 계몽사업은 김규식
도 민족자주연맹의 결성 준비 과정에서부터 강조하였다. 그는 영등포지
부 결성식에서 정치운동보다는 국민운동에 주력을 선언하였다. 이어서
'民聯'의 결성식에서도 그는 광범한 시민교육을 통하여 문맹퇴치, 민주
주의와 시민권의 기본원리를 교육시키는 것이 민족자주연맹의 주요산
업 가운데 하나라고 하고 있었다.[73] 이것은 계몽사업을 통해서 진보적
운동의 핵심을 형성할 의식 있는 지식인을 양성하여 대중적 각성을 도
모하려는 것이었다.[74] 이것으로 보아 『서울신문』이 성인교육 즉 문맹
퇴치를 중요시 여겼던 것은 민주통일당, 민족자주연맹과의 인적관계와
인적구성과 관계가 있을 것이다. 또한 『서울신문』의 임원진들―홍명희,
홍기문, 홍기무 등―이 유명한 국문학자라는 점도 영향을 미쳤을 것이
라 생각된다.

4 친일 문제에 관한 인식

해방 후 친일파 처리 여부는 당시 우리 민족의 가장 큰 과제였던 자

---

71) 「全國에 브나로드의 봉화」, 『서울신문』, 1946년 6월 23일자.
72) 「重要政治的主張을 發表」, 『서울신문』, 1947년 5월 7일자.
73) 『한성일보』, 1947년 11월 15일자와 12월 23일자(조성훈, 「좌우합작운동가 민족자주연맹」,
『白山朴成壽敎授華甲記念論叢韓國獨立運動史의認識』, 白山朴成壽敎授華甲記念論叢刊行
委員會, 1991, 433쪽 재인용).
74) 조성훈, 앞의 논문, 1991, 433쪽.

주적인 통일민족국가의 수립을 가능할 수 있는 중요한 요인이었다. 그러나 미군정의 친일파 기용정책에 따라 친일파들이 군정관리로 기용되어 친일파 처리가 어렵게 되었으며, 이것은 자주적인 통일민족국가의 수립에 가장 큰 걸림돌로 작용했다. 또한 친일파 처리 문제는 당시 각 정치세력의 진로와의 밀접한 관계를 가지고 있었다. 이로 인해 각 정치세력의 친일파 처리에 대한 입장은 조금도 타협점을 찾을 수 없었다. 친일파 처리에 대한 입장 차이는 다른 제반 문제들과 결합되면서 각 정치세력의 첨예한 대립을 가져왔다. 이런 대립은 빈번한 물리적 충돌로 이어졌다. 따라서 친일파 처리는 더 이상 미룰 수 없는 문제였다.75)

정부 수립 이전 친일 문제에 대한『서울신문』의 기사는 그 숫자가 많지는 않다. 그러나 정부 수립 이전의 몇몇 기사를 살펴보면『서울신문』이 친일 문제에 현실성 있으면서도 엄격한 처단이 필요하다고 인식하고 있었음을 알 수 있다.

1947년 과도입법의원에서는「민족반역자 부일협력자 간상배에 대한 특별조례」76)를 작성하고, 통과시켰다. 이에 대해 한독당에서는 3월 12일

---

75) 허종,「1947년 남조선과도입법의원의「친일파 처벌법」제정과 그 성격」,『한국근현대사연구』12, 2000, 150쪽.
76) 이 법안은 1947년 3월 13일 그 초안이 입법의원에 상정되었다. 이후 4월 22일 상정된 수정안의 주요내용은 다음과 같다.
第1章 민족반역자 第1條 日本 또는 기타 외국과 통첩하거나 영합협력하여 국가와 민족에게 피해를 끼치거나 독립운동을 방해한 자를 민족반역자로 함 第2條 민족반역자는 사형 또는 무기 또는 10년 이하의 징역에 처하고 그 재산을 몰수하거나 15년 이하의 공민권을 박탈함 재산 몰수는 가족의 생활비를 공제한 이외의 전부에 及함
第2章 부일협력자 第3條 일본통치시대에 일본세력에 아부하여 악질행위로 동포에게 해를 가한 자를 부일협력자로 함 第4條 부일협력자는 10년 이하의 징역에 처하거나 도는 10년 이하의 공민권을 정지함. 전항의 罪를 범한 자는 情狀에 의하여 재산의 몰수를 倂科할 수 있음. 제2조 제2항의 규정은 전항의 재산몰수에 적용함
第3章 전쟁범죄자 第5條 만주사변 이후 해방 당시까지의 전시 중 左記 각항에 해당한 자로서 日本의 전력증강을 위하여 악질적으로 연합국 또는 동포에게 害를 가한 자를 전쟁범죄자로 함
第4章 간상배 第7條 8·15 해방 이후 악질적으로 모리행위를 하여 경제계의 혼란을 야기하며 국민생활을 곤란케 한 자로서 左의 各項에 해당한 자를 간상배로 함 第8條 간상

선전부장 嚴雨龍을 통해 이 법안에 대해 附日派規定案은 實定을 망각한 내용이라고 비판하였다. 친일반역자의 규정은 반드시 있어야 하지만 지금은 그 때가 아니고, 입법의원에서 제안된 규정은 실정을 무시한 관념론이라는 것이다. 때문에 입의에서 이를 다시 검토 규정하기를 주장하였다.[77] 또한 이승만을 중심으로 한 民族統一總本部(이하 '민통')[78]에서는 입법의원의 '부일협력자 및 민족반역자 규정' 법률초안은 민족의 분열이외에는 다른 소득이 없을 것이라고 비판하였다.[79] 이들의 이러한 입장은『동아일보』1947년 4월 30일자 사설「附日協力者等處斷 問題를 論함」에서 보다 분명하게 나타난다. 이 사설에서는 입법의원에서 상정한 법안의 '극단론'과 '엄벌주의'를 비판하고 조국과 민족에 대한 새로운 충성과 충돌이 없는 한 친일파 처단 문제는 어디까지든지 관용과 교화

배는 재산은 몰수하고 사형 무기 또는 10년 이하의 징역에 처하거나 15년 이하의 공민권을 박탈함 前項의 재산을 몰수할 수 없을 때에는 가액을 추징함 第2條 第3項의 規定은 제1항의 재산몰수에 적용함

第5章 加減例 第9條 본법의 규정한 범죄자로서 改悛의 情이 현저하거나 자수한 때에는 그 형을 경감 또는 면제할 수 있음 第10條 타인을 모해할 목적으로 本法에 규정한 범죄에 관하여 허위의 신고를 한 자는 당해 신고내용에 해당한 범죄규정으로 처벌함 第11조 민족반역자 부일협력자로서 조직하는 집회 及 결사는 此를 일체 금지하고 其 旣設 公私團體는 本法 공포일로부터 1개월 이내에 해산함「附日者等修正案」,『동아일보』, 1947년 4월 24일자.

이 법안은 1947년 7월 20일 입법의원에서 통과되었으나 11월 20일 미군정장관 대리 헬믹(C. G. Helmic)이 인준을 보류함으로써 실시되지 못하였다.「親日肅清은 公文書 헬氏法案認准拒否」,『東亞日報』, 1947년 11월 28일자.

77)「附日派規程案은 實情을 忘却」,『東亞日報』, 1947년 3월 12일자.

78) 이승만은 새로운 민족통일기관의 설치구상과 단독정부 수립 준비 및 지지기반 확보를 위하여 1946년 6월 29일 이 단체를 결성하였다. 1946년 6월 3일, 지방순회 도중 이승만은 전라북도 정읍에서 남한 단독정부 수립을 언급하고, 서울로 돌아 온 즉시 민족의 대표적 통일기관을 설치할 것이라고 발표하였으며, 6월 10일 대한독립촉성국민회의 전국대표자대회에서 총재로 추대되었다. 그리고 11일 총재훈시를 통하여 21명의 각 도 대표에게 민족통일총본부를 설치하라고 지시하였다. 이날 이승만은 민족통일총본부 발족에 관한 담화를 발표하였고, 민족통일총본부의 부서 및 간부를 구성하였다. 총재에는 이승만, 부총재는 金九, 협의원으로 李始榮・曺成・吳夏英・金性洙・李範奭・尹潽善・金東元・許政・方應謨・李卯默・金淳愛・盧馬利亞 등이었다. 민족문화대백과사전 데이터베이스.

79)「分裂以外에 所得없다 附日協力者에 對한 民統談話」,『東亞日報』, 1947년 3월 6일자.

와 지도를 전제로 해야 한다고 주장하였다. 만일 입법의원에 상정된 조례안이 통과된다면 수십만으로 추정된 능력과 지식의 소유자가 죄인의 낙인을 받고 추방되면 진공상태에 빠질 것이라고 하였다. 또한 미군정 하에 놓여 있는 상태에서 죄인을 처단하게 되면 민족의 존엄이 상할 것이라고 하면서 친일파 청산은 정식정부가 수립된 이후에 하는 것이 좋다고 하였다.[80]

한편 좌익 측에서도 이 법안을 환영하지 않았다. 1947년 3월 6일 민전의장단은 기자단과의 회견에서 입법의원의 친일반역자에 대한 처단은 너무 가혹하여 도리어 역효과를 보게 될 것이라는 견해를 밝혔다.[81] 또한 7월 7일 남로당에서는 이 법안이 통과되자 그것은 실행되지 못할 이름뿐인 법안으로 普選法에 대한 비판을 희석시키려는 의도로 만들어졌으며, 그 조례 속에 해방 후 '민주운동자'를 모함하여 폭압할 목적을 내포하고 있다고 비판[82]하였다. 이러한 주장은 과도입법의원에서 보선법과 친일파 처벌법 제정의 우선순위를 배경으로 벌어진 다툼을 배경으로 하고 있다.[83] 이처럼 입법의원의 친일처단관련법안에 대해서 좌우 모두가 자신들의 입장에 따라 친일 문제를 인식하고 이용하려했음을 알 수 있다.

이에 대해 『서울신문』은 1947년 3월 11일자 화요정평 「臨政强化와 附日懲治」에서, 친일민족반역자 처단에 대한 좌우의 태도와 입법의원의 법안에 대한 실현 가능성에 대해 비판하였다. 우선 좌우의 태도에 대해서 모두 민족반역자를 처단한다고 하지만 정작 양측 모두 처단에 미온적이라고 비판하였다. 民戰에 대해서도 엄격한 조항만을 내놓았을 뿐 구체적으로 누가 민족반역자인지 지적하지 못하고 있다고 하였다. 또한

80) 「附日協力者等處斷 問題를 論함」, 『東亞日報』, 1947년 4월 30일자.
81) 「立議 親日派規定은 苛酷하다는 民戰의 見解」, 『京鄕新聞』, 1947년 3월 7일자.
82) 「實施안할法律 南勞黨叛逆法評」, 『京鄕新聞』, 1947년 7월 8일자.
83) 이정박헌영전집편집위원회, 『이정박헌영전집』 5권, 역사비평사, 2004, 618쪽.

이런 '공연한 조항'만을 늘어놓아 인심을 흔들어 놓으면 외부에 있는 민족반역자들의 반박을 살 뿐이라고 하였다. 때문에 민족반역자 懲治하기 위해서는 自派로부터 이들을 축출하고, 그 다음 중앙·지방을 통하여 그들의 면면을 구체적으로 밝힐 필요가 있다고 주장하였다. 입법의원의 민족반역자 懲治案에 대해서도 표면적으로는 民戰의 案보다 엄격하나 실질적으로 그보다 실현 가능성이 낮다고 비판하고 있다. 이는 곧 당시 정치세력들이 친일 문제에 대해 친일반역자를 찾는 데 자파는 제외하고 정치적으로 정적을 제거하려는 의도가 강해 현실성이 떨어진다는 비판을 하는 것이었다.

또한 『서울신문』은 친일 문제는 이해의 대상이 아니며 반드시 해결되어야 할 문제라고 인식하고 있었다. 1947년 3월 25일자 화요정평 「立法議院을 混亂케 맨든 逆賊 完用의 同情論」을 살펴보면 『서울신문』이 친일 문제에 어떤 생각을 하고 있는지 알 수 있다. 1947년 3월 23일 立議 35차회의에서 입법의원 李南圭[84]가 앞에서도 언급한 친일처단에 관한 조례에 대해 토의하던 중 "이완용이가 자기의 이익을 위해서 일본에다가 우리 조선을 賣國하였다고 할는지 모르겠으나 그는 總理大臣으로서 상당한 지위에 있었다. 그러나 그는 그때의 국제 정세하에 있어서 不得已한 사정이 있어서 도장을 찍은 것이다. 그렇다면 그 사람이 반드시 自己利害를 위해서 했다고 할 수 없을 것이다"[85]라고 동정론을 제창하였다. 『서울신문』은 이에 대해 "完用이 과연 어떠한 심정을 가졌을지

---

84) 1901년생으로 전남 목포 출신. 中東學校를 거쳐 平壤神學校를 졸업함. 1925년 목사가 됨. 해방 후 立法議員(民選), 制憲議員(지역구 전라남도 木浦市, 소속정당 大韓獨立促成國民會) 당선. 大韓民國憲法 공포 후 初代 전라남도 道知事 역임. 기독교연합회 회장. 初代 參議員[지역구 전라남도 第一部(6년), 소속정당 民主黨] 당선, 參議員 內務分科委員長 역임. 『대한민국인사록』, 內外弘報社, 1949, 136쪽. 이남규는 이완용 동정 발언으로 인해 3월 25일 징계위원회에 회부되어 28일 1개월간 의원출석을 정지당하고, 資格審査委員會委員長의 職責에서 파면되는 징계를 받았다. 「一個月間出席停止宣言」, 『京鄕新聞』, 1947년 3월 30일.

85) 「惡質分子除去해야 愛國者選擧可能 立議本會」, 『東亞日報』, 1947년 3월 24일자.

그는 범죄심리학의 좋은 연구요 심리소설의 재미있는 ○○이나 정치가
로서는 절대로 건드릴 수 없는 ○目이다. 그것을 건드리려는 그 자체가
본래 동정적인 것이라 그러한 동정은 佛○의 자비와 耶蘇의 사랑으로서
나 이해될 성질의 것이다. 우리들은 일찍이 일제에게 향하야 한○○을
마저 돌려대지 못하건만 어떻게 지금에 있어 附日叛逆을 의논할 것이
랴. 만일 일은 양을 더 반가이 맞아야 한다면 오히려 그들에게 모든 ○
○와 영광의 자리를 ○○해야 할 것이 아니랴. 물론 그러한 동정론을
배푼 某氏도 한갓 ○○한 실언이리라고는 해명하겠지만은 이러한 意識
이 일부에 돌고 있는 것도 사실이니 혹은 국내에 있는 자 그 누가 對日
협력이 아니냐고 하고 혹은 내심으로 대일협력한 자가 누가 있겠느냐고
하는 云云이다. 전자는 무분별한 ○○이요 후자는 턱이없는 ○○라 거
론할 가치조차 없는 것이로되 우리 민족의 ○○한 앞길을 바라보아 우
리민족의 독립적 ○○을 잃을 것이 애석한 바다"[86]라고 비판하였다.

친일 문제에 대한 『서울신문』의 인식은 입법의원 중 관선의원들과
그 틀을 같이하고 있다. 당시 「민족반역자 부일협력자 간상배에 대한
특별조례」를 둘러싸고 관선의원과 민선의원은 각기 다른 입장을 고수하
고 있었다. 민선 측에서는 8 · 15가 민족의 心機一變의 시기인 만큼 건
국에 지장을 주지 않도록 보복적인 제재를 말고 범위는 좁게 처벌은 너
그럽게 할 것을 주장하였다. 그러나 관선 측에서는 부일협력자나 민족
반역자에 대해 건국의 기반을 견고히 하고, 자주적이며 능동적인 민족
성을 키우기 위하여 엄중 처단할 것을 주장하고 있었다.[87] 관선의원들
의 친일 문제에 대한 인식은 『서울신문』의 그것과 흡사하다. 대부분의
관선의원들이 중간파라는 점을 고려했을 때 『서울신문』이 친일 문제 인
식이 관선의원과 유사한 것은 필연적이라 할 수 있다.

---

86) 「火曜政評立法議院을 混亂케 맨든 逆賊 元用의 同情論」, 『서울신문』, 1947년 3월 25일자.
87) 「寬大 · 峻烈의 兩論」, 『경향신문』, 1947년 4월 30일자.

제5장

『서울신문』의 보도경향과 정국인식

제 5 장

『서울신문』의 보도경향과 정국인식

❶ 신탁통치에 대한 보도경향

혁신속간 이후『서울신문』의 보도성향은 신문사 자체의 주장을 최대한 드러내지 않고 사실 위주로 보도하는 객관적인 성향을 지향하고 있었다. 이러한 태도는 일단 해방 이전의 일제의 기관지로서의 경험이 큰 역할을 했을 것이다. 이러한 보도성향은 당시 자매지였던『新天地』에 실린 신문평에서도 확인할 수 있다.『新天地』에서는『서울신문』은 과거가 있는 신문인만큼 만인이 一動一鬪를 살피기 때문에 자기선전은 하지 않고 一黨一派에 기울어지지 않은 보도의 공정과 정확을 기한다고 하였다. 때문에 국내 정치 문제나 경제문제 등에 말을 삼가하고 하지 않으면 안 될 말만 사설에 올린다고 하고 있다.[1] 그러나 이런 이유로『서울신문』의 사설에서는 중간파적 시각이 잘 드러난다.

---

1) (상략) 自己批判에 對한 한줄기의 ○悔의 눈물이란 貴한 것이오, 새출발의 힘이 되는 것이다. 서울신문은 눈물이 잇섯다. 이러한 과거가 있는지라 만인이 서울신문 一動一鬪를 살피기에 겨으르지 아엇다. 그러기에 自身도 만혼 自家宣傳은 안고 단지『가튼 말은 金가튼 實踐이 따러야 된다』고 햇다. 그리고 一黨一派에 기우러지지 안코 報道의 公正하고 的確을 期한다고 햇다. (중략) 그것을 分解해 보면 國內政治問題가 30回, 經濟問題 5回 등으로 가장 말을 삼가고 緊한 그리고 하지 안흐면 안되겟다는 것만을 社說에 올리엇다. 다시 말하면 말만은 집에 장이 쓰다는 格으로『말을 삼가자』는 無言의 슬로간을 드럿다 (하략)『신천지』1 · 3, 서울신문사, 1946년, 20~21쪽.

이러한 보도성향의 가장 큰 원인은 미군정이 대주주였다는 점일 것이다. 『매일신보』의 주식 중 상당수는 조선총독부가 가지고 있었던 것인데2), 일본 패망 후 그것을 그대로 승계한 미군정이 『매일신보』의 최대 주주가 되었으므로 자연스럽게 『서울신문』의 대주주가 되었다. 이것은 『매일신보』가 『서울신문』으로 재탄생하고 새로운 임원진을 맞이하였음에도 불구하고, 『서울신문』이 미군정의 영향력하에서 완전히 자유롭지 못했다는 것을 의미한다. 때문에 미군정과 정면으로 대치하는 것은 곤란한 일이었다. 때문에 『서울신문』은 정말 필요한 때 자신들의 정치적 목소리를 내면서도 객관적인 모습을 갖춰 미군정과의 조화를 이룰 필요가 있었던 것이다.

1945년 12월 한반도의 신탁통치안이 발표되자 정국은 크게 술렁이게 되었다. 『서울신문』이 신탁통치안을 최초로 접한 것은 12월 2일 워싱턴발 AP통신보도였다. 1945년 12월 27일 모스크바 3상회의의 결정이 국내에 전해지자 『동아일보』를 비롯한 많은 신문들이 신탁통치에 대한 항의기사를 본격적으로 보도하게 되는데 『서울신문』도 역시 신탁통치에 대해 반발하는 사설을 실었다.3) 그러나 미군정은 『서울신문』이 다른 신문들보다는 신탁통치제에 대한 보다 완전한 정보를 제공하고 비교적 차분한 보도를 했다는 평가를 하고 있었다. 『서울신문』 한국은 신탁통치를 받게 되겠지만 임시정부가 수립되고 그 기간은 최장 5년이 된다는

---

2) 이 내용에 따르면 『매일신보』는 전쟁 기간 동안 유일한 한국어 신문으로 정부에 75%가 소유되고 감독되었다고 한다. 이 내용의 수치는 정확하다고 볼 수 없으나 『매일신보』는 조선총독부 즉, 정부의 절대적인 영향력하에 있었다는 것을 알 수 있다 G-2 Periodic Peport no.9(1945.9.19).

3) 서울신문사, 앞의 책, 2004, 321쪽(『서울신문』의 1945년 12월 26일부터 29일까지의 신문을 찾지 못하여 대신 인용함). 이 책에 따르면 그 사설은 '신탁통치에 대한 항의'라는 제목으로 신탁통치 소식이 '정체불명의 凶報'로서 오보이길 바란다고 전제했지만, '소련은 종래 약소민족 해방의 대변자로 자처해 오던 터에 그 입으로 신탁통치안을 낸다고 하는 것은 곧이 들리지 않지만 이것이 만일에 사실이라면 소련은 우리 민족의 투쟁대상이 안 될 수 없을 것'이라는 내용이라고 한다.

등의 내용을 보도하고 있었던 것이다.[4] 이것은『서울신문』이 반탁을 주장하면서도 한편으로는 신탁통치에 관한 정보를 다른 신문들에 비해서 자세하면서도 객관적으로 보도하고 있었다는 사실을 보여준다. 이때 『서울신문』은 기본적으로는 신탁통치를 반대하는 의견을 피력하면서도 한편으로는 미군정이 인정할 만큼 객관적인 내용을 보도하고 있었던 셈이다.

대표적인 좌·우익 계통의 신문들과 비교를 통해서도 그러한 점을 확인할 수 있다.『東亞日報』를 비롯한 우익신문들은 미국은 신탁통치를 반대하고 소련은 신탁통치를 주장했다는 잘못된 기사를 보도하였다. 또한 조선공산당 책임비서 박헌영이 뉴욕타임스 등 외국기자단에게 "一國信託統治를 절대지지하며 5년 후 조선은 소련의 연방으로 참가하기를 희망한다"고 언명하였다는 등의 보도를 하였다.[5] 1946년 1월 22일 소련의 타스(Tass)통신이 평양발 급보형식으로 모스크바 회의에서 5개년 신탁통치를 결정한 미국이 이를 반대하는 세력을 돕고, 회의결과를 반대하는 것을 비난하였다.[6] 이에 대해『동아일보』는 사설을 통해 타스통신의 보도가 근거가 없다고 주장하였다.[7] 그리고 탁치를 해결하는 방법으

---

4) G-2 Weekly Summary, no.16(1946.1.2).
5)「朝鮮을 蘇聯屬國으로」,『동아일보』, 1946년 1월 16일자. 이 기사의 내용은 왜곡되었을 가능성이 높다. 존스톤(Richard J. H. Johnston)이 영어로 질문한 내용은 두 가지로 하나는 소련 단독 신탁통치에 관한 것이었고, 다른 하나는 소연방 가입 가능성이었다. 이 질문에 대해 박헌영은 영어로 답변했는데 전자에 대해서는 직접적인 반대를 표명하지 않았고, 후자에 대해서는 현시점에서는 불가능하고 10년, 20년 이후에나 가능할 것이라는 취지였다. 하지만 존스톤 메모는 박헌영이 소련에 의한 일국 신탁통치안에 찬성하고 궁극적으로 소연방에 가입할 것이라고 명백히 제안했다는 뉘앙스를 담았다. 이에 대해서는「1945년 말 1946년 초 신탁통치 파동과 미군정―미군정의 여론공작을 중심으로」,『역사비평』 통권 62호, 2003 참조. 이 기사가 나간 후 박헌영은 존스톤을 찾아가 항의를 하고, 성명을 취소하고 재성명을 발표하겠다고 하였다. 존스톤은 박헌영의 재성명은 1월 18일자 뉴욕타임스에 게재되었을 것이라고 하면서 본인은 오보를 하지 않았다고 주장하였다.「뉴욕타임스엔 誤報는 업다 쫀 스톤氏와 朴憲永氏의 會談眞相經緯」,『동아일보』, 1946년 1월 20일자.
6)「三八線以南의 消息을 故意로 歪曲宣傳」,『동아일보』, 1946년 1월 25일자.
7)「根據없는 "타스"報道」,『동아일보』, 1946년 1월 26일자.

로 반탁시위를 전개하자고 제안하였다. 『동아일보』의 이러한 태도는 1월 26일 스티코프(Терентий Штыков, Terenti Fomitch Stykov)가 기자회견을 하고 24일자 타스통신 電文을 통해 모스크바삼상회의의 결정내용 전문을 밝힐 때까지 계속되었다.[8]

우익신문이었던 『동아일보』는 사실 그 자체를 보도하기보다는 신탁통치 주창자는 소련이며 모스크바 결정을 찬성하는 공산주의자는 소련 앞잡이자 매국노이고, 반탁운동은 즉시 독립을 위한 애국운동이라는 등식을 전개했다. 이렇게 반탁운동을 반소·반공운동으로 몰아갔다. 한민당은 반탁의 깃발 뒤에서 친일파라는 비난을 피했고, 자신들의 정치적 복권을 꾀할 수 있었다는 점에서 반탁운동의 가장 큰 수혜자였다. 우익은 반탁운동으로 좌익과의 세력 불균형을 일시적으로 만회할 수 있었다.[9]

한편 좌익계열의 신문들은 모스크바삼상회의와 그 결정사안을 진보적이며 조선의 독립을 위해 가장 구체적인 것으로 평가하였다. 1월 6일자 『解放日報』에서는 삼상회의 결정을 민주주의 임시정부의 수립, 독립보장의 촉성, 파쇼세력 대두 억제, 경제건설 등 6가지 항목에 걸쳐 분석하고, 결론적으로 신탁통치가 "진정한 의미의 독립을 촉성하는 진보적 방법"이라고 주장하고 있다. 또한 신탁을 제국주의자들의 위임통치나 독립을 방해하는 것으로 민중에 전달하여 反蘇反共의 기화로 삼고, 자신들의 세력을 부식하려는 자가 있다고 지적하였다.[10] 1월 5일 박헌영의 기자회견을 두고 조선의 소연방 편입과 소비에트화를 주장했다고 하는 『동아일보』의 기사에 대해서도 반박하였다. 장덕수·서상일·서정희 등의 실명을 거론하며 '친일파 민족반역자'로 규정하고 이들이 일제

---

8) 「스티코프將軍의 發表한 三相會議決定內容」, 『동아일보』, 1946년 1월 28일자.
9) 「1945년 말 1946년 초 신탁통치 파동과 미군정―미군정의 여론공작을 중심으로」, 『역사비평』 통권 62호, 2003, 299쪽.
10) 「信託統治問題에 對하야」, 『解放日報』, 1946년 1월 6일자.

강점기의 '흉악한 범죄'를 은폐하기 위해 '데마를 의도적으로 날조'하고 있다고 주장하면서 이들의 공개사과와 존스톤의 해명을 요구하였다.[11]

이처럼 좌우익 신문이 그들의 노선에 맞게 신탁통치에 대해 보도하였다. 이것은 『서울신문』의 보도 내용과는 대조되는 부분이다.

[표 7] 신탁통치에 관한 각 신문의 기사제목

	신문명	제목	날짜
중간지	서울신문	信託制를 實施하되 朝鮮에 臨時政府樹立 託統期間은 最長 5個年	1945.12.29
	서울신문	信託統治 撤廢는 民族統一로부터 새해에 戰取하자, 完全獨立을	1946.1.1
	서울신문	社說 統一의 時效	1946.1.2
	서울신문	託治反對는 統一로	1946.1.2
	서울신문	協調統一만이 活路 兩翼의 反省을 斷乎要求	1946.1.3
	서울신문	社說 必然의 統一	1946.1.4
	서울신문	左右兩翼이 提携해야 朝鮮問題는 解決	1946.1.4
	서울신문	社說 政治는 詭辯이 아니다	1946.1.6
	서울신문	「託治를 自請하는 反託運動 말라」러취長官 懇曲한 警告	1946.1.20
	서울신문	社說 託治를 克復하는 길	1946.1.22
우익지	東亞日報	蘇聯은信託統治主張 蘇聯의 口實은 三八線分割占領 米國은 卽時獨立主張	1945.12.27
	東亞日報	反託은 軍政反對가 아니다	1946.1.6
	東亞日報	託治支持는 獨立否認 民衆을 欺瞞·統一分裂	1946.1.7
	東亞日報	託治問題의 混線을 보고 (1) [託治는 蘇聯이 主張]	1946.1.11
	東亞日報	朝鮮을 蘇聯屬國으로	1946.1.16
	東亞日報	根據없는 "타스"報道	1946.1.26
	大同新聞	社說 左黨은 信託統治에 贊成인가	1945.12.28
	大同新聞	三千萬이 反對하면一託治는 埋葬된다	1945.12.31
	大同新聞	莫斯科의 野心을 깨트리자 百萬의 大示威行列	1946.1.1
	大同新聞	蘇聯에 信託統治要求한 朝共一派의 陰謀暴露	1946.1.7
좌익지	朝鮮人民報	託治問題는 統一로	1946.1.2
	朝鮮人民報	三國의 援助를 意味 우리 政府 組成에 進步的 意義一共産黨 信託問題를 分析 說明	1946.1.8
	朝鮮人民報	故意로 分裂企圖 共産黨서도 反動性暴露	1946.1.12

11) 「一國信託 要求했다고 우리 黨에 對한 데-마」, 『解放日報』, 1946년 1월 16일자.

신문명	제목	날짜
좌익지	朝鮮人民報	三相會議 眞相明白化로 逆宣傳 根據霧散 自主獨立 爲해 싸울 터—共産黨 發表	1946.1.27
	朝鮮人民報	反動策動에 不拘하고 民主政府 樹立 確實	1946.4.1
	朝鮮人民報	正權慾에 눈머러 政府樹立을 妨害	1946.5.11
	解放日報	모스크바三相會議 進步的—朝鮮共産黨 支持 發表	1946.1.2
	解放日報	反託데모엔 不參, 反託委員會와의 無關係	1946.1.11
	解放日報	反託데모(十二月, 一月)의 組織과 經過—反動派의 民主主義陣營과 對立	1946.1.13
	解放日報	分裂策動을 封鎖하자	1946.3.8

『서울신문』의 반탁논조는 1월 2일을 기점으로 변화를 보인다. 『서울신문』은 1946년 1월 2일 지면에 "탁치반대의 천만의 시위보다 통일전선의 구현이 가장 힘 있게 국제적으로 반영될 것이기 때문에 미소공위에 앞서 먼저 좌우의 통일전선을 구축해야만 한다"는 내용의 사설을 실었다.12) 이 내용은 조선공산당의 신탁통치 문제에 관한 최초의 공식담화 내용과 유사한 면이 있다.13) 조선공산당은 '조선의 상황을 냉정하게 인식하여 문제를 해결해야 하며 신탁통치 문제를 乙巳條約과 같은 것으로 민중을 선동하여 撤市나 총파업 등을 부추기는 지도자들을 비판하였다. 조선공산당은 신탁통치를 해결하는 방법은 "오로지 민주주의적인 민족통일전선을 확고히 하는 데서 가능"하다고 주장하였다.14) 이들의 내용은 반탁시위보다는 민족통일전선 구축을 통해서 신탁통치의 해결방법을 찾고 있다는 점에서 공통점을 보이고 있다.

그러나 이후 『서울신문』의 논조는 조선공산당의 그것과는 분명한 차이점을 보여 주고 있다. 앞서 언급한 자매지 『신천지』는 『서울신문』의 1월 6일자 사설15)을 인용하여 좌익에 대해서 "外相會談 절대 지지를 표

---

12) 「統一의 時效」, 『서울신문』, 1946년 1월 2일자.
13) 「託治反對는 統一로」, 『朝鮮人民報』, 1946년 1월 2일자.
14) 「"먼저民族統一" 共産黨 託治反對方法闡明」, 『朝鮮日報』, 1946년 1월 2일자.
15) 「政治는 詭辯이 아니다」, 『서울신문』, 1946년 1월 6일자.

명하는 등 궤변에서 궤변으로 날을 보내며 우리 민족의 지상명령에 거슬린 자 곧 민족반역자는 우리 대중의 적이 아니고 무엇일까"라고 하였다. 우익 측의 반탁에 대해서도 "대중을 처들면서 대중의 명령에 귀를 막으며 독립을 주장하면서 相殺 相剋의 쇠멸을 招致하는가"라는 말로 양쪽 모두의 태도를 지적하고 어느 한쪽에 치우치지 않았음을 서술하고 있다.[16] 이런 내용으로 볼 때『서울신문』은 1월 2일 이후 적극적인 반탁시위를 주장하지도 않았지만 좌익과 같이 모스크바삼상회의 결과를 무조건 지지하지 않았음을 알 수 있다. 오히려 당시『서울신문』의 고문이던 홍명희의 기자회견을 보면 2일 발표된 공산당 성명서에 대한 홍명희의 반응은 좌익의 입장과는 거리가 멀다는 것을 보여준다. 홍명희는 "탁치를 반대하는 것은 조선 사람이라면 대개 상식적으로는 인정되는데 이런 민족의 총의를 거스른다는 것은 그 이유가 那邊에 있는지 알 수 없다. 내가 듣기에는 공산당 측에서도 어제까지 탁치를 반대하였는데 그것이 어떠한 곡절에서 왔는지 알 수 없다"[17]는 반응을 보였다. 물론 홍명희가『서울신문』을 대표하는 인물은 아닐지라도『서울신문』태도를 엿볼 수 있는 대목이다. 초반에는 신탁통치를 결정한 한 축이 미군정이었기 때문에 신탁통치에 대한 어느 정도의 '객관적'인 내용을 바탕으로 신탁통치를 비판하였고, 이후에는 탁치반대 시위보다도 통일전선 구현을 통해 신탁통치 문제를 해결하는 것이 합리적이라고 생각하였다. 때문에 좌우가 자신들의 입장만 내세워 신탁통치에 대한 의견을 표명하는 것을 경계하였다.

『서울신문』의 임원진들은 중간적인 성향을 가진 인물들이었다. 중간파에게 있어서 신탁통치는 남북한의 군정을 철폐하고 남북의 분단을 없앨 수 있는 방안이었다. 또한 국내의 정치세력들을 통합할 수 있는 유리

---

16) 서울신문사,『신천지』1·3, 1946년 4월, 24쪽.
17)「左右兩翼이 提携해야 朝鮮問題는 解決─合作說의 喜報를 듣고 洪命熹씨 談」,『서울신문』
    1946년 1월 4일자.

한 조건을 만들 수 있었기 때문에 중간파에게 있어서는 자주적인 독립을 위한 가장 현실적인 방안이기도 하였다. 그러나 중간파에 있어서 신탁통치안은 소련을 지지하는 좌파처럼 무조건적인 지지의 대상이 아니라, 극단적인 좌우세력의 정치성향을 비판하면서 조선의 독립 문제를 자주적으로 해결하는 방안이었다.[18] 이것은 『서울신문』의 신탁정국 보도성향과 상당 부분 유사한 점이다. 이처럼 『서울신문』의 신탁통치에 관한 보도는 중간파 정치인의 그것과 상당히 유사하다. 반탁시위를 긍정적인 방향으로만 보도하거나 신탁통치안을 지지한다는 언급을 한 적이 없다. 이것은 『서울신문』이 신탁통치 관련 보도를 하면서 얼마나 신중한 태도를 보였는지를 보여주는 예라고 할 수 있다.

② 『서울신문』의 미소공동위원회 보도

1946년 『서울신문』의 첫 사설은 정치세력의 통일을 촉구하던 내용이었다. 『서울신문』에서는 정치세력들의 통일전선의 구현이 가장 힘 있게 국제적으로 반영될 것이며 미소공위에 앞서 반드시 그리되어야만 독립을 실현할 수 있다고 하였다.[19] 또한 신탁통치를 받게 될지도 모를 상황에서도 통합을 이루지 못한 상황을 개탄하면서 좌우의 제휴와 통일전선의 결성은 필수적이라고 주장하였다.[20] 특히 좌우가 모두 민주주의원칙에서 출발함을 주장하고 임시정부 수립을 목적으로 수립되었음을 재차 환기하였다.[21] 이토록 『서울신문』이 좌우의 통일전선 구축과 정치

---

18) 윤민재, 『중도파의 민족주의 운동과 분단국가』, 서울대학교출판부, 2004, 166~167쪽.
19) 「社說 統一의 時效」, 『서울신문』, 1946년 1월 2일자.
20) 「社說 必然의 統一」, 『서울신문』, 1946년 1월 4일자.
21) 「社說 左右의 是非」, 『서울신문』, 1946년 2월 17일자.

세력의 통합을 주장하였던 것은 미소공위를 염두에 두었기 때문이다.

『서울신문』은 좌우의 통일과 미소공위를 통해서 조선에 임시정부가 수립되기를 바랐기 때문에 미소공위의 시작과 끝, 재개에 대해서 깊은 관심을 표명했고, 더불어 외교적인 문제도 끊임없이 보도하였다. 1946년 1월 16일 미소공위 본회 개최에 앞선 예비회담의 성격을 띤 양국대표회의가 미군정청 제1회의실에서 열렸다.[22] 『서울신문』은 카이로 선언 중의 '적당한 과정'이라는 것이 신탁통치를 언명한다는 것인지는 알 수 없으나 그렇게 결의된 것은 우리민족의 一氣에 냉수로 느껴지는 것이지만 우리는 경제적, 정치적으로 우리의 자주 독립을 원조하는 행동을 갈망해야 한다고 하였다.[23]

『서울신문』은 신탁통치에 대해서는 찬성하지 않았으나, 미소공위에 대해서는 3·8선의 철폐와 행정기관의 통일, 일인의 철폐와 같이 조선의 독립정부 수립에 필요한 일들을 해결할 수 있을 것으로 기대했던 것이다.[24] 아울러 『서울신문』은 새로 설립되는 조선의 임시정부가 통일적인 통치와 치안의 능력을 보여주면, 신탁통치를 실시하지 않겠다는 것이 미소와 연합삼국의 의견이라고 강조하였다. 또한 통일임시정부 수립이 어려운 것은 90여 개의 정치단체가 난립하고 있는 것을 큰 원인으로 보았다. 좌우나 혹은 그 외의 정당이라고 해도 민주주의적 자주독립국가를 완성하고자 하는 그 목표는 같으므로 국제적 해결에 앞서 '민족적 超克'이 필요하다고 주장하였다. 좌우의 합작이 신탁통치를 극복할 수 있는 길이라고 보고 통일임시정부 수립을 촉구한 것이다.[25]

---

22) 이 회담은 美蘇共同會談이라 불리는데, 공위예비회담으로 많이 알려졌지만 원래 정확한 명칭은 US-USSR Joint Conference였다. 예비회담이란 명칭은 미군정이 회담의 결과가 실망적이었기 때문에 단지 공위를 준비하기 위한 예비회담이라고 무마설 발표를 한 것에 기인하였다. 모스크바 협정 중 한국관계조항의 4항에 의거해 개최된 이 회담은 엄밀히 말해서 공위와는 다른 성격의 별도의 회담이었다. 황병주, 「제1차 미소공동위원회와 우익정치세력의 동향」, 한양대학교 대학원 사학과 석사학위논문, 1995, 7쪽.

23) 「美蘇會談의 開始를 보고」, 『서울신문』, 1946년 1월 22일자.

24) 「社說 美蘇共同委員會를 앞두고」, 『서울신문』, 1946년 3월 19일자.

게다가『서울신문』은 미소공위가 성공해야만 조선의 통일독립정부 수립이 가능할 것이라고 인식하고 있었다. 때문에 독립국가 수립 문제가 걸린 미소공위를 앞두고 펼쳐지는 좌우의 대립, 각 정치단체의 대립은 가뜩이나 어려운 미소공위의 성공을 더 어렵게 만드는 것이라고 여겨 결코 바람직하지 않다고 보았다.『서울신문』이 이상적으로 생각하는 정국은 바로 좌우와 모든 남한 국내 정치세력의 화합하는 상황이었던 것이다.

1946년 사설에 외교와 국제 정세 관련 내용을 기재한 것도 미소공위와 국내 정치 통합 문제와 밀접한 관련이 있다. 국제 정세 관련 기사 중에 중국과 관련된 기사는 중국의 통일과 국공합작에 관련된 것들이다.[26]『서울신문』은 이러한 외교 관련 기사를 통해 약소민족으로서 연합국이 가져다 준 해방을 맞이한 입장을 환기시키고 미소공위를 앞둔 상황에서 안으로는 민족의 단결과 밖으로는 외교적 활동에 관심을 가져야 한다고 주장하였다.[27]

그리고 좌우의 분열양상에 대해서도 비판의 자세를 견지하고 있었는데, 1946년 3월 1일에 행해진 3·1절 기념식에 대한 사설에서 그것을 엿볼 수 있다.[28] 1946년 3·1절을 앞두고 13개의 신문사들은 좌우의 기미독립선언기념전국대회준비위원회와 3·1기념전국준비위원회에 통일된 행사를 요구하고 만약 행사가 통일되지 않는다면 그 행사를 보도하지 않겠다고 한 바 있었다. 이 제안을 좌익의 3·1기념전국준비위원회는 받아들였으나 우익의 기미독립선언기념전국대회준비위원회는 받아들이지 않았다. 때문에『대동신문』을 제외한 신문사들은 서울운동장에서 실시된 우익의 기미독립선언기념전국대회를 보도하지 않았다.[29]

---

25)「託治를 克復하는 길」,『서울신문』, 1946년 1월 22일자.

26)「社說 統一되는 中國」,『서울신문』, 1946년 2월 5일자;「滿洲에서 展開되는 國共關係」,『서울신문』, 1946년 2월 19일자.

27)「社說 外交에눈뜨라(上)」,『서울신문』, 1946년 2월 20일자.

28)「오늘의 盟約」,『서울신문』, 1946년 3월 1일자;「指導者의 興奮」,『서울신문』1946년 3월 6일자.

특히 『서울신문』은 3월 1일자 기미독립선언기념전국대회 측의 태도를 비판하고 좌우익의 통일을 촉구하였다. 그리고 우익 측의 3·1행사를 보도하지 않은 언론을 질타한 민주의원 부의장 김규식에게 자신들의 보도태도에는 문제가 없으며 지도자로서 냉정 침착하라고 질타하였다. 그러나 『서울신문』이 좌익 측의 행사에 참여하거나 동조한 것은 아니었다. 『서울신문』은 좌우의 어느 쪽 행사에도 참여하지 않고 창경궁에서 자신들끼리 독자적인 모임을 갖고 3·1운동을 기념했다.[30]

당시 민족의 통일을 주장하지 않은 신문사는 거의 없었다고 말할 수 있을 정도로 민족적 통일과 임시정부 수립 문제는 모든 신문에 등장했다. 그러나 각 신문사에서 주장하던 '민족적 통일'과 '임시정부'의 수립 방법은 각기 달랐다.

『동아일보』는 1946년 1월 비상정치회의를 중심으로 하는 민족통일을 주장하고, 해방 이전에 조직된 임정을 확대 보강하여 과도정권을 행사하도록 해야 한다고 촉구하였다.[31] 3·1행사 보도에 대한 김규식의 경고에 대해서도 『서울신문』과는 사뭇 다른 태도를 보였다. 『동아일보』는 이념이 통하고 소회가 같아 김규식의 의견에 이견이 없으며 우익의 기미독립선언기념전국대회 측이 기념행사의 중심이 되는 것은 당연한 일이라고 하였다. 또한 신문진의 경거로 우익의 기미독립선언기념전국대회 측에 분열의 책임을 전가하여 도리어 합일을 방해하였다는 것이다.[32] 1946년 3월 20일 제1차 미소공위가 개최되었으나 『동아일보』는 그에 대한 기대 표명보다 1946년 2월 14일 조직된 민주의원이 장차 과도정권으로 이행될 것이라 하고 전 국민의 지지와 협력을 호소하였다.[33]

그러나 『朝鮮人民報』에는 민주주의민족전선은 좌익 편향이나 좌익적

29) G-2 Weekly Summary, no.25(1946.3.5).
30) 「3·1記念演藝大會」, 『서울신문』, 1946년 2월 25일자.
31) 「非常政治會議와 統一」, 『동아일보』, 1946년 1월 8일자.
32) 「金博士의 警告 率直히 是認함」, 『동아일보』, 1946년 3월 4일자.
33) 「民主議院의 第1彈 進步的인 臨時政府 第27項 發表」, 『동아일보』, 1946년 3월 20일자.

인 단체가 아니며 민족통일전선결성이 되지 않은 것은 친일파, 민족반역자, 국수주의자의 제외 문제로 난색을 보인 이들에게 책임이 있다고 주장하고 있다. 또한 중립은 고립을 의미하고 고립은 방청이며 그것은 민주주의적 진보진영의 역사적 사업을 지연시키는 결과를 가져온다고 하였다.[34]

또한 3·1운동 기념식에 대해서 『해방일보』는 조선공산당 중앙위원회의 성명을 그대로 실고 있는데, 그 내용은 한민당과 국민당이 임정법통론을 고집해 민족분열을 일으키는 행위를 전 민족적 기념행사에 적용하고 있다고 비난하면서 다시 한번 동참을 요구하는 내용이었다.[35] 물론 이들 좌익계열 신문들도 미소공위에 대해서 무엇보다도 먼저 통일정부 수립을 요망하고 있다.[36] 그러나 이들의 '통일정부' 수립 과정은 우익신문들의 그것과는 명백히 다른 것이었다. 『해방일보』는 미소공위에 대한 조선공산당 중앙위원회의 성명서를 보도했는데 그것은 민주주의적 통일 정부 수립과 그 과정에서 친일파는 물론 어떤 특정 국가를 반대하는 반민주주의적 단체와 분자들을 제외한 민주주의 제정당 단체와 협의할 것을 요망한다는 내용이었기 때문이다.[37] 아울러 그들은 우익 측이 내세우는 민주주의란 '제2의 황민화운동'에 지나지 않는다고 비판하면서 조선에 세워져야할 독립정권은 민주주의적 대표로 이루어져야 하고 이는 결국 민주주의민족전선뿐이라고 주장하고 있다.[38]

『서울신문』의 태도는 이들 좌·우 신문들과는 다른 태도를 취하고 있었다. 『서울신문』 역시 행정 및 경제 부문을 위해서 임시정부가 필요하다고 생각했지만 이 임시정부는 남북좌우의 통일적인 민주주의 성격

---

34) 「左翼偏向이란 不當 民主的 進步陣營 民族全線에 總集結하라 共産黨 發表」, 『조선인민보』, 1946년 2월 14일자.

35) 「3·1紀念 統一하자」, 『해방일보』, 1946년 2월 24일자.

36) 「무엇보다도 먼첨 民主政府 樹立이다」, 『해방일보』, 1946년 3월 15일자.

37) 「蘇美共同委員會에 對하야 우리는 이러케 期待한다」, 『해방일보』, 1946년 3월 21일자.

38) 「人民의 利益을 代表할 民主政權을 세우자」, 『해방일보』, 1946년 4월 13일자.

을 요구한다고 주장하였다. 그 선결 문제로 3·8선의 철폐, 언론 집회 신앙 출판의 자유 확보에 의한 통일 촉진을 꼽았다.[39] 그리고 미소공위 의 성공은 우리 자신의 통일적 노력이 필요하고, 정치노선은 물을 것도 없이 불편부당한 민주주의의 실현이어야 한다고 하면서 민족적 역량의 총 단결만이 소기의 목적을 달성하게 할 것이라고 하였다.[40] 이 사설들 로 보았을 때『서울신문』이 지향했던 임시정부는 좌·우의 협력으로 조 직된 남북통일정부였을 것이다.

『서울신문』은 미소공위의 성공을 원했으나, 회의는 진전을 보지 못한 채 5월 8일 무기휴회에 들어가게 되었다. 이에 대해『서울신문』은 아쉬 움을 표하면서도 완전한 결렬이 아닌 만큼 냉정한 태도를 유지하며 성 급한 행동으로 일을 그르치지 말아야 한다고 주장했다.[41] 이것은 같은 시기의『동아일보』나『해방일보』의 보도 내용과는 차이가 있는 것이었다.

『동아일보』는 5월 11일자 사설에서 미소공위 결렬 이후 미소공위의 결렬은 예정되었던 결과라고 하면서, 그 책임을 "託治를 강요하는 나라" 인 소련과 "소련에 追尾하여 度外의 忠을 다하려는 惡質共係"에게 돌렸 다. 그리고 소련이 이러한 탁치를 주장할 수 있는 것은 '受託論'이 존재 하기 때문이라며, 이러한 탁치지지론을 온전히 없애야 한다고 주장하였 다. 그러기 위해서 "反託 卽 自主, 自主 卽우 反託이라는 一點을 향하여 꾸준히 進軍"을 해야 한다고 하였다.[42]

그 반면에『해방일보』는 5월 16일 민전의장단의 성명을 보도하였다. 민전의장단은 "삼상회의 결정이 조선의 자주독립을 완수케 하는 실질적 인 과정"이라고 전제하면서, 민주주의임시정부 수립을 원조하려는 미소 공위의 성공적 진행만이 조선 문제 해결의 관건이라고 하였다. 때문에

---

39) 「政府樹立의 先決問題 上」,『서울신문』, 1946년 3월 24일자
40) 「美蘇委員會를 앞두고」,『서울신문』, 1946년 3월 19일자.
41) 「美蘇共同委員會의 無期休會」,『서울신문』, 1946년 5월 10일자.
42) 「社說 美蘇共委決裂 反託 卽 自主를 再强調」,『동아일보』, 1946년 5월 11일자.

"空疎한 反託口號로 삼상회의 결정을 거부하여 국제적 고립과 민족적 분열로 민심을 혼란케 하고 독립달성을 지연시키는 者", "유령단체를 濫造하며 三相決定 지지선언서에 서명까지 하고도 또다시 반탁 문제를 야기하여 미소 양국대표의 의견에 相違가 생기게 한 者"라고 우익 측을 비난하였다. 그리고 반탁의 지도자들은 미소공위 결렬을 기회로 삼아 자파세력을 부식시키고 그들의 특권과 독재를 구축하려는 야망이 있을 뿐 자주독립도 국제친선도 남북통일도 그들의 진정이 아니라고 주장하였다. 이러한 상황에서 民戰의 임무는 3상 결정의 전 민족적 지지운동을 일으켜 미소공위 재개를 촉진하고 반소운동을 배격하는 것이라고 하였다. 또한 친소친미운동을 전개하는 동시에 테러단체와 반동적 언론단체를 보이콧 내지 해산하는 공론을 환기하고, 남한 단정수립 계획의 반동성과 민족분열성을 선전하고 반대하는 투쟁을 전개하는 것이라고 천명하였다.[43]

이에 대해『서울신문』은 미소공위가 성공해야 좌우가 합하여 정부가 조직되겠지만 남북의 분열과 원망이 없어지는 것은 아니라고 좌익을 향해 충고하고, 미소공위가 실패하여 남측만의 단정이 서는 것이 불가분이라고 생각하는 우익에게는 그런 상황이라도 우익의 정치독점이 가능할 것이라고 생각하지 말라고 충고하였다.[44] 또한 조선 문제 해결이 조선인의 손에 달려 있지는 않으나 조선인 간의 대립에 의해 미소의 관계가 악화되기도 하고 중화되기도 한다는 점을 지적하면서 조선의 이익을 위해 이러한 점을 잘 활용해야 한다고 하였다.[45] [표 8]의 기사 제목들을 살펴보면 이러한 좌우 및 중간신문들의 입장차를 보다 한눈에 볼 수 있다.

---

43)「美蘇共委의 成功만이 朝鮮問題를 解決한다」,『해방일보』, 1946년 5월 15일자.
44) 高一河,「火曜政評 朝鮮問題의 二端性 美蘇共委의 成不成을 떠나서」,『서울신문』1947년 8월 12일자.
45) 邊得信,「火曜政評 美書翰에 對한 蘇側의 回答과 共委의 再開氣運」,『서울신문』1947년 4월 29일자.

[표 8] 미소공동위원회에 관한 각 신문기사 제목

	신문명	제목	날짜
중간지	서울신문	美蘇共同委員會와 우리黨① 첫재로 託治除去 自律的으로 政權 確立 韓民黨	1946.1.18
	서울신문	美蘇共同委員會와 우리黨② 時急한 38도 撤廢 『臨政』繼承한 政權이 妥當 國民黨	1946.1.19
	서울신문	美蘇會談과 우리黨③ 過渡政權樹立强調 計劃經濟로 需給을 均整 新韓民族黨	1946.1.21
	서울신문	美蘇會談과 우리黨④ 民主民族戰線統一 地主의 同胞愛 昂揚 要望 共産黨	1946.1.25
	서울신문	美蘇會談과 우리黨⑤ 民主主義政權要望 좌우공통점 발견이 急務 獨立東盟	1946.1.29
	서울신문	社說 美蘇共同委員會를 압두고	1946.3.19
	서울신문	社說 美蘇共同委員會의 無期休會	1946.5.10
	서울신문	社說 美蘇共委의 再開	1947.5.20
	서울신문	火曜政評 美書翰에 對한 蘇側의 回答과 共委의 再開氣運	1947.4.29
	서울신문	社說 美蘇共委의 一段進展	1947.6.13
	서울신문	火曜政評 美蘇共委는 어찌될까 協議對象의 制限與否는 解決	1947.6.3
우익지	東亞日報	反託贊託과는 別問題 宣言書에 署名해야 協議의 相對 意見發表의 相對 意見發表의 特典保障	1946.4.28
	東亞日報	五號聲明과 우리의 覺悟 (2) 『三相』과 『反託』은 別個	1946.5.4
	東亞日報	美蘇共委決裂 反託即自主를 再强調	1946.5.11
	東亞日報	美蘇共委再開에 새로운 進展업다	1946.6.10
	東亞日報	總選擧實施하라 無期限기다릴수 없다 李博士談	1947.1.19
	東亞日報	反託은 「共委妨害」아니다 三千萬의 翹望을 背叛마라	1947.7.26
	東亞日報	蘇側의 不應으로 報告作成討議不能	1947.8.19
	大同新聞	사설 送客辭 貴치안은 『손』님—환영받을 때 도라가오 등미러 내쫒게되리다 한손님 곱게구나 한손님 짓구저서—	1946.2.12
	大同新聞	사설 蘇에의 再忠言	1946.4.9
	大同新聞	信託내용모르고 捺印參加는 不受理 李博士記者團에 對答	1946.10.11
좌익지	解放日報	蘇美共同委員會에 對하야 우리는 이러케 期待한다	1946.3.21
	解放日報	蘇美共同委員會 兩代表 聲明을 支持함	1946.3.22
	解放日報	蘇美共委의 成功만이 朝鮮問題를 解決한다	1946.5.16
	朝鮮人民報	反動策動에 不拘하고 民主政府 樹立 確實	1946.4.1
	朝鮮人民報	休會原因은 右翼의 反聯合國的 行動	1946.5.10
	朝鮮人民報	朝鮮問題 解決의 길은 三相 決定 正確 實現뿐	1946.5.26

	신문명	제목	날짜
좌익지	朝鮮人民報	目標는 共委 續開 爲한 統一	1946.7.11
	獨立新報	非民主主義者 除外하라	1946.5.6
	獨立新報	共委續開에 力量 集結	1946.12.2
	獨立新報	臨政樹立에 最大努力—美蘇共委 再開와 南勞黨 談話	1947.4.27
	獨立新報	共委成功 確信—南勞黨 代辯人과 一問一答	1947.4.28
	獨立新報	韓民, 韓獨 除外하라—政權形態는 '人委'形態로	1947.5.30

그러나『서울신문』은 미소공위에 전적으로 의존하는 태도를 경계하였다.『서울신문』은 火曜定評에서 미소공위가 성공해야 한다는 입장이었지만 "모든 문제가 공위성공으로만 해결된다고 믿는 것은 착각에 지나지 않는다"고 하였다. 미소공위에 이 같은 입장을 취했던 것은 분단 가능성과 미국과 소련 양국 모두 자국에 이익에 따라 조선에 대한 태도를 정할 것이라는 사실을 인지하고 있었기 때문이다.『서울신문』은 "유엔총회에서 아무리 떠들든지 그로써 소련이 북조선을 내놓을 리는 만무한 일인 것 같이 소련에서 아무리 철병을 제창하든지 그로써 미국이 남조선의 주둔군을 걷어 갈리가 만무하다. 이것은 어느 의미에 있어서 미소 양국이 다 각각 자기의 입장을 합리화하려는 공작"이라고 표현하였다. 그리고 북쪽과 남쪽에 각각 이념이 다른 정권이 들어서게 될 경우 북조선은 소련의 위성국이 되고, 남조선은 미국의 盟友가 되어 서로 적대적 관계를 가지고 냉전을 대행하게 될 것이라고 염려하였다. 때문에 좌우가 자당의 이익을 위해 미소공위에 찬반 태도를 취하는 것에 대해서 비판적 태도를 취하고, 진정한 위기 극복을 위해서는 민족적 자립을 해야 한다고 주장하였다. 미소공위의 성공 여부가 불투명할 뿐더러 모든 것을 해결해 줄 수도 없다는 것을 인식하고 있었기 때문이다. 때문에 화요정평을 통해 좌우가 조선의 이익을 고려한 행동을 할 것을 촉구하며,46) 정치 지도자들이 허심탄회하게 공동의 행위를 취해 안으로는 조선의 이해를 구하고 밖으로는 조선의 이해를 위한 주장을

할 것을 주문하였다.[47)

이러한 내용들을 고려했을 때, 화요정평의 작성자들이 기본적으로 미소공위를 통한 남북통일자주국가 수립을 원하지만 그 가능성이 희박하다는 것을 알고 있었다는 것을 의미한다. 때문에 만약 미소공위가 실패하더라도 스스로의 힘을 키워 자립해야 한다고 주장한 것이라 할 수 있다. 또한 화요정평은 1947년 12월 2일의 기사에서 한국 문제에 관해 유엔총회에서 결정한 사안 즉, UN 감시하의 남북총선을 통한 통일정부 수립에 대해 비록 유엔총회의 결정이 실현 가능한가는 불투명하지만 우리는 여태까지 남북통일자주독립을 원해왔고 유엔총회의 결정도 우리의 원하는 바와 일치하는 한 이것을 하등 반대할 필요가 없다고 하였다. 또한 유엔총회의 결정이 실현할 수 있느냐 없느냐하는 것은 나중의 일이기 때문에 오늘에서 그 결과를 속단하고 행동을 취할 필요는 없다고 하였다.[48) 이런 기사의 내용은 남북총선의 실현을 희망하면서도 한편으로는 현실을 어느 정도 수용하는 태도라 할 수 있다.

이렇듯 『서울신문』의 논조는 전반적으로 민족통일노선을 강조하고, 좌·우의 협력을 요망하는 경향을 지니고 있었다. 또한 그 내용상 정치세력 중 어느 쪽을 노골적으로 지지하거나 그에 협조적인 내용을 담기보다 객관적인 내용을 바탕으로 각 정치세력들의 융화를 촉구하는 내용이 많았다.

『서울신문』의 이러한 논조는 임원진과 편집 진영의 성향이 크게 반영된 것이라 볼 수 있다. 당시 임원진 중 상당수가 '중간파적'인 성격을 지닌 인물들이라는 점을 감안했을 때 사설의 논조가 좌·우의 통일과

---

46) 邊得信, 「火曜政評 유엔總會와 撤兵提議 옵서버 推薦問題는 어찌될까?」, 『서울신문』 1947년 10월 7일자.

47) 高一河, 「火曜政評 마샬長官의 回答文 國內로 指導者 連衡論의 ○頭」, 『서울신문』 1947년 5월 6일자.

48) 高一河, 「紛紅한 政界의 論理 結果豫想의 行動은 要注意」, 『서울신문』, 1947년 12월 2일자.

민족통일전선을 강조하는 방향으로 흐른 것은 어쩌면 당연한 결과일지도 모른다. 게다가 좌우의 융합과 통일정부 수립은 대중이 원하던 바[49]이기도 했기 때문에 판매 부수에 신경을 써야했던『서울신문』의 입장에도 부합하는 것이었다.

이러한 사설보도는 당시 미소공위에 임하고 있던 미국의 입장에 완전히 일치하는 것은 아니었지만 그렇다고 미군정의 입장과 배치된 것도 아니었다. 미군정과 하지는 신탁통치와 모스크바회의 결정에 상당히 부정적이었고, 또한 하지 스스로 미소공위의 실패를 확신하고 있었지만,[50] 우익진영의 거의 맹목적인 반탁·반소·반공 입장은 미국에게 상당한 부담이 되고 있었기 때문이다.[51] 때문에『서울신문』의 보도에 대해 제재를 가할 이유도 없었을 것이다. 심지어 1946년 3월 미군정은『서울신문』에 대해 좌익적이라고 여겨지던『서울신문』이 우익 쪽으로 옮겨가는 신호를 보였다고 평가하기도 하였다.[52] 또한 5월 8일 미소공위가 무기휴회에 들어갔을 때 냉정을 촉구하던『서울신문』의 태도는 비록 미군정에 의해 '좌익적' 편집이라는 평가[53]를 받기는 했으나, 당시 "흥분을 자제하고, 聯合國中 何國이나 그 나라의 대표에 대하여 욕설·인신공격·시위행열 기타 점잖지 못한 언사는 朝鮮獨立을 위하여 불리할 뿐"이라는 5월 9일 하지의 사후 경고와도 일맥상통하는 점이 있었다.[54]

---

49) 1948년 행해진 여론조사에 따르면 남한 단독선거 지지 17.2%, 남북통일 총선거 지지 70.5%로 대중은 압도적으로 남북통일 선거를 지지했다.「단선 지지자 겨우 17%―거리의 여론」,『조선중앙일보』, 1948년 2월 10일자.

50) 도진순,「1945~48년 우익의 동향과 민족통일정부 수립운동」, 1993년, 서울대 국사학과 박사논문, 51쪽.

51) 황병주,「제1차 美蘇共同委員會와 우익정치세력의 동향」, 1995, 한양대 사학과 석사학위 논문, 29쪽.

52) G-2 Weekly Summary, no.28(1946.3.27).

53) G-2 Weekly Summary, no.35(1946.5.15).

54)「하-지中將의警告 너무 興奮하지말고 辱說·人身攻擊·示威行列도 勤愼」,『동아일보』, 1946년 5월 11일자.

미소공위의 휴회 후 미국의 대한정책의 변화를 잘 보여주는 것은 1946년 6월 6일 발표된 '대한정책'이다. 대한정책 지침은 한국인을 군정에 참여시키고 좌우합작과 개혁조치 등을 통하여 미소공동위에서 소련과 합의를 도출하는 데 목표를 둔 것이었다. 이를 위해서 이승만과 김구와 같은 낡은 지도자들을 배제하고 중립적이고 대중적인 지지를 받는 중간파 인물을 전면에 내세워 과도입법기구를 형성하는 일이 요구되었다.[55] 이에 따라 미군정은 김규식과 여운형을 중심으로 한 좌우합작을 추진하게 되었다. 『서울신문』은 이에 대해서도 말을 아끼면서도 분명한 어조의 사설을 실었다.

한민당 등 우파는 좌우합작을 통하여 중간파가 정국의 헤게모니를 장악하고 미군정과 결합할 수 있는 여지가 있었기 때문에 매우 미온적으로 대처하였지만, 대중적인 정서를 무시할 수 없었다. 이에 따라 이승만을 중심으로 하는 우파는 민족통일 총본부를 결성하고 좌우 합작을 시도하는 중간우파에 대한 견제를 시도하였다.[56]

이에 비해 『서울신문』은 민족통일을 완수함으로써 공동위원회의 재개를 촉진시켜야 할 지도자들이 외세에 의존하는 경향을 개탄하였다. 그리고 이승만과 김구가 중심이 된 민족통일총본부가 자주적인 민족통일을 완수함으로써 공동위원회의 속개를 촉진시키는 역할과 동떨어졌다고 비판하였다. 또한 민족의 통일은 좌우가 연합하지 않고서는 이루어질 수 없다고 지적하고 민족통일총본부의 인적 구성원들이 편향적이라는 점을 지적하였다. 아울러 군정장관 하지가 좌우합작에 노력하는 정치가를 지지한다고 선언한 것을 통일운동에 중요한 실마리를 던진 것이라고 하면서 진정한 민족통일을 추진시킬 수 있는 절호의 기회로 보았다. 그리고 이 좌우합작이야말로 민족통일의 正路라고 평가하였다.[57]

---

55) U.S. Armed Forces in Korea, 『주한미군사 HUSAFIK』, part II, chap2, pp.93~95.
56) 윤민재, 『중도파의 민족주의운동과 분단국가』, 서울대학교출판부, 188쪽.
57) 「社說 民族統一의 正路」, 『서울신문』, 1946년 7월 2일자.

1946년 5월 미소공위가 무기휴회되고 이승만에 의해 남한단정 수립 발언이 나온 상황에서도 언젠가는 미소공위가 재개할 것이라는 기대를 버리지 않았으므로58) 이러한 시도들이 더욱 반가웠을 것이다.

이처럼 좌우합작을 지지하고, 좌우합작을 견제하는 우익세력에 대해서도 비판하는 의견을 개진하고 있다. 이것은 미군정의 입장과도 배치되는 것이 아니며, 또한 대중적인 열망59)에도 부합하는 것이었다. 또한 임원진의 성향과도 일치하는 것이라 할 수 있다.

1947년 5월 21일 제2차 미소공위가 열리게 되자 『서울신문』은 5월 20일 사설 「미·소공위의 재개」에서 다시 한번 미소공위의 성공과 함께 화해를 통한 민족의 대동단결과 평화통일을 갈구했다.60) 이것으로 보아 『서울신문』은 미소공위를 통한 좌우합작 및 남북통일 정부에 대한 바람을 끝까지 놓지 않았던 것으로 보인다. 이러한 보도경향은 중간파적인 간부진의 성향과 당시 민중들의 열망 그리고 미소공위에 임하고 있던 미군정의 입장에 따른 복합적인 결과물이라고 할 수 있을 것이다.

❸ 사설과 화요정평(火曜政評)에 나타난 국내 정치세력의 동향에 관한 인식

1945년 11월 23일 『서울신문』이 혁신속간이라는 명칭으로 재발행되

---

58) 「社說 美蘇共同委員會의 無期休會」, 『서울신문』, 1946년 5월 10일자.

59) 1946년 7월 12일 실시된 '좌우합작 교섭'에 대한 여론 설문조사에 의하면 "신탁논의는 정권수립 후에 하고 우선 좌우합작하자는데 어떻게 생각하는가?"하는 질문에 절대찬성 50%, 실효 없을 것이다 19%, 모르겠다 48%로 나타났다. 「合作支持가 多數」, 『東亞日報』, 1946년 7월 16일자.

60) 『서울신문100년사』, 서울신문사, 2004, 325쪽; 「美蘇共委의 再開」, 『서울신문』, 1947년 5월 10일자.

면서 『서울신문』 사설의 연재도 재개되었다. 전반적으로 사설 개수는 그 무렵 발간된 다른 신문들에 비해 연재 횟수가 상당히 적은 편이다. 그러나 그것도 시기에 따라 다른 양상을 보이고 있다.

1945년 11월에 『서울신문』이 속간했기 때문에 사설의 숫자가 가장 적은 것은 당연하지만, 날짜와 사설 연재 횟수를 생각하면 오히려 이 기간이 가장 사설 연재 횟수가 많은 해라고도 할 수 있다. 1945년 사설에는 임시정부 영수들에 대한 기대 및 해방 직후의 혼란상 정리와 민생해결에 관련된 내용을 담고 있다. 정치적인 내용도 다루고 있다.[61] 해방 이후 난립한 각 정당들이 정당정책은 독립국가의 완전 구성과 근로대중의 복리에 대해서 한결같은 목소리를 내지만, 인적인 구성에 따라 갈라지고 서로의 지도자들을 공격하는 점을 지적하는 한편 이들이 전개하는 정당통일 활동에 대해서는 긍정적인 반응을 보였다.[62] 또한 해외의 혁명세력이 延安의 獨立同盟과 조국독립을 위해 협력한 것처럼 국내의 혁명세력들도 그 이해가 일치되기 어렵더라도 완전한 자주독립 민주주의 국가건설을 위해 사회주의세력 및 다른 세력들과 협력하라고 주장하였다.[63]

---

61) 1945년 게재된 사설은 다음과 같다.

신문명	날짜	제 목
서울신문	1945.11.23	社說 革新에즈음하여
서울신문	1945.11.24	社說 過渡的 混亂
서울신문	1945.11.25	社說 臨時政府 領袖를 歡迎하면서
서울신문	1945.11.26	社說 統一促進의 快情勢
서울신문	1945.11.27	社說 嚴戒할 暴力行爲
서울신문	1945.11.28	社說 時急한 物價政策
서울신문	1945.12.3	社說 臨時政府全員을 마지하야
서울신문	1945.12.5	社說 建國의 英雄
서울신문	1945.12.12	社說 奸商謀利輩를 懲治하자
서울신문	1945.12.16	社說 計劃的인 生産과 消費
서울신문	1945.12.23	社說 最近의 政治動向
서울신문	1945.12.31	社說 宋鎭禹氏를 弔하면서 暴力은 統一을 破壞

62) 「社說 統一促進의 決定勢」, 『서울신문』, 1945년 11월 26일자.

1946년의 사설 수는 총 46건으로 역시 분량이 많지 않다. 이 사설들은 주로 정치적인 내용과 국내 사회 관련 내용, 미군정 정책 그리고 미소회담에 관련된 내용들로 이루어져 있다. 미군정 정책에 관한 글은 新韓公社[64]와 토지정책,[65] 식량기근의 대책,[66] 치안,[67] 부녀매매금지법,[68] 서울종합대학안,[69] 크레딧 설정[70]과 민생대책 등에 관한 것들로 그 당시에 시행되었거나 시행을 촉구하는 내용에 관한 것들이다.

그런데 1946년 12월 『서울신문』의 사설에 특별히 주목해야 할 기사가 있다. 그 사설은 南朝鮮過道立法議院에 대한 것이었다. 『서울신문』은 과도입법의원이 民選과 官選의원들을 둘러싼 문제점과 미군정 제118호 법령[71]으로 설치되었다는 한계점이 있다는 것을 인정하였다. 그러나 과도입법의원이 전국 인구의 7, 8할을 점하는 농민을 주체로 普選을 실시하여, 행정과 민생에 걸친 입법기관으로 행동하게 되었다는 점에 의미를 부여하였다. 또한 과도입법의원의 수립으로 토지정책의 수립, 사회제도의 개혁 등을 실시하게 되었다는 점에서 그 활동 범위가 크다고 그 의의를 규정지은 것이다. 다만 민족 내부에 左右相剋이 더욱 격화하는 상황에서 同族相殘을 피하기 위해서는 통일적 임시정부 수립임을 인정하고 과도입법의원이 남조선에 국한된 단정정부처럼 되지 않기를 바란다고 하였다.[72]

---

63) 「社說 最近의 政治動向」, 『서울신문』, 1945년 12월 23일자.
64) 「社說 新韓公社令의 改正을 보고」, 『서울신문』, 1946년 3월 15일자.
65) 「社說 南北土地政策의 根據」, 『서울신문』, 1946년 3월 16일자.
66) 「社說 食糧饑饉의 對策」, 『서울신문』, 1946년 3월 30일자.
67) 「社說 治安과 國防」, 『서울신문』, 1946년 1월 12일자.
68) 「社說 부녀매매금지법의 실시」, 『서울신문』, 1946년 5월 30일자.
69) 「社說 서울綜合大學案」, 『서울신문』, 1946년 7월 27일자.
70) 「社說 크레딧設定에 對하야」, 『서울신문』, 1946년 8월 21일자.
71) 본 법령은 南朝鮮過渡立法議院의 創設에 관한 법령으로, 1946년 8월 24일 군정장관 러취 (Archer L. Lerch)에 의해 선포되었다. 총 12조항으로 이루어져 있는데 법령의 창설목적, 입법기관의 창설 목적과 설치, 구성 의원들의 보수, 직무 및 권한, 입법 과정에 필요한 의원 수 및 의원발언의 면책특권, 의원자격, 의원 선거방법과 임기, 군정청의 권한과 시행기일 등을 규정하고 있다. 『美軍政法令集』, 內務治安局, 1959년, 225~228쪽.

여운형과 같은 중간좌익세력도 입법기관의 설치에 대해서는 적극적으로 반대하였는데 그는 정부가 수립되지 않은 상태에서 입법기관을 말하는 것은 하나의 탈선이라고 보았다.[73] 그러나『서울신문』에서는 입법의원이 행정과 민생을 해결해 줄 수 있는 기관으로 보고 그 의의를 규정한 것이다. 이 기사는 1946년의 마지막 사설이며 이 기사 하나로는 『서울신문』의 당시 정치적 입장을 추정하기엔 무리가 있는 것이 사실이다. 그러나 이 기사는 입법의원을 둘러싼 중간좌익의 입장과『서울신문』의 입장이 달랐고, 이것은 곧 중간좌익과 같은 입장이 아니라는 것을 보여 주는 단면인 것이다.

1947년에도 역시 사설수가 상당히 적기 때문에 사설의 내용만으로 『서울신문』의 정치적 성향을 완전히 판단하기는 어렵다. 1946년에도 사설의 연재가 잦은 편은 아니었지만 1947년을 전부 통틀어『서울신문』의 사설 개수는 고작 17개에 불과하다. 1947년도의 사설을 살펴보면 미소공위 재개와 조선 문제의 UN 이관에 관한 문제가 꾸준히 제기되고 미군정 및 미국 측 관련 인사에 대한 당부와 환영의 글도 보인다. 1947년도 사설 내용 중 정치적인 내용은 그중에서도 비중이 높지 않은 편이다. 그러나 1947년의 몇 편 되지 않는 사설은『서울신문』의 정치적 입장을 상당히 뚜렷하게 보여 주고 미군정과 국내 정치세력 양쪽 모두에 각각 메시지를 전하고 있다.

『서울신문』은 미군정의 노력을 치하하면서, 좌우대립이 심하여 미소공위가 휴회 중인 것은 주지의 사실이나 경제적으로 민생이 곤란해지자, 日政에 충성하던 이들이 각 부문으로 침투하여 의도적으로 민주건설을 방해하고 있어, 결국 군정에 대한 민중의 동향에도 영향을 미치고 있는데, 이것을 해결하기 위한 방법은 미소협조 아래 남북통일의 국정

---

72) 「立法議院의 意義」, 『서울신문』, 1946년 12월 15일자.
73) 『조선일보』, 1946년 11월 24일. 윤민재, 앞의 책, 서울대학교출판부, 2004년, 227쪽 재인용.

수립이 유일하다고 하였다.[74] 이것은 미소공위와도 무관하지 않다. 1947년 5월 미소공위가 재개되자 『서울신문』은 사설에서 커다란 민족적 이익에 비치어 미소공위의 원만한 봉행과 양호한 성과를 진심으로 기원한다고 하였다.[75]

또한 국내 정치세력에 대해서도 인민의 생활을 돌아볼 때 미소공위와 협력하여 빨리 독립정부를 구축해야한다고 당부하였다. 미소공위를 둘러싸고 이에 참가하지 않으려는 우익에 대해서 우려를 표하였다. 좌익에 대해서도 모스크바삼상회담을 지지하며, 우익진영의 분열을 틈타 자신의 위치를 공고하려는 태도를 비판하였다. 아울러 自黨自派의 이익 때문에 문제를 그르칠 수 있음을 지적하였다.[76] 한편 중간파의 통일양상에 대해서는 상당히 긍정적인 태도를 보였다. 1947년 9월 10일자 기사에서 '양심적 민족진영' 곧 民主統一黨, 建國同盟 등이 민족독립의 사명을 실현하기 위해 小我를 버리고 大同을 취하여 불원간 결합하기로 한 것을 환영하였다. 『서울신문』은 이들의 움직임을 '양심적 민족운동의 선구'라고 표현하면서, 양심적 분자들은 환영할 것이고, 迷惑에 사로잡혀있던 분자들이 반성하여 민족대동단결할 것을 기대한다고 하였다.[77] 여기서 『서울신문』이 '양심적 민족분자'라고 언급했던 당들은 훗날 民主獨立黨[78]을 결성하였다.

1947년은 조선정국에 상당히 많은 사건이 일어난 해였다. 중간파에

---

74) 「社說 美國記者團을 歡迎함」, 『서울신문』, 1946년 2월 14일자.
75) 「社說 美蘇共委의 再開」, 『서울신문』, 1946년 5월 20일자.
76) 「社說 美蘇共委의 一段進展」, 『서울신문』, 1947년 6월 13일자.
77) 「良心的 民族陣營의 大同團結」, 『서울신문』, 1947년 9월 10일자.
78) 1947년 10월 민주통일당을 포함한 民衆同盟, 新韓國民黨, 健民會, 新進黨의 주류세력이 통합하여 창당되었다. 창당대회는 1947년 10월 19일, 20일 양일에 거쳐 천도교 대강당에서 거행되었다. 홍명희를 당대표로 한 민주독립당은 "민주국가로의 완전한 독립"을 창당 이념으로 제시하고, 22개조에 이르는 정책을 발표하였다. 민주독립당은 민족자주연맹 내가장 큰 정당이 되었다. 민주독립당에 대해서는 강영주, 「홍명희와 남북연석회의」, 『역사비평』 43, 역사비평사, 1998, 46~54쪽 참조.

도 예외가 아니어서 1947년 3월에 미군정의 좌우합작위원회 지지 철회가 있었고, 미소공위와 맞물리며 중간파 관련 정당의 이합집산과 갈등이 표출되고, 과도입법기관 설립으로 인해 좌우는 물론 중간좌우도 서로 대립하던 시기였다. 또한 1947년 7월 呂運亨의 암살로 인해 좌우합작의 가능성 매우 희박하게 되는 상황까지 일어났고, 뒤이어 중간좌우익이 각각 따로 통일운동을 하기도 하였다. 때문에 그동안 중간적인 성향을 띠던『서울신문』에서 오히려 큰 폭으로 사설의 숫자가 감소한 것은 상당히 의외의 일이라 할 수 있다. 그러나 실질적으로『서울신문』은 1947년 가장 잦은 정치적 입장을 표명했다.

1947년『서울신문』은 火曜政評이라는 명칭의 정치평론을 평균 일주일에 1회 정도로 연재하고 있다. 1945년부터 1946년 사이의 사설은 정치에 관한 내용뿐만 아니라 경제와 사회 등 광범위한 내용에 대해 다루고 있다면 화요정평은 정치적인 내용만을 다룬다는 점에 그 특징이 있다. 1947년 사설 개수는 크게 줄었으나 정치에 관한 내용만을 평하는 화요정평이 생겨난 것이다. 화요정평의 연재는 1947년 정세와 중간파의 동향이 서울신문사의 중요 임원진들과 깊은 관계가 있다는 점과, 정치적으로 민감한 시점에서 신문사의 입장이라고 할 수 있는 사설로 정치적 사안을 다루는 것이 신문사에 부담이 될 수 있었다는 점과 관련이 있었을 것이다.

1945년부터 1947년까지의 사설 내용으로 보았을 때『서울신문』의 정치적 경향은 미소공위의 성공을 원하는 입장(즉, 넓은 의미에서의 모스크바삼상회의 지지)과 좌·우합작을 지지하는 태도로 보았을 때 분명히 중간적이다. 이것은 좌우익 신문들과의 논조비교([표 9])에서도 어느정도 드러나는데,『동아일보』는 1946년 10월 16일자 사설에서 좌우합작 7원칙에 대해 "합작의 정신을 행동으로 표시하였다는 것은 한 개의 뚜렷한 수확"이라고 하였다.[79] 그러나 바로 다음 날인 17일에 좌우합작

자체에 대해 "합작의 주체도 문제요, 좌우의 범위도 문제요, 대표의 자격도 문제요, 권한의 책임도 문제"라고 하고, 특히 7원칙 조항의 토지문제에 대한 것을 문제 삼았다.[80] 또한 같은 해 10월 27일 맥아더의 美軍及美軍政에 관한 8월 월례보고에서 "좌우합작의 가능성은 공산파의 태도로 인해 희박"하다는 내용 다루었다고 보도하였다.[81] 이처럼 표면적으로는 좌우합작을 지지하고, 중간파에 대한 비판을 자제하는 것처럼 보이지만 실제로는 좌우합작을 탐탁지 않게 생각하고, 그 성립 가능성도 희박하다고 보았다. 보다 노골적인 『대동신문』의 경우 좌우합작을 공개적으로 비판하고 합작 주체의 하나인 좌익 측에 대해서도 공격을 퍼붓고 있다.

좌익신문인 『朝鮮人民報』에서는 1946년 7월 11일 남로당 중앙위원 李舟河의 기자회견 내용을 보도하였다. 이주하는 이 기자회견에서 박헌영이 7월 3일 기자회견에서 제시한 좌우합작 3대원칙[82]을 우익 측이 받아들이고 실천해야만 합작할 수 있다고 주장하였다. 또한 좌우합작과 입법기관 설립 문제는 별 문제이며, '정판사 사건' 관련 혐의로 체포된 李觀述은 무죄이므로 석방할 것을 요구하였다.[83] 또한 10월 8일 역시 좌익신문인 『獨立新報』에서는 10월 7일 좌우합작 7원칙에 대한 조공 측의 입장을 보도하였다. 조공은 좌익의 대표가 민전에서 파송한 자가 아니고, 7일 최종 회합에 여운형이 참여하지 않았다는 점을 들며 좌우합작 7원칙에 반대하고, 입법기관에 대해서도 반대한다고 천명하였다.[84]

---

79) 「社說 理念의 基調는 正常的 左右合作七原則에 對하야(上)」, 『東亞日報』, 1946년 10월 16일자.
80) 「社說 理念의 基調는 正常的 左右合作七原則에 對하야(下)」, 『東亞日報』, 1946년 10월 17일자.
81) 「合作可能性은 稀薄」, 『東亞日報』, 1946년 10월 27일자.
82) 그 내용은 다음과 같다. 첫째 친일파 파시스트를 제거할 것. 둘째 테로中止와 民主主義者를 釋放할 것. 셋째 三相決定을 총체적으로 지지할 것 등이다. 「左右合作 三大原則을 提示하다」, 『서울신문』, 1946년 7월 11일자.
83) 「原則堡障 하여야만 합작-合作과 立法機關은 別問題」, 『朝鮮人民報』, 1946년 7월 11일자.
84) 「絕對反對를 宣言-朝共, 左右合作 七原則에 聲明」, 『獨立新報』, 1946년 10월 9일자.

[표 9] 좌우합작과 중간파, 입법기구에 관한 각 신문기사 제목

	신문명	제 목	날 짜
중간지	서울신문	社說 民族統一의 前夜	1946.1.10
	서울신문	下部로부터의 統一에 大衆政治意識 昂揚 民族統一에 新局面 展開	1946.2.18
	서울신문	民族統一의 正路	1946.7.2
	서울신문	左右合作問題의 展望 要는 "原則"의 合致 다음엔 誠意있는 實踐이 必要	1946.7.14
	서울신문	左右合作 7原則 金奎植 呂運亨 兩氏 名義로 發表	1946.10.8
	서울신문	火曜政評 左右兩翼의 一段整理와 中間的 路線의 大混亂	1947.2.4
	서울신문	社說 良心的 民族陣營의 大同團結	1947.9.10
	서울신문	火曜政評 民主統一黨과 勤勞人民黨 새로운 兩黨의 爭覇戰	1947.5.13
	서울신문	火曜政評 中間四黨의合同說 左右의 混戰에 依한 受難의 危險	1947.7.29
	서울신문	社說 大同과 統一	1948.12.29
우익지	東亞日報	左右合作은 暗礁 呂運亨氏 態度突變	1946.9.24
	東亞日報	合作可能性은 稀薄	1946.10.27
	東亞日報	合作에 對한 나의 考察 (上) 金俊淵	1946.12.10
	東亞日報	中間派와 右翼一部 蘇案支持는 不可	1947.11.15
	東亞日報	金奎植 博士 南朝鮮誹謗	1948.4.28
	東亞日報	民族陣營亂立을 利用 中間派出馬工作	1948.4.9
	大同新聞	合作工作에 關한 呂氏의 談話批判	1946.7.5
	大同新聞	左翼側의 欺瞞行爲 左右合作 停止하라	1946.11.16
	大同新聞	呂運亨氏에게 忠告함 梁命福	1946.12.7
좌익지	朝鮮人民報	朝鮮의 立法機關 樹立은 新政府에서 할 일	1946.7.1
	朝鮮人民報	原則堡障 하여야만 합작—合作과 立法機關은 別問題	1946.7.11
	朝鮮人民報	民族統一 達成 爲해 五大原則을 實踐	1946.7.28
	朝鮮人民報	朝鮮의 立法機構 樹立은 新政府에서 할 일	1946.7.2
	獨立新報	絶對反對를 宣言—朝共, 左右合作 七原則에 聲明	1946.10.8
	獨立新報	民衆을 欺瞞 眩惑	1946.10.18
	獨立新報	立議 絶對 反對	1946.11.30
	獨立新報	新版 民議의 欺瞞性 暴露	1946.12.12
	獨立新報	可笑! 立議의 共委 支持 마 長官에 對한 立議書翰 反對	1947.5.6
	獨立新報	中間認定 難, 左右 兩翼 뿐	1947.6.10

이후 좌익은 중간파 자체를 인정하지 않는 태도를 보이고 있으며, 좌익 신문들도 이러한 좌익의 입장을 충실히 보도하고 있다. 1947년 6월 10일자 『獨立新報』는 남로당 대변인과의 기자회견을 보도하였는데, 그 내용을 살펴보면 중간파란 결국 우익을 옹호하는 정치세력이므로, 결국 정치세력은 좌우익으로 양분되어 있다는 남로당의 중간파 인식을 알 수 있다.[85]

이러한 대조를 통해서도 『서울신문』이 중간적인 입장이라는 것을 확인할 수 있다. 그러나 『서울신문』이 좌우 어느 세력에 가까웠는지는 정확하게 드러나지 않는다. 물론 1946년 12월에 실린 입법의원 관련 기사에서 그 힌트를 얻을 수는 있지만 그 기사 하나로는 정치적 성향을 완전히 파악하기는 어렵다. 때문에 1945년부터 1947년까지의 보도경향을 파악하기 위해서는 화요정평의 분석이 필수적이라 할 수 있다.

『서울신문』의 정치에 관한 논평은 화요정평이라는 기사에서 어느 때보다 분명하게 드러나고 있다. 그런데 당시의 신문기사가 무기명 기사였던데 비해 화요정평은 투고자가 분명하게 기재되어 있다.

화요정평에 나타나는 투고자는 文千緯, 金之黃, 文千緯, 邊得信, 高一河 등 5인인데 그중 화요정평의 주된 투고자는 邊得信, 高一河이다. 그런데 변득신과 고일하 양인은 모두 직원 중에서 이름이 확인되지 않는다. 그 외의 인물들도 모두 마찬가지이다. 이것은 화요정평의 투고자로 표기된 이름이 가명이라는 것을 의미한다. 때문에 비록 투고자 이름은 변득신과 고일하로 되어 있으나 실은 투고자가 다수일 가능성도 배제할 수 없다. 투고자의 이름을 실명으로 썼을 경우 따를 수 있는 불이익을 받을 수 있다는 점을 고려한다면 충분히 가능한 추측이다.

화요정평에서 다루는 내용을 분류해 보면 총 51건 중 조선과도입법의원에 관련된 내용이 4건, 중간파에 관한 내용이 12건, 미소공위 및 신탁

---

85) 「中間認識 難·左右 兩翼 뿐」, 『獨立新報』, 1947년 6월 10일자.

통치 관련 내용 15건, 국제 정세에 관한 건 9건, 국내 정치에 관한 내용 10건으로 모두 당시 정국에서 민감하게 여겨지는 정치적 사안을 다루고 있다. 화요정평에서 개별적으로 가장 자주 다루어진 정치집단은 바로 중간파이다. 특히 중간파의 통합과 동향에 대해서는 화요정평에서 개별적인 기사로도 많이 다루어졌으나 다른 기사에서도 조금씩은 다루어지고 있다. 그러나 화요정평의 중간파에 관련 기사에서 중간좌파와 중간우파에 대한 어조는 상당한 차이가 있다.

일단 화요정평은 중간노선에 대해 조선의 정치 환경에서는 좌우뿐만 아니라 중간파가 있을 수 있다는 점을 인정하였다. 다만 실패한 좌우의 정객들이 순수하지 못한 이유로 '중간노선'에 끼어드는 상황은 경계하고 있다. 그렇다면 화요정평에서 순수하지 못한 기회주의자라고 표현한 세력은 어떤 부류였을지 살펴볼 필요가 있다. 화요정평은 조선의 정계에는 극좌와 극우노선을 기피하는 분자가 세칭 '중간노선'을 구성하였다고 하였다. 이 '중간노선'에는 양심적인 분자와 기회주의적인 분자가 섞여 있다고 지적하였다. 또한 '좌익인사인 체하는 부류'와 '순정한 민족운동자'가 한 덩어리로 되어있어, '중간적'인 입장은 동일함에도 불구하고 내일의 행위는 몇 갈래로 갈라질지 알 수 없다고 하였다.[86]

화요정평에서 중간좌익을 다룬 기사를 살펴보면 긍정적인 내용이 없는 것은 아니나 부정적인 어조가 강한 편이다. 특히 勤勞人民黨 노선이 南勞黨 별다른 차이점이 없다는 것과 지도부의 혼란상에 대해 비판하였다.[87] 5당캄파[88]가 주도한 各政黨協議會(12정당협의회 이후 政協)[89]에

---

86) 高一河, 「火曜政評 左右兩翼의 一段整理와 中間的 路線의 大混亂」, 『서울신문』, 1947년 2월 4일자.

87) 高一河, 「火曜政評 社勞黨의 發足과 推進 指導陣의 動搖는 무슨 原因?」, 『서울신문』, 1946년 12월 31일자; 邊得信, 「火曜政評 忘却된 中 다시 記憶이 나는 옛 社勞黨의 後日譚」, 『서울신문』, 1947년 4월 8일; 邊得信, 「火曜政評 中間四黨의 合同說 左右의 混戰에 依한 受難의 危險」, 『서울신문』, 1947년 7월 29일자.

88) 勤民黨, 民衆同盟, 民主韓獨黨, 社民黨, 靑友黨 등의 5개 중간좌파 정당들은 중간파의 더욱 공고한 공동보조를 모색하기 위해, 1947년 6월 20일 모스크바 협정 지지를 천명하는

대해서도 남북요인회담의 주최 시도 자체는 긍정적으로 평가하고 있으
나 협의회를 상시기구로 두자거나 원칙과 방략을 세우자는 것에 대해서
는 비판적인 견해를 보이고 있다.[90] 이것은 민주독립당의 입장과도 흡
사한데, 宣傳部 부책임위원 朴一來는 1947년 11월 25일 정협 문제에 대
하여, "各政黨協議會는 상설기관이 아니고 당면 문제에 대하여 협의해
보자는 것이므로 본당은 그 취지에 찬동하여 참가하였으며 이러한 일에
대하여서는 언제든지 참가할 용의가 있다."[91]라고 하였다. 이 기사에
따르면 민주독립당은 정협의 취지에는 찬동하고 있지만, 정협은 상설기
관이 아니라고 인식하고 있다. 정협의 등장은 민족자주결성 작업에 일
종의 걸림돌이라고 할 수 있었는데, 화요정평에서는 이러한 정협의 상
시기구화를 비판적으로 보고 있었다.

그 반면 중간우익이라고 할 수 있는 민주통일당, 민주독립당과 민족
자주연맹에 대해서는 비교적 긍정적인 평가를 하고 있다. 특히 화요정
평은 민주독립당의 창당 과정과 민주독립당의 성격에 대해 언급할 때
중간좌익과는 다른 평가를 하고 있다. 화요정평에서는 '선비당' '신사당'

5당공동성명을 발표하고 5당캄파를 전개했다. 양동안, 「1945~1948년 기간 中道諸派의
정치활동에 관한 연구」, 『정신문화연구』 가을호 제24권 통권 84호, 2001, 230쪽.

89) 김규식, 홍명희 등 민련 결성 주도세력은 한국 문제의 유엔총회 상정에 대해 지지하는
입장을 취한 데 반해 5당캄파 측과 그 주변세력은 한국 문제의 유엔총회 상정을 격렬하
게 비판하면서 소련이 주장한 미군조기철수론을 지지했다. 민련 결성에 소극적 태도를
보여 온 5당캄파 측은 한국 문제의 유엔 상정에 대한 대책을 협의하기 위한 정협의 결성
을 추진하였다. 정협은 당초에는 모든 정당이 다 참여하는 협의체의 성격을 지향했으나
1947년 11월 4일 준비위원회 결성 때부터 중간파 정당의 협의체의 성격을 나타냈다. 정
협에 참여한 정당은 한독당, 근민당, 민민공화당, 민주한국당, 민중동맹, 신진당, 조선공
화당, 보국당, 청우당, 조선민주당, 민주독립당, 사회민주당 등이며, 나중에 일부가 불참
하고 몇 개 정당이 추가로 참여해 참여정당의 수는 시기에 따라 변했지만 대개 10~17개
였다. 정협은 미소 양군의 철수 문제와 총선 실시 문제를 협의할 것을 주장했는데 이는
소련의 제의를 사실상 그대로 받아들인 것이었다. 11월 10일 이승만과 협조 관계에 있던
김구는 한독당 당무회의에서 한독당의 정협 참여 중단을 지시했다. 한독당의 불참은 정
협의 활동을 크게 약화시켰다. 이에 대해서는 양동안, 앞의 논문, 232~233쪽 참조.

90) 高一河, 「火曜政評 向方이 分明치 못한 各政黨協議會」, 『서울신문』, 1947년 11월 25일자.

91) 「各政黨協議會에 民獨黨見解 發表」, 『朝鮮日報』, 1947년 11월 26일자.

으로 불리던 민주통일당이 주도하여 새로운 정당을 만드는 것에 대하여 이들 정당이 민족독립을 첫 번째로 하고 민족분열을 염려하는 것이 일치한다면 오히려 늦은 것이라고 평가하였다. 다만 인적 구성에서 다양한 세력이 존재하고 '사대주의를 배격하는 양심적 분자'와 '평소 자신의 주장을 바꾼 비양심적 분자'가 섞여 있다는 점을 지적하였다. 게다가 5당캄파를 참여시킬 것인가 여부도 주목할 문제라고 하였다. 때문에 이 정당의 대표로 나선 '그분(홍명희—필자)의 인격'과 이념이 대부분 정당의 장래를 좌우할 수 있는 것은 물론이고 이 정당의 모든 지도자가 어느 정도로 '그분'에게 협조하는가에 따라 앞으로 이 정당의 장래가 달라질 것으로 예상하였다.[92]

민주통일당의 대표는 홍명희다. 이글에서 보면 화요정평의 내용에 의하면 새로 조직되는 정당은 홍명희의 인격과 이념에 달려 있다는 것이다. 또한 화요정평에서 이야기하는 '양심적 분자'는 사대주의를 배격하는 인물이라고 나오고 있다. 기사에서 단정적으로 표현하고 있지는 않으나 '사대주의 배격'이라는 것은 아마도 미국이나 소련의 힘에 기대어 힘을 얻으려는 세력일 가능성이 높다. 이것은 민주통일당이나 새로 조직될 정당의 성격을 짐작케 한다.

화요정평에서는 민주독립당과 민족자주연맹의 성격에 대해서 민주독립당은 사회민주당 등의 5당캄파와 전혀 제휴하지 않았다는 점을 언급하고 민주독립당은 민족문제에서 어디까지나 '민족자주의 노선'을 취하여 '순정한 우익'의 수립을 자인하는 형편이라고 하였다. 때문에 요강정책 초안에서도 민족적인 모습을 발산하자는 의미로 당명을 정했다는 것이다. 또한 민족자주연맹도 그 이름부터 민주독립당의 노선을 표시하는 것이 당연하다고 하였다. 흥미로운 것은 이 기사의 마지막 부분에 민족

---

92) 高一河, 「火曜政評 某某政黨을中心삼아서 새로운 政黨의 胎動」, 『서울신문』, 1947년 9월 9일자.

자주의 노선이란 결코 '중간적인 것'이 아니라는 표현을 한 것이다.[93] 이것은 민주독립당과 민족자주연맹을 기존의 중간정당들과는 다르게 자리매김을 한 것이라 할 수 있다. 미군정에서는 민주독립당을 '중간'라고 평가하고 있었지만[94] 화요정평에서는 민주독립당을 분명히 '순정우익'을 자임하고 있다고 보았다. 화요정평은 곧 민주독립당 그리고 그 확대판으로 간주한 민족자주연맹은 '순정우익'이라고 생각한 것이라 할 수 있다.

또한 화요정평은 중간우익의 지도자들에 대해서도 호의적인 편이었다. 앞서 언급한 홍명희에 대한 것도 그렇지만 소위 '고리짝 사건'[95]으로 김규식에 대해서 공공연히 이야기 되는 것에 대해서 8·15 이후 서울에서는 별별 일이 다 일어났는데 이 일이 유독 들추어지는 것은 다른 사정이 있는 것 같다고 하고 김규식을 반대하는 측에서 이 문제를 대하는 방법을 지적했다. 특히 속담을 인용하여 돌로 주면 돌로 갚고 떡으로 주면 떡으로 갚는다고 하면서 훗날 자기들도 그러한 아픔을 당할 수도 있으니 그런 태도를 보여서는 안 된다고 지적했다.[96]

---

93) 邊得信, 「火曜政評 民族自主聯盟의 發起와 民主獨立黨의 位」, 『서울신문』, 1947년 10월 14일자.

94) G-2 Weekly Summary, no.121(1948.1.12).

95) 1947년 李範聲, 金秉均 등 6명이 연루된 사건으로 이범성은 金永喆에게 盧元贊의 수중에 있는 일본인 고리짝(소지품을 담은 짐—필자)을 사준다고 속여 김영철 등 17명의 피의자에게 주선하여 그 대금을 받아 고리짝 소지자인 노원찬의 도장을 임의로 파서 영수증을 위조한 후 넘겨주어 돈을 편취한 사건이다.(「間接的으로 自白『고리짝』三回公判全貌」, 『東亞日報』, 1947년 7월 2일자; 「고리짝拂下確言않었다 主人公인 盧元贊出廷否認」, 『東亞日報』, 1947년 7월 4일자) 당시 피해 액수는 2,300만 원 정도로 추산되었으며 사건의 관련자들은 징역형을 선고받았다.(「고리짝事件 李範聲等에 求刑」, 『京鄕新聞』, 1947년 7월 22일) 그런데 이범성은 左右合作委員會 기획부 주임을 맡았던 인물로 이 사건에서 사기금 중 1,100만 원을 金奎植과 그의 아내 金淳愛의 계좌에 정치자금으로 입금한 것이다. 김규식과 김순애는 이후 그 돈이 사기금인 사실을 알고 700만 원을 입금 취소하였다.(「當時의 李範聲 合委企劃副主任 朝鮮民靑엔 三萬圓寄附」, 『동아일보』 1947년 5월 29일) 이일은 경찰조사에서 김규식과는 관련 없는 것으로 판명되었으나 김규식은 마치 이 사기사건에 연루된 것처럼 의혹을 받았다.

96) 高一河, 「火曜政評 三國志의 再版政治—計策과 謀略의 神出鬼沒」, 『서울신문』, 1947년 5월 20일.

중간좌우에 대한 화요정평의 이러한 태도는『서울신문』과 민주통일
당·민주독립당의 인적관계와 무관하지 않을 것이다. 양 당의 지도자
중 다수가 바로『서울신문』의 임원진들이기 때문이다. 때문에 화요정평
의 이러한 평가는 민주독립당이나 민족자주연맹의 지도자들이 스스로
의 성향을 어떻게 규정짓고 있는가를 보여주는 것이라 할 수 있다.

　　한편 이것은 1947년에 들어서 중간파 진영의 변화 때문이라고도 할
수 있다. 1947년 미군정은 좌우합작에 대한 지지를 철회했고, 좌우합작
운동 자체도 큰 난관에 봉착해 있었다. 입법기구 설치를 둘러싸고 분열
한 중간좌우파는 1947년도에 각자의 노선에 따라 이합집산을 하기 시작
했다. 결정적으로 7월에 일어난 여운형 암살은 좌우합작운동의 성공 가
능성을 완전히 사라지게 만든 사건이었다. 이런 시점에서 민주독립당과
민족자주연맹에 깊은 관여를 하고 있던『서울신문』도 그 노선을 분명하
게 할 수밖에 없었을 것이라 생각된다. 1946년까지『서울신문』에서 중
간좌익계열에 대해 비판적인 어조의 사설을 낸 것은 매우 드물지만,
1947년의 화요정평에서는 중간좌익에 대한 부정적인 논평을 하는 것은
이런 요인도 있을 것이다.

　　한편 화요정평에서는 미소공위 재개와 통일독립정부 수립 문제에도
상당한 관심을 기울이고 있었다. 특히 미소공위에 대한 내용은 미소공
위가 재개될 시점부터 지속적으로 지면을 할애하고 있었다. 국내 정치
를 다루면서도 미소공위와 연결 지은 것들이 상당수를 차지하는데 미소
공위 불참을 표명한 한독당, 한민당 등의 정당과 남한 단독정부를 수립
하려는 시도를 하는 이승만에 대해서 부정적인 평가를 하고 있다. 그리
고 좌익에 대해서도 비판적인 자세를 보였다.

　　이승만에 대해서는 그의 공과 지도자적 위치를 인정하였지만 안창호,
김용만 등과의 끝없는 계파투쟁 3·1운동 이후부터 신진청년과 그 사상
을 달리하여 반목을 하였음을 지적하였다. 또한 국외 활동에 일반 국민

의 자금을 사용하는 점, 국내에 남조선 단독정부 수립을 인내할 수 없음을 세계에 알리라는 전문을 보낸 것을 비판하였다.[97] 그리고 한독당과 한민당에 대해서도 미소공위에 불참가하거나 방해하는 것은 우리 민족이 이익을 해하는 일이라고 비판하였다.[98] 화요정평에서는 우익의 공위 불참가는 대의명분을 내세웠지만 실상은 미국입장을 바꾸려는 것이라고 하였다. 또한 좌익은 삼상회의 존중을 내세워 참가의 불가피성을 역설하지만 우익의 불참가는 아랑곳하지 않는다는 데 의문을 표하였다.[99]

④ 4 대한민국정부 수립에 대한 인식

1948년에 들어서『서울신문』사설 게재 횟수는 크게 늘어났다. 1948년의 전체 사설 건수는 99건이고, 정간을 당하기 직전인 1949년 5월 4일까지의 개수는 147개였다. 1946년과 비교해 2배 이상 그 횟수가 많은 것이다.『서울신문』의 사설 개수가 증가한 이유를 정확히 알 수는 없다. 그러나 1948년 경향이 이전보다 정부와의 마찰을 일으킬 가능성이 적어졌기 때문에 사설을 통해 공개적으로 입장을 표명할 수 있었을 것으로 생각된다.

1948년 사설의 내용을 살펴보면 보다 우경화한 보도경향을 엿볼 수 있다. 앞서 언급한 농지개혁과 기업정책 문제, 대한민국헌법 선포에 관한 내용을 살펴보면 우익에 가까운 모습들이 보다 선명하게 나타나고 있다.『서울신문』의 변화는 이러한 논조에만 그치는 것이 아니었다.

---

97) 高一河, 「火曜政評 李承晩氏의 今後路線 美國서 온 그의 電文과 談話發表」, 『서울신문』, 1947년 1월 7일.

98) 高一河, 「火曜政評 三國志의 再版政治－計策과 謀略의 神出鬼沒」, 『서울신문』, 1947년 5월 20일; 邊得信, 「火曜政評 韓獨黨의 分裂危機 海外國內兩派의 對立 激化」, 『서울신문』, 1947년 6월 10일자.

99) 高一河, 「火曜政評 火曜政評美蘇共委는 어찌될까 協議對象의 制限與否의 解決」, 『서울신문』, 1947년 6월 3일자.

1948년 8월 12일 『서울신문』에 임원이자 민족자주연맹, 민주독립당의 주요인사로 활동하던 유석현이 민주독립당에서 탈당하였다. 유석현은 민주독립당이 공약한 당 노선과 배치되는 행동을 한다는 것을 지적하고 민족자주연맹과 민주독립당에서의 탈퇴를 선언하였다.[100] 민주독립당은 남북협상을 계기로 내부분열을 겪고 있었다. 김규식·김구의 노선 지지자와 현 정권 지지파로 양립되어 서로 대립하는 상황이었는데,[101] 이런 상황에서 유석현의 탈당이 이루어진 것은 유석현의 태도가현 정권의 지지에 가까웠다는 것을 보여 주는 반증이라 할 수 있다. 유석현은 김구와 김규식이 북행하였을 때 민족자주연맹의 조직국을 맡았을 만큼 주도적인 인물이었다. 『서울신문』의 주요 간부진 중 민주독립당이나 그 전신인 민주통일당에 관여한 인물들은 상당히 있었으나 이들중 민주독립당에서 적극적으로 활동한 인물은 홍명희 부자와 유석현이라고 할 수 있다. 이들은 『서울신문』과 민족자주연맹에서 함께 활동을하였으나 대한민국정부 수립 전후에 태도를 서로 달리 했는데, 홍명희와 같은 인물들은 이미 월북하였으므로 잔류한 인물들은 대부분 유석현과 같은 생각을 가지고 있었을 것이다.

민족자주연맹 내에서도 비슷한 현상이 나타나는데 1948년 8월 11일김규식은 민족자주연맹 내에서 북한 선거에 참여한 단체나 개인에 대해"본연맹이나 나로서는 누가 어느 때 어떻게 간지도 모르고 또 위임장이나 대표증을 발행한 일이 없다"고 비난하면서 상무의원의 결의로 그들을 정권처분하였다.[102] 이때 정권처분을 받은 주요 간부는 홍명희, 李克魯, 孫斗煥, 金忠圭, 禹鳳雲, 姜舜, 金一淸, 張權, 呂運弘, 李鏞 등이다.[103] 그리고 8월 24일 민련, 한독, 민독, 신진, 농민, 청우 등 25개 정

<hr>

100) 「民獨劉錫鉉氏脫黨」, 『동아일보』, 1945년 8월 13일자.
101) 「民獨黨, 崩壞危機」, 『경향신문』, 1948년 8월 24일자.
102) 『자유신문』, 1948년 8월 11일자. 조성훈, 앞의 논문, 439쪽, 재인용.
103) 「民聯內紛激化幹部停權騷動」, 『東亞日報』, 1948년 8월 14일.

당 단체에서는 민련본부에 회합하여 정치행동을 토의하고, 제2차 남북 정치 지도자 연석회의의 비법성을 규탄하고, 북한에서 발전되는 사태를 인정하지 않는다는 공동성명서를 25개 정당의 連書로 발표하였다.[104]

그러나 『서울신문』이 중간적인 논조를 버리고 정부친화적인 성격이 된 것은 아니다. 아직도 서울신문사 내에는 민족자주연맹 및 민주독립당 소속으로 되어 있는 구성원들이 있었고, 비록 민족자주연맹이나 민주독립당에서 탈퇴하였다 하더라도 이들의 定向이 중간적이라는 사실은 변함이 없었기 때문이다. 때문에 보도기사의 내용 역시 정부 입장과 같을 수만은 없었다.

이 시기 『서울신문』의 보도정향은 중간우익적이라고 할 수 있다. 『서울신문』은 대한민국정부를 인정하면서도 정부 수립에 대한 기쁨과 환희보다는 아쉬움과 경계의 태도를 취하고 있다. 『서울신문』은 8월 15일자 사설에서 남북통일은 미완인 채 민족의 원한이 맺혀 있다는 내용을 전제하였다. 그러나 민생 문제는 시급히 해결해야 하고, 정부 이양이라는 큰 문제와 국제 승인을 앞두고 있기 때문에 組閣이 民意와 먼 것임에도, 우선 정부를 지지하는 국민의 고충을 알아야한다고 하였다. 또한 장차 나타날 정부의 성격이 전제 독재로 흐를 가능성이 없어야 한다고 지적하며, 맡은 임무를 충실히 수행할 것을 고언하였다.[105]

이것은 대한민국정부를 인정하지만 무조건 축하하기보다 그 책임을 다하라는 지적한 것이라 할 수 있다. 『서울신문』의 어조는 민족자주연맹이 국민운동의 전개를 통한 통일을 주장하여 남한의 정부가 수립된 사실을 인정한 상태에서 현실적인 통일운동의 모습을 제시한 것과 입장을 같이한 것이라 할 수 있다.[106] 이러한 『서울신문』의 태도는 좌우익의 그것과는 다른 모습이었다.

---

104) 「北韓政治行動 參加는 非法 民聯等廿五團體聲明」, 『東亞日報』, 1948년 8월 26일.
105) 「社說 大韓民國政府樹立宣布 政權移讓도 正式交涉開始」, 『서울신문』, 1948년 8월 15일자.
106) 윤민재, 앞의 책, 401쪽.

같은 날 『동아일보』에 게재된 사설의 내용은 "그 무시무시한 일제의 폭압으로부터 해방되었다는 것만이라도 기쁘지 않을 수 없었는데 一步를 進하야 그날부터 4년이 되는 이해 이날 국민정부의 탄생을 보게 되매 우리의 감격은 크지 않을 수 없다. 우리는 해방 3주년을 맞이하여 독립완수에 대한 민족의 意氣가 鐵石과 같음을 중외에 다시 한번 闡明하며 이 정부를 세워서 남북통일에 매진할 것을 삼천만 민족의 이름으로 맹서한다"라고 하며 정부 수립에 대한 기쁨과 국민의 의무에 대해 주로 언급하였다. 한편 정부에 대해서는 "물론 정부에 대하여 비평을 가하려면 못할 바는 아니나 아직 産褥에 있는 정부로 하여금 우선 국제적인 승인을 얻도록 육성 추진하여야 할 것이다"[107]라고 하며 비판을 자제하였다.

한편 남로당에서는 정부 수립을 위한 총선이 실시되기 전부터 부정적인 반응을 보였다. 3월 17일 유엔한국임시위원단이 '자유로운 분위기' 하에서의 총선을 위해 미군정 당국에 건의안을 제출하였다. 그 내용은 법률의 정비, 경찰의 중립, 각종 청년 단체에 대한 통제, 언론자유의 확보, 정치범 석방 등을 담고 있었다. 이에 남로당은 대변인을 통해 '자유로운 분위기 조성'이란 단독선거 반대투쟁을 기만하기 위한 술책이며 중간파 일부의 선거참여 주장은 기회주의적 죄악이라 주장했다.[108] 그리고 5·10총선거는 '단독정부 수립'을 의미하는 것이라며 '선거 반대'를 주장하고, 실질적으로 보이콧을 통해 실질적으로 선거를 파탄시킬 것을 호소하였다.[109]

이렇듯 좌우는 각각 자신들의 입장에 따라 정부 수립에 완전히 찬동하거나, 혹은 전면적으로 부정하였다. 그러나 『서울신문』은 정부 수립을 인정하는 한편, 정부에 대한 충고도 아끼지 않는 태도를 보이고 있다. 이 같은 보도 형태는 1949년 5월 임원진이 교체될 때까지 지속되고 있다. 일부 임원진의 월북과 정국의 변화에 의해 1947년 말부터 『서울

---

107) 「獨立政府宣佈式을맞이하여」, 『동아일보』, 1948년 8월 15일자.
108) 「兩軍撤退 없는 自由의 雰圍氣란 欺瞞」, 『朝鮮中央日報』, 1948년 3월 30일자.
109) 「單選單政 分碎를 爲하야 全人民에게 呼訴함」, 『努力人民』, 1948년 4월 3일자.

신문』의 태도가 다소 우익에 가까워진 것은 사실이었지만 『서울신문』
은 어디까지나 중간우익이었던 것이다. 그러나 중간우익적 태도는 이승
만 정권과 병립하기는 어려운 것이었다.

5 반민족행위자처벌법과 반민족행위특별조사위원회의 활동에 관한 인식

1948년 정부 수립 직후부터 1949년 5월까지 『서울신문』 사설에 자주
등장하는 주제 중 하나가 바로 친일파 처단에 관한 문제이다.[110] 친일
파 처리 문제는 정부 수립 직전부터 또다시 부각되었다.

제헌국회의 '헌법기초위원회'가 헌법을 기초하는 과정에서 개혁 성향
의 '소장파' 의원은 친일파를 처벌할 수 있는 내용을 헌법에 두자고 주장
하였다. 다른 의원들도 이를 반박할 수 있는 명분이 없어 헌법 제100조
에 친일파를 처벌할 수 있는 특별법을 제정할 수 있는 조항을 두었다.
국회가 헌법을 심의하는 과정에서 이 조항을 찬성하는 의원과 반대하는
의원들 사이에 논란이 벌어졌다. 찬성하는 의원들은 친일파 처벌의 당
위성, 나아가 조항의 강화를 주장했으며, 반대하는 의원들은 일제 시기
의 행위를 소급하여 처벌하는 것은 헌법에 위배된다고 주장하였다. 이
조항은 논란 끝에 과반수를 겨우 넘겨 통과되었으며, 헌법 제101조에

---

110) 친일파에 관련된 『서울신문』의 사설은 다음과 같다.
　　「社說 民族正氣의 發顯! 反民處斷을 徹底히 하라」, 『서울신문』, 1948년 8월 21일자.
　　「社說 反民族處斷은 時急徹底하라」, 『서울신문』, 1948년 9월 9일자.
　　「社說 反民行爲者摘發開始處斷謀免의 奸計를 防止하라」, 『서울신문』, 1949년 1월 9일자.
　　「社說 特委의 活動을 激勵함 反民者 處斷은 嚴正 迅速하라」, 『서울신문』, 1949년 2월 1일자.
　　「社說 談話取消要請」, 『서울신문』, 1949년 2월 19일자.
　　「社說 改正안케된 反民處罰法」, 『서울신문』, 1949년 2월 26일자.
　　「社說 反民肅淸에 迅速을 期待」, 『서울신문』, 1949년 3월 18일자.
　　「社說 反民公判開始」, 『서울신문』, 1949년 3월 29일자.

두었다.[111] '소장파' 의원들은 제헌국회가 개헌한 후 애국선열을 위로하고 민족정기를 바로잡기 위해 친일파를 처벌해야 한다고 주장하였다. 처벌 시기에서도 정부 수립의 기반을 다지는 과정에서 임용될 공무원 가운데 친일경력자는 배제해야 하므로 신속히 처리해야 한다는 인식이 었다. 제헌국회는 정부 수립 전인 1948년 8월 초부터 반민법을 제정하기 위한 활동을 시작했으며, 金相敦,[112] 盧鎰煥[113] 등 소장파 국회의원이 주도하여 반민특위법의 입법 추진하였다. 치열한 논쟁 끝에 9월 7일 반민법이 통과되었다.[114]

이에 정부는 '건국초기 사회혼란 조성을 염려'하여 신중론을 제기한 반면 『서울신문』은 강경처벌론을 주장하였다.[115] 1948년 8월 21일자 사설에서 '신생국가가 신판 식민지가 되는 것을 막고 민족정기 발현을 위해 조속히 단죄할 것'을 주장했다.[116] 그리고 反民族行爲者處罰法이 국회를 통과했을 때 이를 환영하면서도 법안 중 "改悛의 情狀이 현저한

---

111) 許宗, 「반민특위 충청북도 조사부의 조직과 활동」, 『한국근현대사연구』 제44집, 2008, 225쪽.
112) 黃海道 載寧 출신. 1901년생. 1908년 載寧郡北栗面 漢文私塾에 들어가, 1923년 수료 후 私立普明學校를 거쳐 1921년 公立農業學校를 졸업. 1926년 明治學院神學部 신학과 졸업. 1928년 9월부터 1930년 3월까지 북아메리카 버클리太平洋宗教大學 基督教社會事業科를 수료. 미국 유학 뒤 귀국하여 기독교계의 幹部로서 특히 農村敎化事業에 주력. 麻浦 교외에서 畜産과 農耕에 종사. 해방 후 적십자사 중앙집행위원, 서울基督敎聯盟 副委員長, 韓國民主黨 中央執行委員, 在美韓國人國民會 교육부장 역임. 制憲國會議員 (선거구 서울 麻浦區, 소속정당 무소속), 제4대 民議院議員(선거구 서울 麻浦區, 소속정당 民主黨), 제5대 民議院議員(선거구 서울 麻浦區, 소속정당 民主黨), 서울특별市長 역임. 康晉和 編, 『大韓民國建國十年誌』, 1956년, 977쪽; 青雲出版社 編, 『大韓民國人物聯鑑』, 青雲出版社, 1967, 30쪽; 大韓民國國會事務處, 『歷代國會議員總覽』, 1977, 61·109·136·173쪽.
113) 全羅北道 淳昌 출신. 1914년생. 培栽高普 졸. 普成傳門 상과 졸. 일제하부터 해방 직후까지 동아일보 기자. 韓國民主黨 참여. 국회프락치 사건의 중심인물. 한국전쟁 중 납북. 在北平和統一協議會 상임위원 겸 선전부장. 이강수, 「반민특위 特別裁判部의 조직과 활동」, 『한국근현대사연구』 25, 한국근현대사학회, 2003, 535쪽.
114) 허종, 「반민특위 강원도 조사부의 조직과 활동」, 『歷史學報』 第190輯, 2006, 97쪽.
115) 『서울신문100년사』, 서울신문사, 2004, 339쪽.
116) 「社說 民族正氣의 發顯! 反民處斷을 徹底히 하라」, 『서울신문』, 1948년 8월 21일자.

자는 그 형을 경감 또는 면제할 수 있다"라는 규정에 대해서 다음과 같이 비판하였다. 친일파들이 대부분 똑똑하고 영악하고 학식이 있으며 수단이 좋고 금전의 힘을 가진 사람이 많을 뿐 아니라, 친일하던 솜씨로 친미까지 하여, 군정 3년간 官界, 實業, 문화계 각 방면에 영향력을 가지고 있기 때문에 법을 피해갈 수 있음을 염려하였다. 또한 이승만 대통령과 기타 정부고관이 반민법을 시기상조라고 보는 시각을 가지고 있기 때문에 대통령이 이 법에 서명을 거부할지도 모른다는 점을 우려하였다. 때문에 이승만 대통령에게 민의가 어디 있는 것을 파악하고 반민 처단이 나라를 세우는 데 선결조건임을 기억하라고 하였다.[117]

『서울신문』의 이러한 주장은 반민법 제정의 중심이 된 중간파가 가진 생각과 같은 것이었지만 대통령인 이승만이나 우익의 의도와는 정면 대치되는 것이었다. 이승만은 이미 반민법의 심의를 반대하는 담화를 반포한 바 있었고, 1948년 9월 정부 소식통이 전하는 바에 의하면 대통령은 반민법공포를 주저하고 국회에 반환하여 재고려를 요청하리라는 의견도 떠돌고 있던 터였다.[118]

반민법은 9월 23일 결국 이승만에 의해 공포되었지만 이후 정부는 반민법을 지속적으로 수정하고 반민특위 활동을 방해하였다. 1949년 1월 이승만은 담화를 통해 우리가 건국 초창기에 맞아서 앞으로 건설할 사업에 더욱 노력해야 할 것이며, 往事에 대한 범죄자의 수효를 극히 감축하기에 힘쓰라고 하였다. 또한 증거가 미분명한 경우에는 관대한 편이 가혹한 형벌보다 동족을 애호하는 도리된다고 하면서, 40년이라는 세월 동안 공분이 완화된 점도 있으니 怨嫌으로 동족 간에 잔혹한 보조를 취하는 것은 옳지 않다고 언급하였다. 뿐만 아니라 군정 3년 동안 누구나 지난 일을 떠나 국가의 功效를 세운 자는 장차 속죄할 수 있으니 건국에

---

117) 「社說 反民族處斷은 時急徹底하라」, 『서울신문』, 1948년 9월 9일자.
118) 「反族法國會通過 大統領은 公布反對乎」, 『東亞日報』, 1948년 9월 8일자.

많은 공을 세운 자들을 고려해야 한다고 주장하였다.[119] 이에 따라 공보처 및 정부기관들도 반민행위자를 색출하는 데 미온적인 태도[120]를 보였다. 張澤相 외무부장관은 반민법 혐의가 있는 사람들에게는 여권을 발급하지 않겠다고 약속했으나 朴興植은 1월 8일 체포 당시 외무부가 발급한 "유효한 여권"을 소지하고 있었다.[121] 언론에 대해서도 특별조사위원회에서 그 해당자를 취조하고 있는데, 언론기관에서도 공정한 보도를 하고, 사실과 거리가 먼 기사를 게재하여 민심에 영향이 미치게 한다는 평을 듣지 않도록 하라며 압박하였다.[122]

이 같은 입장은 우익도 마찬가지였다. 9월 23일 서울운동장에서는 反共 '國民大會'가 개최되었다. 본 대회는 형식상 반공대회였으나 실상 반민법 반대 '국민대회'였다. 이 대회를 준비한 韓國防共團長 李鍾榮[123]은 자신이 경영하던 『大韓日報』를 통해, 10여 일 전부터 반민법을 罔民法이라고 비판해 왔다.[124] 본 대회에 대해 尹致暎 내무장관은 '애국적인' 대회라면서 허락했다. 대회장에서는 이승만의 축사가 낭독되었고, 국무

---

119) 「民族公憤을 一掃 反民法運營에 李大統領 談話」, 『서울신문』, 1949년 1월 11일자.

120) 『연합신문』, 1949년 2월 5일자(한국사데이터베이스 자료대한민국사).

121) National Traitors Act, 1948~1949, 1949년 1월 17일(American Mission in Koreak, Seoul ; Records of the U.S. Department of State relation affairs of Korea, 1945~1949, File 895). 이강수, 「반민특위 妨害工作과 '證人' 및 '歎願書' 분석」, 『한국독립운동사연구』 제20집, 2003, 296쪽. 재인용.

122) 『한성일보』, 1949년 1월 18일자(한국사데이터베이스 자료대한민국사).

123) 강원도 출생. 1894년생. 일본 早稻田大學 정경과 졸업. 1930년 만주로 건너가 공산주의 운동을 하다가 중국관헌에 체포되어 전향하여 權手丁이라는 이름으로 중군항공군 사령부 고문 겸 재판관으로 있으면서 延吉일대의 中共系 조선인 210여 명을 체포하여, 그중 17명을 학살하였다. 그 후 조선으로 들어와 경무국 보안과장 八木, 경무과장 高川, 헌병대특고과장 野田 등과 친밀하게 지내면서 조선 기독교도를 박해하고 그들을 일본 神道化하기 위해 總進會 창설에 참여하였다. 뿐만 아니라 조선인 思想家가 해외로 망명할 수 있도록 여행권을 알선해 준 후 이를 밀고하여, 도중에 체포하게 하는 등 밀정행위를 한 자이다. 「愛國者虐待滋甚 李鍾榮의 起訴事實」, 『동아일보』, 1949년 3월 17일자. 해방 이후 大同新聞社 社長 역임. 國民會 관여, 2대 국회의원(지역구 강원도 旌善, 소속정당 國民會) 당선. 임기 중인 1954년 2월 사망함. 大韓民國國會事務處, 『歷代國會議員總覽』, 1977년, 98쪽; 內外弘報社 編, 『大韓民國人事錄』, 1949년, 119쪽.

124) 『制憲國會速記錄』, 제1회 제75호 (1948.9.27).

총리 이범석이 직접 참여하였으며, 반민피의자 이종영과 그의 처 李翠星, 여자국민당을 이끌고 있던 상공부장관 임영신이 참여했다. 윤치영은 9월 24일 "반공대회는 해방 후 처음보는 애국적 대회"라고 찬양하는 방송까지 하였다.[125] 1월 31일 任永信 상공부장관이 당수로 있던 女子國民黨은 정례 중앙위원회에서 반민처단은 남북통일 이후에 하기를 바란다는 결의를 가결하고 국회와 대통령에 건의하였다.[126]

한편,『東亞日報』는 1월 15일 사설을 통해 반민법이 입법전의 사실에 溯及적용되는 것이라든지 형벌이 도가 넘치면 보복으로 나오기 쉬운 점을 들며, 반민법의 발동이 이후 법률운영에 좋은 예라고 할 수는 없다고 주장하였다. 또한 동족이 서로 피투성이가 되어 싸우는 일이 있어서는 안될 것이며, 설사 民族綱紀를 숙청하기에 불가피한 일이라면, 그와 같은 정신적 영향이 우리 자손에게 미치는 일이 없도록 해야 한다고 하였다. 또한 보복과 반목은 악순환하는 법이므로 반민법 운영에 특히 신중을 기하여야 한다고 주장하였다.[127] 2월 15일『東亞日報』는 反民法의 改正을 主唱하는 金俊淵의 칼럼을 게재하였다.[128] 김준연은 대한민국이 국제적 승인을 받은 상황에서 민족의 긴장과 발전을 도모하기 위해 '공산주의적 파괴세력'과 싸우지 않으면 안 된다고 지적하고, 반민법이 국군과 경찰을 약화시킬 수 있기 때문에 개정해야 한다고 주장하였다. 특히 반민법 第5條 "日本治下에 高等官三等級 이상 勳五等 이상을 받은 官公吏 또는 헌병, 憲兵補, 高等警察의 職에 있던 자는 본법의 공소시효 경과 전에는 공무원에 임명될 수 없다"는 조항을 문제 삼았다. 그대로 시행한다면 경찰과 군의 다수가 그에 해당하게 되고 특히 일본 출신 군 간부와 헌병 출신들을 상실하게 되므로 큰 문제라는 것이다. 해방 이후

---

125) 이강수,「반민특위 妨害工作과 '證人' 및 '歎願書' 분석」,『한국독립운동사연구』제20집, 2003, 300쪽.
126)「駭怪! 反民撤回陳情 女子國民黨處事에 一般啞然」,『조선일보』, 1949년 2월 3일자.
127)「社說 民族綱紀의 確立과 愼重」,『東亞日報』, 1949년 1월 13일자.
128)「反民法의 改正을 主唱함」,『東亞日報』, 1949년 2월 15일자.

舊警官들이 불미한 점도 있으나 치안에 공헌한 공적이 있으므로 이들을 전부 免黜한다면 경찰력의 약화를 가져온다는 것이다. 이 같은『東亞日報』의 입장은 이승만과 상당히 유사한 점이 있다. 특히 치안을 이유로 하여 반민특위 5조 개정을 원한다는 김준연의 칼럼을 게재한 것은『東亞日報』를 비롯한 우익세력이 반민특위에 대한 우익의 시선을 보여 주는 것이라 할 수 있다.『서울신문』은 이와 대조적으로 '중간우익'의 입장에서 반민법과 반민특위의 활동을 바라보았다.『서울신문』과『동아일보』의 이 같은 시각차는 [표 10]을 보면 확인이 가능하다.

[표 10] 각 신문의 친일 및 반민특위 문제 관련 기사 목록

	신문명	제 목	날 짜
중간지	서울신문	社說 民族正氣의 發顯! 反民處斷을 徹底히 하라	1948.8.21
	서울신문	社說 反民族處斷은 時急徹底하라	1948.9.9
	서울신문	社說 反民行爲者摘發開始處斷謀免의 奸計를 防止하라	1949.1.9
	서울신문	社說 特委의 活動을 激勵함 反民者 處斷은 嚴正 迅速하라	1949.2.1
	서울신문	社說 談話取消要請	1949.2.26
	서울신문	社說 改正안케된 反民處罰法	1949.2.26
	서울신문	特委活動妨害者 앞으로 嚴重團束	1949.3.8
	서울신문	反民官吏들 摘發 本軌道에 오른 肅淸	1949.3.10
	서울신문	社說 反民肅淸에 迅速을 期待	1949.3.18
	서울신문	社說 反民公判開始	1949.3.29
우익지	大同新聞	사설 二重亡國의 親日派問題 過去는 親日派附同으로 亡하였고 現在는 親日派 排擊으로 亡하련다	1946.9.14
	東亞報	兩刀妙用을 國民은 期待 赦免法國會를 通過	1948.8.21
	東亞報	反族法國會通過 大統領은 公布反對乎	1948.9.8
	東亞報	反民法發動 누가 附日協力者? 너도 나도 깊이 反省하자	1948.9.23
	東亞報	反民法冒瀆에 激論 公報處長善處를 確約	1948.11.30
	東亞報	反民處斷愼重히	1949.1.11
	東亞報	社說 民族綱紀의 確立과 愼重	1949.1.13
	東亞報	李大統領談 反民族者 玉石混淆不可	1949.1.15
	東亞報	反民法의 改正을 主唱함	1949.2.15
	東亞報	말성많은 反民法 政府提出의 改正案 討議	1949.2.23

2월 15일 이승만은 "반민법실시와 일부 개정에 관한 대통령 담화"를
통해 반민법이 삼권분립을 주장하는 헌법과 위배되어, 본법을 수정해야
한다고 주장하였다. 또한 반민특위 關下의 特警隊를 폐지시킨다는 내용
의 담화를 발표하였다. 이에 따르면 조사위원들은 조사에만 그치고, 검
속하고 재판하는 것은 사법과 행정에 맡기라고 하였다. 이승만은 "근자
에 진행되는 것을 보면 특별조사위원 3인이 경찰을 데리고 다니며 사람
을 잡아다가 구금, 고문한다는 보도가 들리게 되니 이는 국회에서 조사
위원회를 조직한 본의도 아니요 정부에서 이를 포용할 수도 없는 것임
으로 대통령령으로 검찰청과 내무부장관에 지휘로 특경대를 폐지하고
특별조상위원들이 체포구금하는 것을 막아서 혼란상태를 정돈케 하라
는 것이다"라고 하였다.[129] 또한 반민피의자를 비밀리에 조사하자는 것
과 반공투쟁을 위해 치안에 공효가 많은 경찰 기술자들을 구제할 것을
요구하였다.[130] 실제로 이승만은 1월 25일 盧德述이 체포되자 국무회의
를 개최하여 노덕술의 석방 문제를 논의하고, 특위위원들을 초청해 특
위에 자동차 등을 제공한다는 조건하에 노덕술의 석방을 요청하기도 하
였다.[131]

이러한 이승만의 담화에 대해 2월 16일 제13차 본회의에서 특위관계
의원들이 담화 취소를 요청하자, 『서울신문』은 반민법 운영이 대통령의
소견과 다르다고 해서 特委에 拷問亂打의 죄명을 씌운 것은 적절치 않
다고 지적하였다. 또한 반민법운영이 불가하다고 생각되거든 개정안을
국무회의로 하여금 심의케 하여 회부하면 될 것을 담화로 특위를 비판

---

129) 「特警隊廢止希望 大統領反民法 修正要請」, 『동아일보』, 1949년 2월 16일자.
130) 『한성일보』, 1949년 2월 3일자(한국사데이터베이스 자료대한민국사).
131) National Traitors Act, 1948~1949, 1949년 1월 18일. 특위의 노덕술 체포에 대한 1949년
    2월 11일 제18차 국무회의에서 이승만은 노덕술의 체포가 되려 불법적 행동이라고 규
    정하고 노덕술을 체포한 특별조사위원회 관계자의 '依法處理'를 지시했다.(『國務會議錄』,
    1949년, 제18차회의, 1949년 2월 11일). 이강수, 「반민특위 妨害工作과 '證人' 및 '歎願
    書' 분석」, 『한국독립운동사연구』제20집, 2003, 296쪽. 재인용.

한데서 문제가 커졌다고 하였다. 특위가 억울한 말을 들었으니 가만히 있을리 없고 국회에서 문제가 되었다는 것이다. 그러면서 대통령의 담화는 무게가 있고 신중해야함을 강조하였다.[132]

한편, 『서울신문』은 반민법 개정에 대해 수정안에 대해서도 비판을 가하였다. 골자가 되는 것은 제5항에 악질의 행위를 한 자를 구분하자는 것인데, 그렇게 되었더라면 악질을 어떻게 판별할 것인지에 의문을 제기하였다. 악질 여부를 판명하기 위해서 또 다른 규정이 필요할 것이고, 그러면 반민법을 피해가는 경우가 많을 것이라고 하였다. 또 특별재판관, 특별검찰관을 대통령임명으로 하자는 것에 대해 조사위원회를 대검찰청에 설치하자는 것은, 특별위원들이 개정법 실시로 새로 임명되었을 것이므로 지금까지의 특위의 활동을 무효화하는 결과를 가져왔을 것이라고 지적하면서, 수정안이 통과되지 않은 것에 대해 안도하는 태도를 취하였다.[133]

그리고 3월 28일 반민행위심판이 시작되자, 『서울신문』은 사설을 통해 "特委의 눈부신 활약으로 드디어 반민자를 민족의 이름으로 심판할 날이 오게 된 것은 3천만이 다 같이 기뻐하는" 것이라고 그 의의를 규정하였다. 또한 반민처단은 결코 사람을 미워하고 형을 주기 위한 것이 아니라 반민행위를 규탄하고 죄를 물음으로써 나라의 역량을 집중하는 데 있다고 하였다. 때문에 악질분자에 대해서는 그 인물, 지위, 재산, 세력 등에 구애됨이 없이 공명정대한 공판을 해야 한다고 하였다. 반민자를 재판하는 데 민족적 양심으로 전 민족이 반민자를 어떻게 처단키를 바라는 것인가를 잘 판단하여 삼천만의 기대에 어그러짐이 없도록 요구하였다.[134]

이 같은 입장은 우익정치세력과 이승만 정부와의 대립각을 형성하기

---

132) 「社說 談話取消要請」, 『서울신문』, 1949년 2월 19일자.
133) 「社說 改正않게된 反民處罰法」, 『서울신문』, 1949년 2월 26일자.
134) 「社說 反民公判開始」, 『서울신문』, 1949년 3월 29일자.

에 충분한 것이었다. 특히 반민법은 이승만 정부도 우익정치세력도 모두 원치 않는 것이었기 때문이다. 이러한 『서울신문』의 태도는 뒤에 이승만 정권의 탄압을 받는 하나의 계기가 되었다.

제6장

정부 수립 이후 『서울신문』의 간부진
변화와 정부기관지화

제 6 장

정부 수립 이후 『서울신문』의 간부진 변화와 정부기관지화

1 『서울신문』 간부진의 개편과 이승만 정권과의 대립

정부 수립 이후 중간파들과 마찬가지로 『서울신문』도 매우 조심스러운 입장을 표명하고 있었다. 그것은 중간파의 정치적 변동과 연관이 있었다.

『서울신문』의 고문이었던 홍명희는 1948년 4월 19일 역시 『서울신문』의 문화부장이었던 홍기무를 대동하고 북행하였다.[1] 비슷한 시기 역시 『서울신문』의 편집국장이던 金武森도 월북한 상태였으므로 미군정은 『서울신문』을 좌익신문으로 보고 있었다. 그런데 『서울신문』의 경우 이러한 남북협상 추진 과정에서 월북을 감행한 전 임원 및 현 임원진들이 있었기 때문에 『서울신문』의 입장은 더욱 신중할 수밖에 없었을 것이다. 실제로 정국은 더욱 험악해져 가고 있었는데 1947년 4월에는 김무삼을 포함한 『서울신문』의 핵심 인물들이 이승만의 지지자에 의해 공격당하는 사건까지 있었다.[2]

이러한 이유로 이전부터 『서울신문』의 어조는 정국에 따라 서서히 변화하고 있었는데, 1947년 7월 미군정은 『서울신문』을 '좌익'이라고 지

---

1) 「洪命熹氏等 三十餘名北行」, 『동아일보』, 1948년 4월 21일자.
2) G-2 Periodic Peport no.16(1945.9.26)

칭하고 있었지만3) 1947년 12월부터는『서울신문』을 '중립'이라고 표명하고 있다.4) 아울러『서울신문』의 필진에도 약간의 변화가 생겼다. 1947년 12월 薛義植이 새로운 편집고문으로 등장하게 된다.5) 설의식6)은 본래 오랫동안『동아일보』에서 활동한 기자출신으로 기존의『서울신문』의 필진과는 성격을 달리하는 인물이었다. 또한 1948년 1월 15일 이건혁7)이 편집국장에 취임하게 되었는데, 이것은『서울신문』의 논조가 이전에 비해 '우향우'했다는 신호라고 할 수 있다.

『서울신문』의 이와 같은 변화는 정국의 급격한 변화와 중간파의 위상변화, 일부 임원진들의 월북 그리고 사장이었던 하경덕의 사회주의 및 공산주의에 대한 인식도 영향을 미쳤다.

하경덕은 1930년대 발표한 글에서 이미 사회주의에 대해 조목조목 비판을 가하고 있다. 사회주의에 대해 불완전한 사회제도를 개혁하여 만인이 함께 잘살자는 것은 틀린 것이 아니지만, 선한 인민이 선한 사회제도를 만들 수 있는 것인데, 사회주의는 너무 개인의 책임을 무시하는 경향이 있다고 비판하였다. 한편 유물사관은 專斷的 학설이라고 규정지었다. 그는 "최근 과학자들이 30년 내에 과학자들이 자세히 연구해본 결과 유물론을 믿기가 어려우니 노벨상을 받은 이요, 現今 일류 과학자인 로버트 밀켄(Robert Miliken) 같은 이도 신의 존재설에 다대한 동정을

---

3) HQ, USAFIK G-2,『주한미군주간보고요약 G-2 WEEKLY SUMMARY』3권, 한림대학교 아세아문화연구소, 15, 138, 186, 326, 384쪽.

4) G-2 Weekly Summary, no.119(1947.12.26).

5) 『서울신문50년사』, 서울신문사, 1995, 764쪽.

6) 설의식(1900~1954) 함남. 일본대 사학과. 1922년 동아일보 사회부기자, 주일특파원, 편집국장, 1936년 일장기 말소사건으로 퇴사, 광복 이후 동아일보 주필·부사장, 1947년 서울신문 편집고문, 1947년 새한민보 설립 사장. 저서 '해방이전' '해방이후' '민족의 태양' '화동시대'. 『서울신문100년사』, 서울신문사, 2004, 764쪽.

7) 李健赫(1901~1979) 서울. 경성법전. 1924년 시대일보·조선중외일보 경제부, 1945년 중앙신문 정리부장, 조선일보·대동신문 편집국장, 1948년 서울신문 편집국장·주필, 1949년 공보처 공보국장, 1954년 한국일보 편집국장, 세계일보 부사장 겸 주필.『서울신문100년사』, 서울신문사, 2004, 764쪽.

의한다"고 하면서 "최근 수십 년 내 사회학자들이 연구해 본 결과 경제적 동기보다 더 강한 동기가 있으니 즉, 사회욕이 그 일이다"라고 유물론을 비판하였다. 또한 마르크스나 그 제자들은 자본가들이 자본을 축적하는 방법을 부정한 것으로만 묘사하는 것에 대해서도 의문을 표하였다. 자본가들도 정당한 방법으로 치부할 수 있으며 私利와 公利를 共히 취득하는 것이 가능하다고 하였다. 특히 문명이 진보할수록 치부의 방법도 정직하게 되거나 혹은 정직하게 되기를 힘쓴다고 주장하였다. 사회주의자들이 내세우는 자본주의 발달법칙도 중간계층이 점점 발달하는 나라가 있으므로 과학적 법칙이라 할 수 없다고 하였다. 하경덕은 "전제정치는 幼兒, 野蠻病者에게나 容許할 바이오 결코 완전한 정체라 할 수 없으니 현금 자본계급의 전제정치도 오히려 痛斥할바이어늘 오히려 무산계급의 전제정체를 환영하리오"라고 하면서 무산계급의 전제정치를 반대하였다. 또한 사유제도를 철폐하고 모든 산업을 정부관리가 관리하도록 하는 것에 대해서는 관료정치의 폐해를 고려치 않은 것이라고 역설하였다. 그리고 자유경쟁을 없애는 것은 진화원칙에 위배되는 것이라고 하였다.[8]

하경덕은 공산주의가 해방 이전 항일과 독립운동과의 연관성이 있고, 중국과 그 외의 지역에서 성공 후 조선에 상당한 영향력을 미친다는 것을 충분히 인지하고 있었다. 그러나 그는 공산주의를 매우 위협적으로 느끼기도 하였던 것 같다. 그는 연희대학교 시절 뛰어난 제자와의 대화에서 그 제자에게 공산주의자냐고 물었고, 서울신문사의 지방배급자의 고용 과정에서 추천자에게도 공산주의자냐고 물은 적이 있었다. 그리고 그 둘이 모두 공산주의자라는 사실을 알게 되었다. 그중 지방배급자로 추천된 사람은 처음에는 공산주의자라는 사실을 부인했지만 나중에는

---

8) 河敬德, 「現代思潮 問題와 우리의 態度: 科學的 社會主義」, 『靑年』, 제10권 제7호, 1930, 18~19쪽.

결국 공산주의자라는 사실을 인정하였다. 이러한 상황하에서 하경덕은 비망록에서 "이 나라의 현재의 상황 안에서" 그는 "나는 심지어 나의 가까운 친구나 제자조차도 신뢰할 수 없다"고 하였다.[9]

또한 1949년 4월 유엔한국위원단의 구성원들과의 대화에서 그는 "기적을 제외하고 가까운 미래에 남한과 북한을 통일시킬 수 있는 방법은 없다. 나는 우리가 할 수 있는 오직 한 가지는 기다리는 것뿐이라고 생각한다."라고 하고 있다. 또한 사람들이 어째서 북한에서 남한으로의 월남을 희망하는가라는 질문에 대해서 "공공연하고 지속적으로 북한의 제도를 찬양하는 사람들조차도 그들이 살고 싶은 곳으로는 남한을 꼽는데 그것은 북한에서의 심한 박해와 정치적인 압박감 때문"이라고 하였다.[10] 하경덕은 미군정에 의해 '중간좌파'로 규정된 바 있었지만[11] 그가 남긴 기록에 따르면 그는 오히려 온건한 중간파에 가까운 인물이라고 생각된다. 그런 상황에서 『서울신문』 전·현 간부들의 월북, 미군정의 『서울신문』에 대한 평가는 하경덕에게 부담이었을 수 있다. 그러나 이러한 필진의 변화가『서울신문』의 성격이 완전한 '우익'으로 바뀐 것으로 보기는 어렵다.

비록 설의식의 성격은 기존의 『서울신문』과는 다른 부분이 있지만 1920년대 홍명희와 동아일보에서 함께 재직했던 인연으로 그와 허물없이 농담을 주고받았을 정도로 친밀한 사이였던 것 같다. 그것은 그가 사장으로 있었던 『새한민보』에 실린 「홍명희·설의식 대담기」[12]를 통해서도 알 수 있다. 이 자료는 공식 언론보도에서는 드러나지 않는 민주

---

9) 1949년 7월 26일자 서울에서 국무장관에게, "전 서울신문사 사장 하경덕과 공산주의에 관한 대담" (Seoul to Secretary of State, 26 Jul 49, "Conversation on communism with Dr. Har Kyung Duk, former president of the Seoul Shinmoon") (국사편찬위원회 데이터베이스)

10) 유엔한국위원단 활동 (Operations of the UN Commission on Korea) (국사편찬위원회 데이터베이스)

11) G-2 Weekly Summary, no.65(1946.12.12).

12) 「홍명희·설의식 대담기」, 『새한민보』, 1947년 9월 중순호.

독립당의 창당 내막과 당시 홍명희의 심경을 엿볼 수 있게 해주는 자료로 그 내용은 신당발기준비위원회 제1차회의가 열린 날인 1947년 9월 11일 설의식이 홍명희를 방문하여 인터뷰한 내용을 기록·정리한 것이었다.[13] 또한 이건혁 역시 우익에 가까운 인물이기는 하였으나 淡水會[14]의 구성원으로 일제강점기에는 홍명희가 사장으로 있던 『시대일보』의 기자로 활동하던 인물이다. 이들의 성향은 기존의 『서울신문』과는 다른 부분이 있었으나, 모두 기존의 간부들과 친분 관계가 있었던 인물이었던 것이다. 또한 기존의 민주독립당에 속한 간부진들도 월북한 임원들(홍명희 부자 등)을 제외하고는 그대로 존속하고 있었던 것이다. 어쨌든 이러한 편집국장의 교체는 『서울신문』의 입장을 단면적으로 보여주는 것일 수 있다.

편집국장 이건혁으로 교체되던 시기는 UN의 결의에 따라 UN한국임시위원단이 서울에서 활동을 시작한 1948년 1월 18일과 매우 밀접한 관계가 있다고 생각된다. 1948년 12월 10일자 기사들에는 『서울신문』의 입장이 잘 드러나고 있다. 『서울신문』은 유엔한국위원단에 대해서는 일단 '한국의 자주독립 통일정부 수립에 최대한 노력을 요망'함과 동시에 전폭적으로 협력할 것을 밝혔고, 김구 등 남북협상파 우익지도자들의 정부 수립을 위한 활동에 대해서도 똑같은 비중을 두어 취급하는 중립적 자세를 취했다. 이는 유엔의 권위를 활용한 한국 독립의 가능성을 엿보며 최악의 상황에 이르는 만약의 경우를 고려했기 때문으로 보인다.[15]

이러한 태도는 미군정을 거쳐 새로운 대한민국정부하에서 더 분명하게 드러난다. 『서울신문』의 객관적이며 중간적인 보도 정향은 당시 사

---

13) 강영주, 『벽초 홍명희 연구』, 1999, 창작과비평사, 475~276쪽.
14) 담수회는 민족자주연맹과 더불어 표현의 자유를 주장하였는데[G-2 Weekly Summary, no.161(1948.10.15)] 합동통신, 서울신문, 조선일보, 자유신문, 경향신문 그리고 조선통신의 대표로 구성되어 있었다[G-2 Weekly Summary, no.146(1948.7.2)]. 1949년 담수회는 『서울신문』에 대한 발행정지처분을 재고할 것을 정부에 건의하기도 하였다.
15) 『서울신문100년사』, 서울신문사, 2004, 328쪽.

장이었던 하경덕과 깊은 연관이 있었던 듯하다. 물론 구성원 자체에 중간성향의 인물들이 있었던 것은 사실이지만 사장인 하경덕이 그러한 보도풍토를 용납하지 않았더라면 아마 정부의 의도와는 다른 기사가 보도될 수는 없었을 것이다.

이처럼 그가 정부에 다소간 비판적인 글을 허용했던 것은 몇 가지 이유가 있었다. 우선 그가 이승만과는 다른 성향을 가진 인물이었다는 점이다. 하경덕은 이승만처럼 미국에서 유학했던 인물이었다.[16) 그러나 이승만과는 다른 노선을 지지했던 것 같다. 그는 미국에서 홍사단과 대한인국민회에 활동했고 이력서에 따른다면 金奎植・洪命熹・張建相・呂運亨 등이 활동하던 상해의 同濟社에도 가입하였다.[17) 해방 이전의 그의 이러한 활동 반경은 해방 이후 그의 행보에도 상당한 영향을 미쳤던 것으로 보인다. 그는 1946년 12월 남조선과도입법의 관선의원으로 임명되었고,[18) 1948년 4월 남조선과도입법의원 제205차 회의에서 남한단선안이 상정되자 사표를 제출하고, 의원직을 사퇴했다.[19) 게다가 조중환의 회고에 따르면 하경덕은 이승만의 미움을 받고 있었다고 한다. 조중환은 "『서울신문』은 이승만에게 빼앗긴 것"[20)이라는 표현도 하고 있는데 이것으로 볼 때 이승만과 하경덕의 사이는 원만치 않았으리라고 생각된다. 하경덕의 이러한 경력은 『서울신문』을 나름대로 중립적인 입장에 놓이게 한 요인이라고 생각된다. 그러나 한편으로 『서울신문』의 보도성향과 하경덕의 경력은 새로 수립된 대한민국정부하에서 『서울신문』

---

16) 그는 1927년 하버드대 사회학과를 졸업(「하경덕 학사의 성공」, 『新韓民報』, 1927년 6월 2일자)하고 이듬해 하버드대 철학박사를 취득했다. (「하경덕 박사 二十五日 귀국」, 『新韓民報』, 1927년 6월 2일자에는 하경덕이 경제학박사를 취득한 것으로 기재되어 있으며 또한 興士團友 이력서에는 졸업 시기에 약간의 차이를 보이고 있다)

17) 興士團友 이력서에는 하경덕이 212단으로 기록되어 있다. 도산안창호기념사업회, 『도산 안창호전집』 10권, 2000.

18) G-2 Weekly Summary, no.78(1947.3.13).

19) 『남조선과도입법의원속기록』 제217호(1948년 4월 19일자).

20) 2006년 6월 3일 조중환의 구술(면담자: 김동선, 면담장소: 조중환 자택).

을 위태롭게 하는 요소였다.

『서울신문』과 이승만 정권의 이견 차이는 여러 기사에서 노출되고 있다. 『서울신문』은 정부의 국가보안법과 언론정책에 대해 신중할 것을 주장하였고, 미군철퇴에 대해서는 긍정적인 반응을 보였다.

1948년 11월 16일 국회에서 國家保安法 폐지안이 부결된 데 대해서 『서울신문』은 국가보안법은 치안유지법처럼 적용 범위가 대단히 광범위하여, 시행될 경우 정당적 색채나 악의가 있지 않더라도, 많은 동포가 불안과 공포를 가질 수 있어 민심에 악영향을 끼칠 수 있다고 경고하였다. 또한 본법의 제정이 국가보안상 형법보다 얼마나 큰 효과를 가져올 것이며, 민심에 주는 영향이 어떠할 것인가를 잘 살펴, 민심에 불안을 주지 않도록 신중한 토의가 있어야한다고 주장하였다.[21]

미군철퇴에 대해서는 趙炳玉과 애치슨(Dean Gooderham Acheson)의 합의가 잘 이루어져야 하겠지만, 독립국가에 外軍 주둔이란 원래 있을 수 없는 것이라고 지적하였다. 미군이 철퇴할 시에 국가의 체면을 세울 수 있고, 미국과의 종속적 정치적 관계를 제거할 수 있으며, 민족의 대동단결과 평화통일을 촉진하고 독립국가의 면모를 내외에 보여줄 수 있는 좋은 영향이 있을 것으로 보았다.[22]

국가보안법은 『서울신문』 이외에도 대표적 우익계통 신문인 『동아일보』에서도 반대의 태도를 취하고 있었을 만큼 반발이 컸던 문제였다. 그러나 미군철퇴 문제는 각계의 의견이 엇갈리고 있었다. 우익 전반에서 대한민국이 아직 완전히 국제적 승인을 받지 못하였을 뿐 아니라 국군도 제대로 양성되어 있지 않아 소련과 북한이 남침을 한다면 방법이 없다는 이유로 부정적인 의견을 표하고 있었다.[23] 미군철수 주장은 민

---

21) 「社說 國家保安法廢棄案 否決」, 『서울신문』, 1948년 11월 18일자.

22) 「社說 國軍組織進取 美軍撤退協議」, 『서울신문』, 1949년 4월 20일자.

23) 「美軍撤退論의 誤謬」, 『동아일보』, 1948년 11월 23일; 「국가방위의 요청—일부 철병론자의 妄議를 駁함 : 雨心草人」, 『국제신문』, 1948년 11월 20일자.

족자주연맹을 비롯한 중간우파에서도 지지하는 바[24]였으나, 정부의 언론통제로 인해 언론자유에 대한 문제가 심심치 않게 각 신문지상에 기사회되는 시점에서『서울신문』의 이 같은 행보는 더욱 두드러져 보였을 가능성이 있다.

특히 1948년 9월 정부는 서울신문사 간부에게 "정부의 시정을 부연 철저케 하여 국책 수행에 협력하겠다"는 각서를 제출케 한 상황이었던 것이다.[25] 게다가 이승만 정권은 불안한 정치사회적 기반을 다지겠다며 정부 수립 직후인 1948년 9월 18일 이른바 '게재금지 7개항'을 발표했다.[26] 이것은 국시·국책을 위반하는 기사, 정부 모략이나 허위사실 날조 등에 해당하는 기사는 보도할 수 없게 한다는 내용의 언론억압 장치라고 할 수 있었다. 또한 북한정권을 인정하는 내용의 기사를 싣지 못하도록 하는 '신문 게재금지 9항목'을 시달했다.[27] 그 내용은 '북조선 인민공화국'은 '북한 괴뢰정부'라 할 것을 비롯해 미군철수를 보도하여 민심에 어떤 정치적 불안을 끼치는 논조를 피할 것 등이었다.[28]

이 무렵『서울신문』에는 언론자유에 대한 사설이 몇 차례 등장했다.[29]『서울신문』은 정부가 일본이 조선의 언론탄압을 목적으로 만든

---

24) 「民族自主聯盟, 미군철수를 지지하는 담화를 발표」,『조선중앙일보』, 1949년 4월 14일자.
25) 「停刊 처분에 對해 서울신문사 대통령에 진정」,『조선일보』, 1949년 5월 17일자.
26) 7개 항목의 내용은 다음과 같다. 大韓民國國會, 「제3회 국회임시회의속기록 제12호(1949년 6월 4일 토요일 상오 10시)」,『제헌국회속기록 1949.5.23~1949.6.18』제1호~20호, 선인문화사, 1999, 241쪽.
    1. 대한민국의 국시 국책에 위반되는 기사
    2. 대한민국정부를 모해하는 기사
    3. 공산당과 이북 괴뢰 정권을 인정 내지 옹호하는 기사
    4. 허위의 사실을 造騷動하는 기사
    5. 우방과의 국교를 저해하고 국위를 손상하는 기사
    6. 자극적인 논조나 보도로서 양민을 격양 소란케 하는 외에 민심에 악영향을 끼치는 기사
    7. 국가의 기밀을 누설하는 기사
27) 1949년 2월 15일 공보처정 김동성의 국회 제31차 본회의 답변; 계훈모,『한국 언론연표』 II, 492쪽.
28) 鄭晋錫, 「역대정권의 언론정책-권위주의적 통제에서 세무조사까지」,『관훈저널』82, 2001, 40쪽.

新聞紙法을 적용하여 언론을 통제하려는 것은 문제가 있다고 지적하고 민주정치가 바르게 행해지려면 언론창달이 있어야한다고 강조하였다.[30] 이것은 정부의 언론통제 행위 자체에 『서울신문』이 어떤 입장이었는지 알 수 있는 부분이다.

『서울신문』의 이 같은 불안감은 1948년 10월 13일 현실이 되고 말았다. 조선통신사가 "정부의 추곡수집을 반대선동하고 북조선 괴뢰정부를 지지·찬양하며, 死者를 찬양하는 등 대한민국정부 정치계획을 방해한 자로서 국법을 무시하였을 뿐 아니라 북한공산정권의 선전을 하는 등 其 통신으로 하여금 일반 대중에게 주는 이익보다도 국책에 반역하며 대중에 비치는 악영향이 더욱 크다"는 이유로 신문지법을 적용받아 폐쇄된 것이다.[31] 朝鮮通信社는 1945년 金容彩, 愼鉉重이 미국 UP통신과 계약을 맺어 외신을 수신하였는데 1945년 좌경화하였다는 평가를 받고 있다.[32] 조선통신사의 사장인 金昇植은 滿洲國에서 稅官吏를 하여 큰 돈을 벌었다. 전무인 이중희는 그의 처남이었고, 편집국장 김용채는 신문계에서 이름이 알려진 인물이었다. 조선통신사는 종로 2가의 長安빌딩 2층으로 김승식이 부호 河某로부터 重價에 사서 사옥으로 삼았다.[33]

조선통신사의 폐간은 조선통신사 사건과 깊은 연관이 있다. 1948년 10월 23일 수도경찰청에서는 다음과 같이 조선통신사 사건의 전모를 발표하였다. 김승식은 영등포 소재 직산고주파공업공장 관리인으로 있었는데, 그곳에서 銑鐵 70여 만 원분을 방매횡령한 혐의로 영등포서에서 수색을 당하여 香港으로 도주하였다. 이후 이중희, 張鉉七이 『조선통신』

---

29) 이에 관한 사설은 다음과 같다. 「言論自由에 對하여」, 『서울신문』, 1948년 10월 10일; 「民主政治와 言論의 暢達」, 『서울신문』, 1948년 11월 3일; 「言論團體聲明」, 『서울신문』, 1948년 12월 18일자.

30) 「民主政治와 言論의 暢達」, 『서울신문』, 1948년 11월 3일.

31) 「金泰善 수도경찰청장, 朝鮮通信社 사건에 대한 담화를 발표」, 『세계일보』, 1948년 10월 24일자.

32) 송건호, 『송건호전집』 5권, 한길사, 2002, 96쪽.

33) 「나절로 漫筆(56) 8·15의 左右혼돈」, 『동아일보』, 1975년 1월 4일자.

을 발행하였다. 김승식은 香港에서 비밀리에 연락을 취하여 동 통신사 방계 北星企業社를 통하여, 북조선노동당 직계인 평양 소재 朝鮮商社와 결탁하였다. 이후 북로당으로부터 홍삼수출권을 얻어 香港을 근거지로 물자교역을 하여 그 수익금으로 통신사를 유지하고, 북로당 死守煽動을 위해 남한정부를 비방하고 불온기사를 보도하여 왔다는 혐의를 받았다. 이 사건에 대하여 당국은 이들이 대한민국 정치계획을 방해하고, 국법을 무시하였을 뿐 아니라 공산정권을 선전하는 등 국책에 반역하여 처단한 것이며, 결코 언론의 자유를 침해한 것이 아니라고 주장하였다.[34]

이로 인해 淡水會와 언론협회, 기자협회는 각 대표의 결의로 정부의 언론탄압에 대해 이번일로 光武新聞紙法의 "國憲紊亂", "國際交誼의 阻害", "官廳機密의 洩布", "被疑被告者의 救議", "誹謗", "安寧秩序의 방해", "風俗壞亂" 등등의 추상적인 문구로 나열된 기재금지와 이에 따르는 행정처분과 사법처벌규정이 전면적으로 유효하다는 것을 권력으로 실증한 처사라고 비판하였다. 또한 당시 法制處에서 심의 중이던 신문지법의 초안[35]도 광무신문지법과 마찬가지로 행정처분권이 강대하다는 점을 우려하였다. 이들은 언론일반에 대한 탄압 태도는 민주주의 원칙을 무시하는 것으로 보았다. 언론탄압은 신생국가의 역사적 성격과 前程을 파괴하고, 국민의 자유과 권리를 박탈하여 대한민국헌법을 休紙化하는 결과에 이를 것이라고 하면서 이 처사에 항의하였다.[36] 『서울신문』 또한 부당한 신문지법 자체를 폐지하라고 정부에 요청하였다.[37]

이승만 정권은 집권 초기부터 자기 노선에 반대하는 정치세력과 언론

---

34) 「朝鮮通信 事件 全貌」, 『동아일보』, 1948년 10월 24일자.
35) 1948년 12월 6일 국무회의는 새로운 신문지법을 통과시켰다. 새로 마련된 신문지법은 공보처와 법무부과 공동 기초한 것을 법제처가 종합해 만든 것으로 전문 32조로 되어 있었다. 그러나 이 법안은 언론의 반대 여론이 높았으므로 법제처는 이를 개정해 이해 12월말 국무회의에 상정했으나 역시 언론계의 반발이 거세 국회로 넘기지도 못한 채 폐기시키고 말았다. 정진석, 앞의 논문, 39쪽.
36) 「無軌道的言論彈壓 三言論團體서 政府에 建議」, 『경향신문』, 1948년 11월 3일자.
37) 「言論團體聲明」, 『서울신문』, 1948년 12월 18일자.

은 사정없이 탄압 또는 폐간 처분했다.[38] 그 과정에서 이승만 정권의 입장과 부합하지 않는 입장을 자주 드러낸 『서울신문』에 대해 정부가 곱지 않은 시선을 보내는 것은 당연한 이치일 것이다. 더구나 서울신문 사의 절반 가까운 지분이 정부 귀속이라는 점은 『서울신문』에 대해 정부가 어떤 처리를 할지 짐작이 되는 부분이다.

2 『서울신문』의 정간과 경영진의 대응

『서울신문』에 대한 발행정지 처분 명령은 1949년 5월 3일 국무회의에서 의결되었고, 다음 날 김동성 공보처장이 공식 발표했다.[39] 그 구실은 '정부 내부의 의사를 독자의 추측으로 게재함으로써 민심을 소동시키는 동시에 정부의 위신을 실추케 하여 안녕질서를 문란케 하고 정부와 민간의 이간을 양성하는 것'이었다.[40] 그리고 『서울신문』의 '반정부 내지 이적행위'의 구체적인 사례는 1949년 3월 20일자에 실린 東海州 반공사건을 하단 4호 1단으로 무성의하게 취급[41]한 반면 여순반란 사건을 다룬 3월 16일자 기사는 3단으로 크게 실어 '반란지 수습에 건설적인 비판은 가하지 않고 반야유적인 반선동적인 취급'을 하였다는 것이다. 또한 4월 12일자에 '이북 동포의 참담한 상황을 마지못해 1단으로 취급한 것은 이북공산도당의 착취 실상을 비호하는 것으로 인정할 수 있다.'고 강경론을 폈다. 또한 UN 가입에 대한 대통령의 담화를 3단에 싣고, 5월 1일 한미방위동맹에 대한 대통령의 담화도 취급하지 않았다는 것이다.[42]

---

38) 송건호, 『송건호전집』 9권, 한길사, 2002, 102쪽.
39) 「서울신문을 정간, 3일 국무회의서 결정」, 『자유신문』, 1949년 5월 5일자.
40) 「國務會議의 決議로 서울신문 停刊」, 『동아일보』, 1949년 5월 5일자.
41) 「인민군의 의거설 동쪽 해주일대 불바다」, 『서울신문』, 1949년.
42) 「『서울신문』의 정간 경위, 공보처장 발표」, 『자유신문』, 1949년 5월 18일자.

그러나『서울신문』의 정간 이유는 언론계의 반발을 사서 각계에서
『서울신문』의 복간을 주장하는 진정을 낼 만큼 매우 주관적인 이유에
불과하였다. 오히려『서울신문』의 정간은 정부가『서울신문』을 기관지
화하려는 의도에서 시작된 것이었다. 1949년 5월 15일 정부는『서울신
문』은 귀속재산으로 '정권 이양 이후 정부기관지와 같은 역할'을 하겠다
는 서약서를 회사간부에게 받았으나 그 역할을 충실하게 이행하지 않았
으므로 부득이 정간을 하게 되었다는 것이다. 또한 그 책임자가 사임하
면 다음 날이라도 속간하겠다고 하였음에도 간부경질을 이행치 아니하
였기 때문이라고 하였다.[43]

　정부에서『서울신문』을 귀속재산으로 취급하여 기관지화 하려는 의
도를 명백히 한 것으로 볼 수 있는 언급이다.『서울신문』을 정부기관지
화 하려한 시도는 이것이 처음은 아니었다. 이관구는 1985년 4월 12일
서울신문사에서 개최한 좌담회에서 '하경덕과 본인이 관선 입법의원으
로 간 것은『서울신문』이 정부기관지가 되는 것을 막기 위해서'라고 언
급한 바 있다.

　　… 저와 하경덕 씨가 과도정부 관선입법의원으로 간 적이 있었어요. 왜 입법의
원으로 갔느냐하면『서울신문』이 과도정부 기관지가 되는 걸 막기 위해서였지요.
그때『서울신문』정부 귀속주가 42%였고 나머지는 모두 민간주였는데 민간주주 대
부분이 38이북에 살고 있었거든요. 그런 관계로 과도정부에서『서울신문』을 기관
지로 만들려고 하자 저와 하경덕 씨가 입법의원 자격으로 군정 당국에「민간주가
귀속주보다 많기 때문에 기관지로 삼는 건 무리한 일이다」라고 청원을 했습니다.
그 결과 기관지가 되는 걸 그때 우선 막을 수가 있었어요.[44]

　이 내용으로 보아『서울신문』의 간부들은『서울신문』의 경영권과 편
집권을 지키는 데 매우 신경을 썼던 것 같다. 그러나『서울신문』의 논

---

43)「서울신문 停刊에 政府代辯人談」,『동아일보』, 1949년 5월 15일자.
44) 서울신문사, 앞의 책, 1995, 197쪽.

조와 『서울신문』의 간부진이 마음에 들지 않았던 정부는 당시 최고의 시설과 규모를 갖춘 『서울신문』의 기관지화에 적극적이었다.

이러한 정부 대변인의 발언은 간부진이 퇴임하고 논조를 전환하면 정간을 해제할 수 있다는 강력한 암시가 깔려있는 것으로 보아야 한다.[45] 여기에는 공보처장 김동성의 개인적인 욕심도 작용하였던 것 같다.

1949년 3월 27일 유엔한국위원단의 구성원 3인과 하박사의 토의를 적은 서류에서 다음과 같은 내용을 찾을 수 있었다. "공보국은 오래전부터 『서울신문』을 『국제신문』처럼 폐간시킬 핑계를 찾고 있었다. 그러나 그 기사의 성향은 탄핵할 여지가 없었으므로 공보국장 김동성은 첫째, 재산관리라는 관점에서 장부를 검사하기 위한 두 그룹의 감사단을 철수시켰다. 두 감사단은 『서울신문』에 대해 호의적으로 보도했는데 한 그룹은 그것을 "서울에서 가장 정직하게 관리되고 있는 곳 중 하나이다"라고 말했다. 그는 하박사가 흠잡을 데 없는 관리인이므로 하 박사 대신 김동성을 재산관리인으로 대체해 달라는 김동성으로부터의 노골적인 요구를 거절했다고 하였다. 김동성은 그가 "공보국에서 은퇴하기 전에 서울신문의 수장과 같은 좋은 직장을 찾기를 희망했고, 크게 이런 이유로 하 박사를 대체하고 싶어 했다."는 것이다. 또한 하경덕은 정부와의 불화 그리고 이러한 움직임으로 인해 불안해하고 있었다.[46]

게다가 서울신문사의 간부이자 민주독립당에 관여했던 박의양, 민중식, 權貞烈 그리고 서울신문사의 소유였던 합동통신의 李甲 등은 좌익 프락치로 수사를 받고 있던 朴楠洙, 李鍾赫에게 인민공화국을 지지하라는 권고를 받았다는 혐의를 받고 있었다.[47] 이 기사에 등장하는 민주독

---

45) 『서울신문100년사』, 서울신문사, 2004, 345쪽.

46) 유엔한국위원단 활동(Operations of the UN Commission on Korea) (국사편찬위원회 데이터베이스).

47) 「政黨에 뻐친 左翼의 陰謀 各 處에 프락치 潛入 朴楠洙, 李鍾赫을 기소」, 『동아일보』, 1949년 3월 27일자.

립당 위원들은 모두『서울신문』과 직·간접적인 연관을 가지고 있는데 정부가 중간파였던 민주독립당 위원들을 압박함과 동시에『서울신문』의 성향을 못마땅하게 생각했다는 반증이라고 할 수 있다.

결국『서울신문』의 정간은 중간적인 간부진과 정부와의 성향 차이, 대한민국정부의 의도와 일치하지 않는 보도방향 그리고『서울신문』을 정부기관지화 하려던 정부 측과 공보처장 김동성의 의도가 만들어 낸 결과라고 할 수 있을 것이다.

『서울신문』의 정간에 대해 전무 김동준은 "너무나 급작스러운 조치이다. 회사를 싸고돌던 여러 가지 풍문이 있더니 기어코 실현된 셈"이라며 당황했고 한다. 또한 서울신문사는 하경덕, 김동준, 이원혁이 김동성 공보처장, 이범석 국무총리를 차례로 방문하여 행정처분의 부당성을 항의하는 한편 이승만 대통령을 면담, 선처를 호소했다.[48] 서울신문사는 이승만 앞으로 공보부가 정간의 이유로 내세웠던 '반정부적이요 관민의 이간을 꾀하였다'는 문제에 대해 신문 제작의 경위와 간부 경질 문제에 대한 입장을 천명하는 진정서를 제출하였다. 1949년 5월 17일자『조선일보』에는 그 진정문이 실려 있다. 그 내용에 따르면『서울신문』의 간부 경질 문제와 정부의 기관지 역할 수행에 대한 입장에 대해 언급하고 있는데, 이에 따르면 정부 수립 직후부터 정부는『서울신문』의 경영진을 못마땅하게 생각하고, 경질시키려는 시도를 해왔다는 것을 알 수 있다. 아울러『서울신문』이 정부의 요구대로 순순히 기관지 역할을 하지 않았음이 드러난다.[49]

(상략) 다섯째, '정부기관지적 존재'라고 하나 우리는 '민의의 대변지'로서 국가의 내일을 위하여 대담하게 지적하고 비판하였던 것입니다.

乙. 간부 경질 문제에 대하여

---

48)『서울신문100년사』, 서울신문사, 2004, 341, 343쪽.
49)「停刊 처분에 對해 서울신문사 대통령에 진정」,『조선일보』, 1949년 5월 17일자.

공보처에서는 정부수립 직후부터 간부의 퇴진을 수차 종용해 왔고 작년 9월 중
에는 '정부의 시정을 부연 철저케 하여 국책 수행에 협력하겠다'는 각서를 간부로
하여금 제출케 한 일이 있으나 기관지가 된 것은 아닙니다. 이제 정간을 명하고 나
서 간부의 사임을 명한 것인데 반정부적 · 이적 행위가 없기에 퇴진할 수 없어 자중
해 왔는데 필경에는 사법에 소청 운운하여 퇴진을 강요하고 있는 것입니다. 이상으
로써 각하와 및 만천하 독자의 넓은 양찰과 서울신문의 발전을 위하여 더욱 편달 ·
지도 · 육성이 있기를 바라 마지않습니다. 끝으로 각하의 건강을 빌어 마지아니합니다."

사실『서울신문』의 정간의 이유는 매우 주관적인 것이었기 때문에
보도정향과 간부 경질 문제가 실질적인 것일 가능성이 크다. 이 같은
보도정향은 사실 간부진의 정향에서 나온 것이라고 할 수 있는데 하경
덕 및『서울신문』간부진의 성향이 새로운 정부의 수반인 이승만과는
다른 성질의 것이었기 때문이다.

이러한『서울신문』의 정간에 대해서는 다른 신문들과 언론계에서도
민감한 반응을 나타낸다. 1949년 5월 5일에는 담수회에서 명확하지 않
은 이유로 광무 11년 신문지법을 적용시켜『서울신문』을 정간시킨 것은
부당하며 이러한『서울신문』에 대한 가혹한 처분은 국민의 언론활동을
거세하려는 불쾌한 예가 될 것이라고 하면서 이승만 대통령 앞으로 건의
서를 전달하였고,[50] 5월 7일 中央廳 출입기자단은『서울신문』이 '반정부
적'이며 "민심의 이간을 策하였고" "북한 경찰정권을 지지함"을 명확히
한 기사를 게재하였다는 사실을 기억할 수 없다며『서울신문』정간해제
를 대통령 등에게 건의하였다.[51] 또한 5월 11일에는 市政記者會와 UN
출입기자단에서도 대통령에게『서울신문』의 정간해지를 건의하였다.[52]

서울신문사는 물론이고 언론계 각계에서 이처럼『서울신문』정간 해
제를 주장했던 것은『서울신문』의 정간이 단순히『서울신문』개별 신문

50) 「淡水會서 稟議書 전달」, 『자유신문』, 1949년 5월 7일자.
51) 「건설적 비판 보장, 서울신문 정간 해제 요망」, 『자유신문』, 1949년 5월 8일자.
52) 「市政記者會서도 성명서 發表」, 『동아일보』, 1949년 5월 11일자; 「UN 출입기자단서 대
통령에 건의 제출」, 『자유신문』, 1949년 5월 11일자.

사의 문제가 아닌 전체 언론계의 문제가 될 수 있었기 때문이다. 『서울신문』의 정간의 이유는 구체적이지 않았고, 정부와 성향이 다른 기사와 경영진이 문제가 되어서 정간이 되었다는 것은 앞으로도 정부의 뜻에 맞지 않는 언론사는 언제든지 정간이나 폐간과 같은 위기가 닥칠 수 있다는 것이었다. 때문에 각계 언론사에서도 정부의 처사에 대해 비판을 했던 것이다.

『서울신문』의 정간은 언론의 자유 문제와 결부되어 국회에서도 공방이 계속되었다. 국회의원들 중에서도 대한민국정부가 탄생된 지 얼마되지 않은 시점에서 정간이나 폐간되는 통신사나 신문·잡지사가 너무 많으며, 언론보장이 제대로 되지 않았다고 생각하는 의견을 가진 이들이 있었던 것이다.[53] 1949년 6월 3일 열린 국회임시회의속기록을 보면 그 내용이 자세히 드러난다. '언론탄압에 관한 긴급질문'이라는 제목으로 金英基 외 7명의 의원이 공보처 차장인 金炯源에게 언론탄압과 『서울신문』의 정간 문제에 대해 질의하고 있다.

의원들과 공보부 차장의 질의내용을 살펴보면 당시 이승만 정권의 언론정책과 『서울신문』의 폐간 이유에 대해서도 좀 더 자세히 드러나는데 특히 정부가 언론을 강력히 통제하려고 하는 의지가 드러나고 있다. 이시기 정부는 기사게재금지사항으로 소위 7개 조건을 각 신문사에 명령하였다. 이에 대해 국회의원들이 게재금지사항이 대단히 그 내용이 모호해서 해석하는 사람의 주관에 따라 자의적인 해석이 가능한 내용이라고 지적하고 있다.[54] 그리고 신문사나 통신사, 잡지사를 정간시킨 법령이 光武新聞紙法인 것에 대해 광무신문지법을 적용하는 것은 문제라고 언급하였다.[55] 또한 『서울신문』의 정간에 대해서도 반정부적인 언론을

---

53) 1949년 6월 2일 제10차회의에서 金英基의 발언, 『제헌국회속기록 1949.5.23~1949.6.18』 5 (제1호~제20호), 선인문화사, 1999, 194쪽.
54) 배중혁의 발언, 『제헌국회속기록』 5, 243쪽.
55) 金英基의 발언, 『제헌국회속기록』 5, 238쪽.

했다는 이외에는 구체적인 사실이 하나도 없음을 지적하였다. 그리고 『서울신문』이 국내에서 판매수가 제일 많은 신문인데, 폐간한 이유가 반국가적인 것이라면 반국가적인 국민이 다수라고 하는 반증이 된다고 하였다. 그러나 반국가적인 국민은 실제로 그다지 많지 않으므로 대한 민국의 언론정책이 도리어 반국가적, 반민족적인 것이 아니냐고 반문하였다.[56] 게재금지 7조항의 내용에 대해서도 그 내용이 모호하고 그 범위가 넓어서 자의적인 해석이 가능하고 이 가능하다는 점도 지적하였다. 또한 세간에서는 공보처장이었던 김동성이 『서울신문』을 뺏기 위한 음모라고하는 설이 있다며 의문을 제기하였다.[57] 더불어 『서울신문』의 관리인으로 공보처장인 김동성을 임명한 이유에 대해서도 해명을 요구하고,[58] 지금이라도 정간시킨 『서울신문』, 『국제신문』, 『세계일보』나 통신사 등을 복구할 생각은 없는지에 대해서도 질의하였다.[59]

이에 대해 金炯源[60]은 앞서 언급한 기사게재금지사항 7개 항목은 신문기자로 양심을 가지고 신문을 편집한다면 상식적으로 지킬 수 있는 사항이라고 대답하였다. 또한 『서울신문』의 폐간은 정부의 시책과 방침에 순응하기로 한 서약서를 내고도 약속을 지키지 않았고, 1948년 12월 말까지 간부를 교체하기로 한 약속도 어겼기 때문에 불가피했다고 대답하였다. 또 공보처장이 신문사를 빼앗기 위해서 정간시킨 것이냐는 질문에 대해서는 자신은 들은 바가 없으며, 광무신문지법의 적용의 문제는 자신은 법률가가 아니기 때문에 대답할 도리가 없다고 하였다.[61] 金炯源의 이러한 대답은 실질적으로 『서울신문』을 정간시킨 이유가 『서

---

56) 金秉會의 발언, 『제헌국회속기록』 5, 239~240쪽.
57) 裵重赫의 발언, 『제헌국회속기록』 5, 243쪽.
58) 金秉會의 발언, 『제헌국회속기록』 5, 240쪽.
59) 曺國鉉의 발언, 『제헌국회속기록』 5, 240쪽.
60) 당시 공보처 차장으로 당시 공보처장은 김동성이 사임한 관계로 공석이었다. 때문에 차장이 그 업무를 대리하고 있었다. 김형원은 공보처 차장이다. 『제헌국회속기록 1949. 5.23~1949.6.18』 5(제1호~제20호), 선인문화사, 238쪽.
61) 김형원의 발언, 『제헌국회속기록』 5, 241 · 242 · 245쪽.

울신문』의 보도성향이 정부의 성향과 맞지 않기 때문이라는 사실을 드러내고 있는 것이다. 결국 이 회의에서는 '서울신문을 즉시 복간케 하고 김동성 관리인 임명을 취소할 것'이라는 의제가 부의되었으나 표결결과 '可32, 否48'로 부결되었다.[62]

결국 이러한 과정을 거쳐 서울신문사 측은 정부의 제안[63]을 받아들일 수밖에 없었고, 1949년 5월 25일 공보처에 간부진 경질 용의를 비치고 막후교섭에 들어갔다. 공보처는 애초의 의도대로 마음에 들지 않는 간부진을 퇴진시키고 우익진영의 인사들로 하여금 『서울신문』을 속간케 할 작업을 구체적으로 추진했다.[64]

❸ 『서울신문』의 정부기관지화와 논조의 변화

정부는 『서울신문』의 주식 48.8%가 귀속재산으로 되어 있었으므로 공보처 명의로 정부를 대행하여[65] 1949년 6월 15일 임시 주주총회를 개최하고 중역진의 총개선을 하고 이어 16일 중역회의를 열어 상임 중역 및 간부진을 인선하였다.[66] 사장 朴鍾和,[67] 전무겸주필 吳宗植, 감

---

62) 大韓民國國會, 『제헌국회속기록』 5, 252쪽.
63) 「서울新聞問題 政府代辯人 談」, 『京鄉新聞』, 1949년 5월 15일자(이 기사에서 정부대변인은 그 책임자가 사임하면 익일이라도 속간시키겠다는 내용을 하달하였다는 언급이 기재되어 있다).
64) 『서울신문100년사』, 서울신문사, 2004, 341·346쪽.
65) 송건호, 『송건호전집』 9권, 한길사, 2002, 101쪽.
66) 「서울신문 陣容決定」, 『東亞日報』, 1949년 6월 18일자.
67) 1901년생. 서울 출신. 1920년 徽文義塾을 졸업하였다. 1948년 성균관대 교수, 서울대학원 강사를 지냈다. 1949년 서울신문 사장, 1950년 중앙선거위원, 1951년 전국문화단체총연합회 위원장, 1952년 국무총리정책위원, 1953년 3월 訪中문화사절, 1953년 고등고시위원, 1954년 6월 예술원 부회장, 1954년 한국유네스코 위원을 역임하였다. 1954년 예술원 종신회원(소설)이 되어 1955~1981년까지 동 회장이 되었다. 1964~1979년 문협이사장, 1965년 5·16민족상부위원장으로 활동하였으며 같은 해 월탄문학상을 제정하였다. 시집

사 박윤석, 상무 李源赫, 이사 宋秉暉 · 오종식 · 박종화 · 김양수 · 김길준 · 李軒求 · 柳致眞 · 박현욱 · 김경진, 편집국장 禹昇圭, 편집부장 姜永壽, 정치부장 金英上, 사회부장 呂尙鉉, 문화부장 金松, 체육부장 李裕澄, 교정부장 方仁熙, 사진부장 趙大植, 지방부장 李泰運, 조사부장, 閔丙奎, 출판사업국장 김진섭 등으로 구성되었다.[68] 새 간부들은 주로 우익문화단체인 전국문화단체총연합회[69]에 속한 인물들이었다. 이들은 대부분 정부와 성향과 지향점이 유사한 인물들로 정부에서 직접 인선한

「黑房秘曲」, 소설 「錦衫의 피」, 「待春賦」, 「多情佛心」, 「民族」, 「洪景來」 등을 다수 발표하였다. 康晉和 編, 『대한민국건국건국십년지』, 建國紀念事業會, 1018쪽; 『서울신문50년사』, 1995, 797쪽.

68) 『서울신문100년사』, 서울신문사, 2004, 350, 625~628쪽.

69) 해방 후 좌익계열의 문화단체에 대항하여 결성된 문화단체. 약칭 文總. 1947년 2월 12일 민족 문화의 유산을 지키고 문화의 독자성을 옹호하고, 세계 문화의 이념에 민족 문화를 창조할 목적으로 결성되었다. 광복 직후 좌익계의 朝鮮文化建設中央協議會에 대항하여 민족주의진영의 문화인들이 집결하여 全朝鮮文筆家協會를 결성했으며, 이어 젊은 문인으로 朝鮮靑年文學家協會가 결성되어 활동을 시작했다. 좌익계열에서 다시 문학예술단체를 집결시킨 朝鮮文化團體總聯盟을 조직하자, 이에 맞선 中央文化協會, 전조선문필가협회, 조선청년문학가협회 등을 비롯한 20명의 문화단체 대표들이 여러 차례 협의를 거친 끝에 전국문화단체총연합회의 결성을 합의하고 종로 기독교회관에서 창립총회를 열었다. 이 단체는 "① 광복 도상의 모든 장벽을 철폐하고 완전 자주 독립을 촉성하자, ② 세계 문화의 이념에서 민족문화를 창조하여, 전 세계 약소민족의 자존을 고양하자, ③ 문화의 유산의 권위와 문화민의 독자성을 옹호하자."의 3대 강령을 채택했다. 중앙문화협회, 전조선문필가협회, 조선청년문학가협회, 朝鮮美術協會, 劇藝術硏究會, 朝鮮映畵劇作家協會, 檀丘美術院, 外國文化硏究會, 韓中文化協會, 地理學會, 朝鮮史學會, 朝鮮記錄寫眞文化社, 朝鮮敎育美術協會, 高麗音樂協會, 全國吹奏樂聯盟, 民族問題硏究所, 朝鮮書道協會, 生物學會, 丹心會, 朝鮮敎育會, 朝鮮體育會, 建築技術團, 朝鮮商業美術協會, 朝鮮寫眞藝術硏究會, 國際文化協會, 朝鮮寫眞協會, 朝鮮天文硏究會 등이 산하단체로 참여함으로써 문총은 학술, 문화, 예술 전반에 걸친 민족주의 진영의 총집결체가 되었다. 창립총회에서 위원장에 高義東, 부위원장에 朴鍾和, 蔡東鮮, 총무부장에 李軒求, 출판부장에 金珖燮, 선전부장에 吳宗植, 사업부장에 丁大成, 재정부장에 梁賢珍 등이 선출되었다. 1949년 10월부터 기관지 『민족문화』를 발간했으며, 한국전쟁 중에는 산하단체를 총망라한 전위 조직체로 비상국민선전대를 조직하여 활동하였다. 서울을 탈출한 회원들은 수원에서 문총구국대를 조직하여 각 군에 종군활동을 펼치기도 했다. 1961년 5 · 16 이후 해산되었으나, 한국문화예술단체총연합회로 다시 집결하게 되었다. 「全國文化團體總聯合會 盛大히 結成式을 擧行」, 『京鄕新聞』, 1947년 2월 14일자; 한국현대문학대사전(http://www.krpia.co.kr/pcontent/?svcid=KR&proid=43&arid=95&ContentNumber= 20&pagenumber=20) 참조.

사람들이기도 하다. 또한 정부는 귀속주주권을 행사하여 김동성을 서울신문사 관리인으로 임명하였다.

『서울신문』의 정간 당시 언론계의 상당한 반발이 있었으나 김동성의 후임으로 1949년 6월 4일 공보처장에 임명된 이철원은 국회에서 취임인사를 하면서 언론정책에 대해 "건전한 비판과 보도는 육성 조장하는 동시에 파괴적 선동기사는 철저히 단속할 것이나 광무 11년의 신문지법만은 사용하지 않겠다"고 언명하면서 진정되는 양상을 보이게 되었다.[70] 이것은 정부가 서울신문사의 간부진 퇴진과 정부기관지화라는 목표를 달성하였으므로 더 이상의 파장을 원치 않았다는 것으로도 해석할 수 있을 것이다.

정부가 최종적으로 원했던 것이 『서울신문』의 간부진의 퇴진이었다는 것은 후행조치에서도 드러나는데 당시 사장으로 취임한 박종화는 "전직 사원이라 하여 전부 좌익이 아닌 바에야 재기용한다"는 방침을 세웠고, 부장급 이하의 사원들은 대부분 그대로 기용했다. 심지어 일부 간부진은 직책은 달라졌지만 잔류하기도 하였다. 또한 이후 꾸준히 이것은 그동안의 『서울신문』의 중간적인 논조가 어디에서 비롯되었는지를 단적으로 드러내는 조치라고 할 수 있다.

『서울신문』측은 세간의 정부기관지라는 명칭에 상당히 부정적인 반응을 보이고 있다. 『서울신문』은 속간사를 통해 『서울신문』은 정부기관지가 아닌 오로지 "대한민국의 헌법이 규정한 바에 비추어 민국의 지향할 바를 조명하기 위해 민족의 공기로서 명법을 준수할 뿐"이라고 밝히고 있다.[71]

본보가 정간되었던 연유가 어떠한 것인가는 독자의 이미 주지하는 그 시비를 이에 재론할 필요는 없거니와 다시 발간됨에 임하여 數言을 費코자 하는 바는 본보의

---

70) 「光武年法不使用 李公報處長言明」, 『경향신문』, 1949년 6월 15일자.
71) 「언론자유와 민의 창달」, 『서울신문』, 1949년 6월 22일자.

성격과 금후의 방향에 관한 독자의 기대 및 일부면의 억측에 대한 것이니 일부의 억측으로 말하면 본보가 정부의 기관지로 될 것이라는 것인데 과연 그러한 것인가 또는 그럴 수 있는가를 명찰해 보려고 한다.

설사 정부의 기관지라고 치더라도 정부의 범위를 어떻게 한정해야할 것인가. 만약 이것을 행정부에만 한한다면 입법부 사법부에도 기관지가 있어야 할 것이니 이러고 보면 한 정부에 기관지가 셋이 있게 되어 아무리 각기의 소장을 선전한다고 할지라도 통일을 기하기 어려울 것인 뿐더러 정부로서 신문을 셋이나 갖는다는 것이 신문사상 일찍이 그 유례가 없을 것이다. 설사 있을 수 있다고 하여도 그것은 벌써 신문이 아니요, 정부의 시책을 선전하는 공보 이외의 의의를 더 갖지 못하게 되고 말 것이다. (중략)

본지는 어느 一府의 機關은 아니며 또 될 수도 없는 사리를 밝혔다. 본지는 어디까지나 대한민국 헌법이 규정한 바에 비추어 민국의 지향할 바를 조명하기 위해서는 정상적 여론의 반영과 지도, 엄정한 비판에 있어서 아무도 없을 것이요, 苟容도 없을 것이요, 오직 민족의 公器로서의 命法을 준수할 뿐이다.[72]

그러나 실질적으로 이시기 『서울신문』은 정부기관지로서 역할을 수행하고 있었다. 속간된 지 얼마 지나지 않은 1949년 6월 26일 「國防體制와 思想對策」이라는 제목의 사설을 게재하고 조국의 영광과 민족의 自尊을 위해 국방체제를 강화하고 공산주의를 타도할 이유가 있다고 주장하였다.[73] 이것은 反共을 國是로 하는 이승만의 정권의 입장과 일맥 상통하는 것이라 할 수 있다. 1949년 3월 1일 이승만은 삼일절 30주년 기념사에서 "共産叛亂은 정부의 힘으로만은 阻止하기 어려운 것이니 民官 각 단체의 민족운동과 아울러 청년과 부녀들이 열렬한 애국심을 발휘하여 三一精神을 부활함으로써 능히 우리 단체도 보존하고 개인생명도 보존하며 국권도 鞏固할 것입니다. …… 나는 선언하노니 온 세상이다 적색화하고 온 세계가 다 합하여 우리를 공산화 할지라도 우리는 죽음으로써 항쟁하여 우리나라는 우리의 것이요, 우리 일은 우리가 해간

72) 「社說 言論自由와 民意暢達 續刊에 代하여」, 『서울신문』, 1949년 6월 22일자.
73) 「社說 國防體制와 思想對策」, 『서울신문』, 1949년 6월 26일자.

다는 굳은 결심으로 최후의 1인 최후의 일각까지 나라와 민족을 지켜나가야 할 것입니다"라고 하였다.[74] 이승만은 반공에 온 힘을 기울이는 것이 바로 나라와 민족을 위하는 길이라고 하였는데 이 기사의 내용은 이승만의 주장과 거의 유사한 것이다.

이후 『서울신문』은 1949년 8월 15일자로 조석간제를 간행하기에 이르렀다. 종래의 대형판 2면 석간에 조간 2면을 추가 발행해 하루 두 차례 신문을 발행한 것이다.[75] 1950년대에 걸쳐 신문용지는 매우 부족한 실정이었고 신문용지의 부족은 신문사의 생산활동에 중대한 장애 요인이 되었다.[76] 그럼에도 불구하고 이러한 일이 가능했던 것은 당시 정부에서 『서울신문』을 확장할 의도를 가지고 있었기 때문이다. 『서울신문』의 조석간 발행은 이듬해 6·25가 발발하기 전까지 계속되었다.

6·25가 끝난 후인 1960년에 들어서도 『서울신문』의 이러한 역할은 끝나지 않고 계속되었다. 1960년 정부통령 선거 당시 민주당 부통령 후보였던 張勉을 비방하는 벽보가 서울 시내를 비롯한 전국 각 중요 도시에 붙었다. 이 벽보는 「일제시대의 張勉 玉岡勉 박사의 모습」이라는 제목으로 소위 국민복을 입은 장면과 일인 군인이 함께 찍은 사진이 인쇄되어 있었다.[77]

그런데 바로 그 벽보에 함께 인쇄된 사진의 출처가 바로 『서울신문』이었던 듯하다. 당시 조사부 기자로 있었던 尹汝宰가 남긴 기록에 따르면 "1960년 3월, 3·15 정부통령선거 투표일이 임박한 어느 날 야근(당시 조석간 발행으로 하루걸러 야근)을 하고 있는데 밤 8시 쯤 사장실에서 「일제 때 국민복 차림을 한 장면씨 사진을 빨리 찾아오라」는 孫道心 사장의 직접 전화지시가 있어 황급히 그 사진을 찾아가지고 갔다. 4·19

---

74) 「李大統領 談 共産主義에 抗爭 國家民族을 수호」, 『東亞日報』, 1949년 3월 1일자.
75) 『서울신문100년사』, 서울신문사, 2004, 350~351쪽.
76) 최영석, 「1950년대 한국신문의 구조적 성격에 관한 연구」, 연세대학교 신문방송학과 석사 학위논문, 1989, 34쪽.
77) 「全國에 怪狀한 壁報 所謂 鐵血同志會서 張副統領을 毁謗」, 『東亞日報』, 1960년 3월 2일자.

로 화재가 나기 전만 해도『서울신문』조사부만이 간직하고 있는 사진이 많았고 그중의 한 장이 그 사진이었는데 사장이 바뀔 때마다 조사부 현황보고에서 그 내용을 사장께 보고했기 때문에 국민복을 입은 장면 사진이 조사부에 있다는 것을 손 사장도 알고 있었다. 그때는 무심코 그 사진을 찾아서 사장실에 전했을 뿐 다른 생각은 못했고 새벽 1시쯤 근무를 마치고 퇴근하였다. 그런데 다음 날 아침 출근길에 거리에 사람들이 모여 웅성대고 있어 가까이 가보니 바로 어제 조사부에서 내간 사진과 꼭 같은 사진이 담긴 벽보가 나붙어 있는데 내심 놀랄 수밖에 없었다"라고 하고 있다.[78]

이렇게『서울신문』은 정부의 입장을 대변하고 옹호하는 신문이 되고 말았다. 때문에 1960년 4월 19일『서울신문』은 성난 데모군중들의 방화로 시설이 거의 全燒되는 일을 당하기도 하였다.[79] 그리고 이 과정에서 모든 인쇄시설과 비품, 중요 서류가 잿더미로 변했다고 한다.[80]

4・19 이후『서울신문』은 잠시 일신하는 모습을 보이기도 하였으나, 5・16이 일어난 이후 다시 정부기관지 역할을 수행하게 되었다. 이후『서울신문』은 정부기관지로 그 성격이 굳어지게 되었다.

78) 서울신문사,『서울신문50년사』, 1995, 291쪽.
79)「本社施設 거의 全燒, 데모隊員들의 放火」,『서울신문』, 1960년 4월 20일자.
80) 서울신문사,『서울신문50년사』, 1995, 294쪽.

제7장

결 론

제 7 장

결 론

『서울신문』은 해방정국에서 가장 규모가 큰 신문으로 정국에 미치는 영향력이 상당한 매체였다. 그럼에도 불구하고 『서울신문』은 일제강점기 기관지였다는 점과 정부 수립 이후 정부기관지라는 이유로 크게 주목받지 못한 채 본격적인 연구가 되지 않았다. 그러나 미군정기의 『서울신문』은 전신인 『매일신보』나 정부 수립 이후의 『서울신문』과는 그 성격이 판이하게 다른 신문이라 할 수 있다.

이 연구에서는 1945~1949년 사이의 『서울신문』의 창립과 보도경향, 임원진의 성격과 미군정과의 관계를 통해 『서울신문』의 중간파적 성격을 파악하였다. 아울러 중간세력의 기반으로서 『서울신문』을 인식하고 『서울신문』의 보도를 통해 중간파들의 정국인식에 대해 고찰해 보았다.

1945년 해방 후 『매일신보』는 일본인 경영자들이 떠나고 매우 혼란스러운 상황이었다. 그러던 중 일제가 항복한 후 3주일이 경과한 9월 6일 중역 간부진이 전 종업원의 해고를 선언하자 사원들은 이에 불복하고 '종업원자치위원회'를 구성하기에 이르렀다. 10월 2일 미군정은 『매일신보』의 재산 접수를 통보하고 신문시설을 미군정 관리하에 두었다. 당시 『매일신보』는 유일한 신문사였기 때문에 건준을 비롯한 여러 집단에서 접수하려는 시도가 있었고, 자치위원회는 자신들의 고용과 생존이 걸린 문제였기 때문에 『매일신보』가 여타의 정치세력이나 언론기관에 흡수되는 일을 경계하였다. 그러나 미군정의 입장에서는 실체와 성격이 불분명한 자치위원회에 『매일신보』의 경영권을 맡길 수 없었다. 그러나 자치위원회는 경영참여와 독자적 편집권을 요구하며, 11월 10일 『매일신보』에 제호를 모집한다는 공고를 내기까지 했으므로 미군정은 그날 오후 『매일신보』에 정간명령을 내리게 되었다. 결국 미군정은 자치위원회가 원하는 고용승계와 독자생존을 가능케 할 수 있는 경영능력과 군사적 보안과 훈령에 저촉되지 않으면서 일정부분 한국인을 계도할 수 있는 능력을 지닌 경영진을 물색해야만 했다.

그 과정에서 발탁된 인물들이 바로 하경덕, 이관구, 홍명희, 홍기문, 홍기무, 박의양, 이원혁, 민중식, 김동준, 조중환 등과 같은 인물들이었다. 이들 중 조중환과 김동준과 같이 재정적 뒷받침을 한 인물들은 별다른 경력이 없었다. 그러나 그 외의 편집계통의 인물들은 일제강점기 신간회 활동을 하고 해방 이후에는 민주독립당과 민족자주연맹에서 활동한 중간파였다.

중간파 경영진을 맞이한 『서울신문』은 객관적이고 중간파적인 보도성향을 갖게 되었는데, 그것은 경영진의 언론관과 정치적 성격에 따른 것이기도 하지만 경영적 측면과도 관련이 있었다. 당시 신문들의 주수입원은 구독료라고 할 수 있는데, 신문독자들에게 민감한 문제를 전달하면서 거부감을 주지 않으려면 되도록 사실에 입각한 객관적인 자세를 필요로 하였고, '신문을 읽을 수 있을 정도'의 독자층이 이상적이라고 생각하는 중간파적인 태도는 결코 불리한 것이 아니었기 때문이다.

한편 『서울신문』의 기사내용은 미군정과의 관계를 고려하고는 있었지만 언제나 미군정에 우호적이지만은 않았고, 대체로 중간파의 주장을 대변하고 있었다. 그럼에도 미군정은 『서울신문』에 신문용지배급이나 신동아손해보험 창립, 합동통신 장악과 같은 것에서 서울신문사를 배려하였는데 그것은 당시 미군정의 정책과 연관성을 가지고 있다.

1946년부터 1947년까지 『서울신문』에 대한 미군정의 인식은 '좌익적'

신문이라는 것이었다. 그러나 『서울신문』이 미군정에 대해 직접적으로 비판을 하거나 좌익에 대해 직접적으로 찬동하지 않았고, '언론의 자유'를 표방하고 있었던 미군정으로서 『서울신문』의 보도경향을 선호하지는 않아도 인정할 수는 있었다. 게다가 제1차 미소공위가 진행되면서 무조건 반탁을 주장하는 우익신문의 태도가 미군정에 부담이 되기도 했기 때문에 『서울신문』의 보도경향을 문제 삼을 이유도 없었다. 또한 1946년 변화된 대한정책으로 인해 미군정은 중간파를 정치세력화할 필요가 있었는데 국내에 기반을 가진 중간파가 흔치 않았다. 그런데 서울신문사의 경영진들은 재정적으로나 조직적으로 여타 중간파보다 상당히 양호한 상태에 있었다. 때문에 미군정은 『서울신문』을 탄압하기보다 어느 정도 배려해 주면서 경영진의 협조를 얻어내고자 하였던 것이다.

이러한 과정을 거치면서 서울신문사 임원진은 1947년 10월 홍명희를 중심으로 민주독립당을 조직하였다. 그리고 민주독립당은 같은 해 12월 김규식을 중심으로 하는 민족자주연맹의 최대 정당이 되었다. 이때 민주독립당에 참여했던 서울신문사의 경영진들은 일제강점기 신간회 경력을 가진 사람들이 핵심이 되었고, 대부분 서울신문, 신동아화재보험회사, 합동통신의 임원직을 겸임하고 있었다. 그런데 합동통신이 설치된 지역에는 민족자주연맹 지부가 설치되고 있어 이들 사이에 일정한 연결고리가 있었음을 시사하고 있다.

한편 서울신문사 임원진의 언론관은 기사보도를 공정하고 정확하게 하며 독립의 완성과 민족의 결합을 위한 언론활동을 전개하는 것이라고 할 수 있다. 서울신문사 임원진들의 언론관은 『서울신문』과 『신천지』의 내용을 살펴보면 알 수 있는데 이들은 두 매체 형태는 다르지만 서로 보완적인 관계를 이루며 중간파의 언론관과 정치적 견해를 보여주고 있다. 이 두 매체는 모두 좌우 어느 쪽에도 속하지 않는 불편부당함을 내세우고 있었고, 정치적으로는 중간파에 우호적인 태도를 보이고 있었다. 또한 서울신문사 임원진은 『서울신문』이나 『신천지』를 "민족의 단결 통일과 그를 통한 독립의 완성"시키는데 필요한 도구로 인식하고 있었던 것으로 보인다.

『서울신문』은 일제강점기의 기관지였던 경험으로 인해 중립적 태도를 중요시했다. 때문에 정치 문제나 경제문제 등에 말을 삼가고 하지 않으면 안 될 말만 사설에 올리고 있었다. 그러나 이런 이유로 『서울신문』은 사설의 숫자는 적지만 중간파적 시각이 잘 드러나고 있기도 하다. 또한 1947년 무렵에는 정치 문제만을 다룬 화요정평을 게재하여 본격적으로 그들의 주장과 인식을 표출하기도 했다. 때문에 『서울신문』의 기사를 분석해 보면 서울신문사 임원진의 성향을 분석할 수 있고, 나아가 중간파의 국가건설론에 대한 인식도 파악할 수 있다.

1948년 이전의 기사에서 국가건설론에 대한 서울신문사 자체의 입장을 밝힌 글은 흔치 않다. 다만 1948년 7월 18일 대한민국헌법 선포에 대한 『서울신문』의 글을 살펴보면 이상적으로 생각했던 국가관을 엿볼 수 있다. 『서울신문』은 대한민국헌법이 경제상 균등경제주의를 채택하여 사회주의 실현과 균형 있는 국민 경제의 발전을 기본으로 하며 이것을 害하지 않는 범위에서 경제상 자유를 보장하는 것에 대해 매우 긍정적으로 평가하고 있다. 이를 통해 정치적 민주주의와 경제적 사회주의 체제를 실현할 수 있을 것으로 보았기 때문이다. 이것은 민족자주연맹과 안재홍 등이 주장하던 사회민주주의와 매우 유사한 것이라 할 수 있다.

한편 『서울신문』은 토지문제에 있어서는 유상매입, 유상분배를 주장하고 있었다. 유상분배를 반대하는 사람들은 '일제시대 자작농과 유사하다는 구실을 잡고 시비하는 하거나 그렇지 않으면 허울 좋은 무상분배를 내세우는 자들'로 규정하고, 다른 무산층과의 형평성과 권농의 차원에서도 좋다고 지적하였다. 『서울신문』은 지주층이 농업자본가에서 산업자본가로 변화할 수 있는 기회를 농지개혁이 제공해야 한다고 보았다. 또한 농지개혁을 하더라도 지주층의 살길을 터줄 필요가 있다고 생각했기 때문에 이러한 주장을 하였을 것으로 생각된다. 다만 그렇다고 해서 농지개혁 과정에서 농민들에게 과도한 부담을 지우는 것은 반대하고 있었다. 대체로『서울신문』은 농지개혁을 통해 농업자본의 산업자본화를 기하고 경자유전과 균등사회의 원칙을 실현할 수 있다고 보았던 것으로 파악된다고 하겠다. 이러한 주장은 1946년 10월 7일 김규식의 명의로 발표된 좌우합작 7원칙에서 제기된 國有國營, 경자유전과 유조건 몰수, 체감 매상을 당하는 자의 생계 고려, 대지주의 재생 방지 등을 원칙으로 하는 토지정책과 비교했을 때 보다 보수적인 것이라 할 수 있다. 그러나 그 외의 큰 틀에 있어서는 중간파의 그것과 보조를 같이 한다고 볼 수 있다. 특히 중간우파라 할 수 있는 안재홍의 초기 토지정책이나 제헌국회의 '소장파'의 의견과 상당한 유사점을 보인다.

기업정책에 관한 부분도 마찬가지이다. 당시 중간파는 대기업은 國營, 중기업은 官民合辦 소기업의 私營으로 하자고 주장하였다.『서울신문』의 주장도 대동소이하다. 다만 당시 한민당이 파업권까지 주장할 정도로 노동문제에 대해 겉모습으로 나마 파격적인 의견을 내었던 반면,『서울신문』은 간접적으로 단체교섭권은 긍정적으로 평가했으나 파업권까지 인정하고 있지는 않다. 이것은『서울신문』경영진이 포진하고 있던 민주독립당의 초안에서도 마찬가지이다.

그것은『서울신문』자체도 기업체라는데 그 원인이 있을 것이라 생각된다. 게다가 경영진들 가운데 자본가들이 포함되어 있고,『서울신문』외에도 신동아손해보험과 합동통신 등의 다른 기업을 거느리고 있는 상태라는 점도 고려될 필요가 있었던 것으로 생각된다. 그리고 결과적으로『서울신문』이나 중도우파의 기업정책에 관한 인식에 상대적으로 보수성을 띠고 있는 것이라 할 수 있다.

한편 해방 이후 대부분의 정치세력들이 관심을 기울이던 민족문화와 교육문제에 대해서도 언급하고 있다. 『서울신문』은 민족문화재건과 교육문제에 후발국가로서 문화의 전통을 찾고 또 민족의 생명을 길이 만고에 이어가기 위해 민족문화를 再建해야 한다고 주장하였다. 1948년 7월 11일자 『서울신문』은 사설 「民族文化政策을 세우자」에서 민족문화의 중요성을 강조하고, 민족문화를 발전시키기 위한 정책을 하루빨리 정립해야 한다고 주장하였다. 이 사설에서는 민족문화란 민족정신의 표현이라고 주장하였다. 또한 문화는 정치나 군사, 경제방면에서 중요하며 민족의 향방을 결정하고 자주력을 낳는 것이라고 지적하였다. 때문에 현재의 정신적 혼란과 불안을 제거하려면 사회적 문화정책의 바른 궤도를 찾아서 강력히 추진해야한다고 하였다.

또한 성인교육에 대해서도 많은 관심을 기울였다. 사실 이 성인교육 문제는 『서울신문』뿐만 아니라 당시 사회에서 상당한 관심을 기울이던 문제이기도 하다. 특히 公民의 자격은 글을 알아야 주어진다는 인식이 있었기 때문에 국가차원에서 성인교육문제가 떠올랐다. 『서울신문』은 군정청 문교부 성인교육부에서 하는 國民皆學運動의 일환인 學生啓蒙隊를 후원하였다.[1] 성인교육에 관심이 컸던 것은 전반적인 국민자질 향상을 위해 가장 중요한 것이 바로 문맹퇴치라는 인식을 가지고 있었기 때문이다. 이러한 내용은 중간파 단체인 민족자주연맹에서도 강조하던 것이었다. 민족자주연맹은 문맹퇴치, 민주주의와 시민권의 기본원리를 교육시키는 것이 주요산업 가운데 하나라고 하였는데, 『서울신문』의 관심도 그런 맥락일 것이라 생각된다.

『서울신문』과 중간파의 인식의 유사점은 친일 문제를 바라보는 시각에서도 드러난다. 『서울신문』은 1947년 3월 11일자 화요정평 「臨政强化와 附日懲治」에서 좌우 모두 민족반역자를 처단한다고 하지만 정작 양측 모두 처단에 미온적이고, 민족반영자를 찾아내기도 매우 어렵다고

---

1) 「學生啓蒙隊出動式 千五百名參加로그 成果期待(本社後援)」, 『서울신문』, 1946년 7월 5일자.

지적하였다. 또한 민족반역자를 징치를 위해서는 자파로부터 이들을 물리쳐야한다고 주장하였다. 또한 過道立法議院의 민족반역자 懲治案은 표면적으로는 民戰의 案보다 엄격하나 실질적으로 그보다 실현 가능성이 낮다고 비판하고 있다. 이는 곧 당시 정치세력들이 친일 문제에 대해 친일반역자를 찾는데 자파는 제외하고 정치적으로 이용하려는 의도가 강해 현실성이 떨어진다는 비판을 하는 것이었다. 그러나 『서울신문』은 친일 문제는 이해의 대상이 아니라고 인식하고 있었다. 1947년 3월 25일자 화요정평 「立法議院을 混亂케 맨든 逆賊 完用의 同情論」에서는 그러한 태도를 보다 분명하게 드러내고 있다. 3월 23일 立議 35차 회의에서 입법의원 이남규가 이완용에 대해 당시 국제 정세하에 부득이하게 도장을 찍은 것으로 반드시 자기이익을 한 것이 아니라고 동정론을 제창하자, 『서울신문』은 친일 문제는 이해의 대상이 아니며 민족의 앞날을 위해 반드시 해결되어야할 현안이라고 지적한 것이다. 이는 『서울신문』이 중간파와 마찬가지로 친일 문제를 새로운 국가건설을 위한 필수적인 과정으로 이해하고 있었음을 보여주는 증거이다. 부일협력자나 민족반역자를 처단하여 건국의 기반을 견고히 하자는 태도는 당시 입법의원 내 관선의원의 태도와 유사한 것으로 이들 관선의원들은 중간파 인물들로 구성되어 있었다. 즉, 『서울신문』과 중간파의 친일 문제 인식은 그 궤를 같이하고 있었다고 할 수 있다. 정부 수립 이후에도 친일 문제에 대한 『서울신문』의 입장은 그대로 유지되었다.

이와 더불어 『서울신문』은 자신들의 정국인식을 지속적으로 피력하고 있었다. 본 논문에서는 당시 정국의 가장 큰 쟁점이 되고 있었던 신탁통치, 미소공위에 대한 『서울신문』의 보도경향과 사설과 화요정평에 나타나는 국내 정치세력의 동향, 제헌헌법선포와 대한민국정부 수립에 대한 인식, 반민특위 활동에 관한 인식을 분석해보았다.

『서울신문』은 기본적으로 신탁통치에 반대하는 의견을 피력하면서도 미군정에서도 인정할 만큼 객관적인 보도를 했다. 그러나 『서울신문』에서는 신탁통치 문제를 반탁시위 등으로 해결하기보다는 민족통일전선 구축을 통하는 데서 찾아야 한다고 지적했다. 민족통일전선 구축을 통한 신탁통치 해결이라는 점은 조선공산당과 유사한 점이 있으나, 『서울신문』은 사설에서 좌익의 찬탁에 대해 외상회의 절대지지를 표명하며 우리민족의 지상명령에 거슬린 자는 곧 민족 반역자라고 표명하여 그들의 무조건적인 찬탁을 비판하고 있다. 이러한 태도는 중간파와 상당한 유사성을 보이는 것이고 한편으로는 『서울신문』이 신탁통치에 관련된 보도를 얼마나 신중하게 했는지 보여주는 것이라 할 수 있다.

또한 『서울신문』은 정치세력들의 통일전선 구현을 촉구했는데 그것은 미소공위에서 독립을 실현하기 위해서였다. 『서울신문』은 신탁통치는 찬성하지 않았지만 미소공위에 대해서는 3·8선의 철폐와 행정기관의 통일, 일인의 철폐와 같이 조선의 독립정부 수립에 필요한 일들을 해결할 수 있을 것으로 기대했다. 때문에 미소공위가 성공해야만 조선의 통일정부 수립이 가능할 것으로 인식하고 있었다. 이러한 상황에서 미소공위를 앞두고 펼쳐지는 좌우와 각 정치단체의 대립은 미소공위의 성공을 어렵게 만드는 것으로 파악하여 결코 바람직한 것이 아니라고 보았다. 즉 『서울신문』이 원하는 이상적인 정국은 바로 좌우와 모든 남한 국내 정치세력이 화합하는 상황이었다. 『서울신문』이 지향하는 임시정부는 남북좌우의 협력으로 조직된 남북통일정부였다. 이것은 중경임시정부의 법통을 이은 임시정부를 주장하는 우익이나 미소공위를 지지하는 정당만으로 성립된 임시정부를 주장하던 좌익과는 사뭇 다른 것이라 할 수 있다. 미소공위가 무기휴회된 상황에서도 『서울신문』이 일말의 희망을 가졌던 것은 이러한 염원 때문이었을 것이다.

그러나 『서울신문』 임원진들도 미소공위를 통한 남북자주국가 수립이 어려울 수 있다는 것을 알고 있었던 것으로 보인다. 이들은 미소공위의 재개를 희망하면서도 미소공위가 실패하더라도 스스로 힘을 키워 자립해야 한다고 주장했다. 이와 연장선상에서 『서울신문』은 좌우합작에 대해 좌우합작을 민족통일의 정로라고 평가하며 진정한 민족통일을 추진시킬 수 있는 절호의 기회로 보았던 것이다. 이것은 미군정과 임원진의 중간파적 성향과도 일치하고 대중적인 열망에도 부합하는 것이었다. 때문에 이 당시 『서울신문』의 보도경향은 중간파적인 간부진의 성향과 민중들의 열망 그리고 미소공동위원회에 임하고 있던 미군정의 입장에 따른 복합적인 결과물이라고 할 수 있다.

한편 『서울신문』은 입법의원과 좌우정치세력, 중간파세력의 동향에 대해서 꾸준히 입장을 밝히고 있는데 사설의 수가 적은 대신 화요정평이라는 것을 이용하기도 하였다. 우선 입법의원에 대해서는 민선과 관선의원들을 둘러싼 문제점, 미군정 법령으로 설치되었다는 한계점을 인정하면서도 행정과 민생에 걸친 입법기관으로 토지정책의 수립이나 사회제도의 개혁을 실시하게 되었다는 점에서 그 의의를 규정하고 있었다. 이것은 여운형과 같은 중간좌익세력조차 입법기관의 설치에 관한 것은 적극적인 반대를 표명하는 상태에서 『서울신문』이 중간좌익보다는 중간우익에 가까운 신문이라는 것을 보여주는 한 단서가 될 수 있다고 생각된다. 특히 『서울신문』은 중간파에 상당히 호의적으로 보도를 하는데 민주통일당과 건국동맹 등이 화합하여 신당을 조직한다는 내용을 보도하면서 민족독립의 사명을 실현코저 결합하기로 한 것을 환영하고 양심적 분자들은 이를 환영하고 미혹에 빠져있던 분자들은 반성하여 민족대동단결을 할 것을 기대한다고 하였다. 이때 조직된 정당이 바로 민주독립당이다. 그러나 『서울신문』의 중간파에 대한 보도는 시기에 따라 변화하고 있었다. 특히 중간좌파와 중간우파에 대한 평가가 그러하다.

『서울신문』은 화요정평을 통해 중간파에 '좌익인사인 체하는 부류'와 '순정한 민족주의자'가 한덩어리로 되어 있다고 지적하고 있다. 화요정평의 중간좌익에 대한 어조는 긍정적이라기보다는 부정적인 것이 많았고, 반대로 중간우익에 대한 부분은 대체로 긍정적인 것이 많았는데 이것은 서울신문사와 민주통일당 · 민주독립당의 인적관계와 무관하지 않은 것으로 보인다. 양당의 지도자 중 다수가 바로『서울신문』의 임원진이었기 때문이다. 한편으로는 1947년에 즈음한 중간파진영의 변화 때문이라고도 할 수 있다. 1947년 미군정은 좌우합작에 대한 지지를 철회했고 입법기구를 둘러싸고 중간좌우파는 분열하였으며 7월에 일어난 여운형의 암살은 좌우합작의 성공 가능성을 완전히 사라지게 만들었기 때문이다. 1946년까지는『서울신문』에서 중간좌익계열에 대해 비판적인 어조의 사설을 낸 것은 매우 드물지만 1947년의 화요정평에서 중간좌익에 대한 부정적인 논평을 하는 것은 이런 요인도 작용했을 것으로 보인다.

1947년 말부터『서울신문』에는 보다 상대적으로 우익적인 성향이 강한 설의식과 이건혁이 각각 편집고문과 편집국장에 선임되었다. 이것은 UN의 결의에 의해 UN한국임시위원단이 서울에서 활동을 시작한 것과 밀접한 관련이 있을 것으로 보인다. 또한 1948년 들어『서울신문』의 어조는 보다 중간우익적으로 변모하였다. 특히 토지문제와 대한민국정부 수립, 친일파 문제에 대한 내용을 살펴보면 그런 경향이 더욱 분명하게 나타나고 있다.『서울신문』의 변화에는 논조에만 그치지 않았다. 서울신문사 임원진들이 민주독립당에서 탈당하기 시작한 것이다. 그 대표적인 인물이 바로 유석현이다. 유석현은 김구와 김규식이 북행하였을 때 민족자주연맹의 조직국을 맡았을 만큼 주도적인 인물이었다. 민주독립당은 남북협상을 계기로 내부분열을 겪고 있었는데 김규식 · 김구 노선 지지자와 현 정권 지지자로 양립되어 서로 대립하는 상황이었다. 이들 중 홍명희와 같은 이들은 이미 월북하였으므로 서울신문사에 잔류한 인물들은 대부분 유석현과 같은 입장을 가지고 있었을 것이다.『서울신문』이 이러한 태도를 보인 것은 남한만의 정부 수립이라는 최악의 경우를 고려했기 때문이라고 생각된다.

그러나 『서울신문』의 중간파적 경향이 사라진 것은 아니었다. 남아있던 인물들도 역시 중간우파적인 인물들이었고 이들 중 여전히 민족자주연맹 및 민주독립당 소속으로 되어 있는 이들도 있었기 때문이다. 당시 사장이었던 하경덕은 『서울신문』의 중간적 보도풍토를 용납하고 편집권에 간섭하지 않는데 그 이유는 해방 이전부터 흥사단이나 대한인국민회, 동제사 등에서 활동하면서 중간파 인물들과 친분을 쌓았기 때문이라고 할 수 있다. 그러나 하경덕이 활동한 단체들은 대체로 이승만과는 정반대의 입장에 놓여있던 곳들로 이승만과의 사이는 원만할 수 없었던 것이다. 더군다나 『서울신문』은 국가보안법과 언론정책 문제 등에서 이승만 정권과 상반되는 견해를 노출하고 있었던 것이다.

이와 더불어 『서울신문』은 반민법과 반민특위에 대해서 정부의 입장과 배치되는 태도를 보이고 있었다. 친일파 처단에 신중론을 편 정부와는 달리 친일파 처단에 대해서 신속하고 철저해야 한다는 강경처벌론을 주장했다. 때문에 1949년 9월 반민족행위자 처벌법이 국회를 통과했을 때 이를 환영하면서도 "개전의 정상이 현저한 자는 그 형을 경감 또는 면제할 수 있다"는 규정에 대해 친일파들이 피해갈 수 있는 방법이 될 수 있음을 경계하였다. 이법의 통과에 미온적이었던 이승만 대통령에게 민의가 어디 있는가를 파악하고 반민 처단이 나라를 세우는 선결조건임을 기억하라고 하였다. 또한 이승만이 반민특위 관하의 특경대를 폐지시킨다는 내용의 담화를 발표하자 "특위가 억울한 말을 들었다"는 표현을 하고 대통령의 담화는 신중해야 한다는 사설을 게재하기도 하였다. 남로당과 같은 좌익 측은 1947년 7월 2일 과도입법의원에서 「민족반역자 부일협력자 간상배에 대한 특별조례」가 통과된 시점부터 이 법안은 실행되지 못할 이름뿐인 법안이라고 비판한 바 있었기 때문에 이를 차치하더라도, 『서울신문』의 이러한 주장은 대통령이나 정부, 우익의 의

도와도 상반된 것이었다. 이것은 곧『서울신문』이 중간파적인 자신들의 신념에 따라 기사를 게재하였지만 이승만 정부와의 마찰을 예고하는 것이라 할 수 있었다.

　결국 1949년 5월 3일 국무회의에서『서울신문』에 대한 발행정치 처분명령이 의결되기에 이르렀다. 그것은『서울신문』이 '반정부 내지 이적행위'를 했다는 것인데 그 구체적인 사례는 1949년 3월 20일자에 실린 東海州 반공사건을 하단 4호 1단으로 무성의하게 취급한 반면, 여순반란 사건을 다룬 3월 16일자 기사는 3단으로 크게 실어 "반란지 수습에 건설적인 비판은 가하지 않고 반야유적인 반선동적인 취급"을 하였다는 것이었다. 그러나『서울신문』의 정간 이유는 언론계에 강력한 반발을 가져왔고, 이 문제는 국회에서 '언론탄압에 관한 긴급질문'이라는 주제로 공방이 오고갔다. 또한 서울신문사는 이승만 앞으로 공보부가 정간의 이유로 내세웠던 '반정부적이요 관민의 이간을 꾀하였다'는 문제에 대해 신문보도의 경위와 간부 경질 문제에 대한 입장을 천명하는 진정서를 제출하였다. 그러나 정부의 입장은 강경했다. 정부에서는『서울신문』을 정부기관지화하겠다는 입장을 분명히 했고, 간부진이 퇴임하고 논조를 전환하면 정간을 해지하겠다고 통보하였다. 정부의 이러한 입장은 물론 서울신문사 임원진들과『서울신문』의 논조에 대한 불만이 주된 이유였지만 아울러 서울신문사의 관리인이 되고 싶어하던 공보처장 김동성의 의도도 숨어 있었다. 아울러『서울신문』이 정간된 이외에도 다른 문제들도 생겨났다. 서울신문사의 간부 중 민주독립당에 관여한 박의양, 민중식, 권정렬 그리고 합동통신의 관계자들은 좌익프락치로 수사를 받고 있던 박남수, 이종혁에게 인민공화국을 지지하라는 권고를 받았다는 혐의를 받았던 것이다. 결국 서울신문사는 정부의 제안을 받아들일 수밖에 없었고 1949년 5월 25일 공보처에 간부진 경질의 용의를 비치고 막후교섭에 들어갔다. 공보처는 애초의 의도대로 마음에 들지 않는 간부진을 퇴진시키고 우익진영의 인사들로『서울신문』을 속간케 하였고, 실질적으로『서울신문』은 정부기관지가 되었다.

　이상의 논의를 통해 살펴보면 1945년 8월 15일부터 1949년 5월까지 의『서울신문』의 중간파적 성격과 해방정국 중간파에서 서울신문사 임원진이 차지하는 위치를 짚어볼 수 있을 것이라 생각된다.『서울신문』은 해방 이후 가장 규모가 큰 신문으로 중간파의 인식과 입장을 충분히 반영하고 있었다. 아울러 서울신문사의 임원진들은 민주독립당과 민족 자주연맹을 중심으로 하는 중간파의 중심인물들이라 할 수 있었다. 때문에 서울신문사는 언론사이면서 동시에 중간파들 특히 중간우파의 큰 기반세력이라 할 수 있을 것이다. 마지막으로『서울신문』의 정부기간지 화 과정은 이승만 정권의 언론정책과 탄압 그리고 중간파 세력의 쇠망 과정을 보여줄 수 있는 한 예라고 할 수 있을 것이다.

참고 문헌

| 참고 문헌 |

1. 신문자료

『京鄕新聞』,『努力人民』,『大同新聞』,『大衆日報』,『獨立新報』,『東亞日報』,『每日申報』,『民報』,『民主日報』,『서울신문』,『世界日報』,『新韓民報』,『우리신문』,『自由新聞』,『朝鮮日報』,『朝鮮人民報』,『朝鮮中央日報』,『中央新聞』,『中央日報』,『中外新聞』,『靑年解放日報』,『漢城日報』,『解放日報』,『現代日報』,『새한민보』

國史編纂委員會,『資料大韓民國史』, 1~12, 1968~1999.

선인문화사,『解放空間新聞資料集成』 1~24, 1996.

金南植 · 李庭植 · 韓洪九 編,『韓國現代史資料叢書』 1~5, 돌베개, 1986.

方一榮文化財團,『韓國新聞社說選集』第7卷, 1997.

LG상남언론재단,『LG상남언론재단해방공간 4대신문』, 2005.

2. 잡지

『開闢』,『東光』,『大潮』,『民鼓』,『民聲』,『白民』,『三千里』,『先驅』,『先鋒』,『新東亞』,『新世代』,『新朝鮮』,『新天地』,『實話』,『月刊京鄕』,『月刊朝鮮』,『月刊中央』,『女性公論』,『人民』,『人民科學』,『再建』,『政經文化』,『朝鮮經濟』,『學兵』,『協同』

金南植 · 李庭植 · 韓洪九 編,『韓國現代史資料叢書』 1~15, 돌베개, 1986.

韓國學研究院,『韓國雜誌槪觀 및 號別目次集: 解放後』, 1975.

3. 연감 · 일지

계훈모,『韓國言論年表』 I~III, 관훈클럽신영연구기금, 1988~1993.

高橋猛 編,『朝鮮年鑑』, 朝鮮通信社, 1947.

高橋猛 編,『朝鮮年鑑』, 朝鮮通信社, 1948.

김천영,『年表 韓國現代史』 1~2, 한울림, 1984.

國史編纂委員會,『大韓民國史年表』上, 1984.

『農業經濟年報』, 1949.

李錫台 編,『社會科學大辭典』, 文又印書館, 1949.

朝鮮銀行調査部,『朝鮮經濟年報』, 1948.

朝鮮銀行調査部, 『經濟年鑑』, 1949.
朝鮮銀行調査部, 『經濟年鑑』, 1955.
朝鮮銀行調査部, 『朝鮮經濟統計要覽』, 1949(여강출판사, 1985년 영인본).
한국신문협회, 『한국신문연감』, 1968.
한국신문연구소, 『한국신문백년』, 1975.

4. 자료집

1) 국문

康晉和 編, 『大韓民國 建國十年誌』, 建國記念事業會, 1956.
國史編纂委員會, 『資料大韓民國史』 1~12, 1968~1999.
金南植 外, 『北韓對外政策基本資料集』 1·2, 東亞日報社, 1976.
南朝鮮過道立法議院, 『南朝鮮過渡立法議員 速記錄』 1~5(여강출판사, 1984년 영인본)
내무부 치안국, 『美軍政法令集』, 내무부, 1957.
盧重善 編, 『民族과 統一』(資料編), 사계절, 1985.
大韓民國國會 編, 『制憲國會速記錄』 1~10, 선인문화사, 1999.
서울시 人民委員會 文化宣傳部, 『政黨 社會團體 登錄綴(1950)』, 1950.
서울특별시 警察局 査察課, 『査察要覽』, 1955.
安在鴻選集刊行委員會 編, 『民世安在鴻選集』 7, 지식산업사, 2008.
雩南實錄 編纂會 編, 『雩南實錄』, 열화당, 1976.
인민위원회 선전국 편, 『전조선정당사회단체 대표자 연석회의 보고문 급 결정서』,
    1948.
통계청, 『통계로 다시 보는 광복이전의 경제·사회상』, 1995.
韓國法制研究會 編, 『美軍政法令總覽 1945~1948』(國文版), 1971.
한림대 아시아문화연구소, 『조선공산당문건자료집 1945~1946』, 1993.

2) 외국어

Chonsik-Lee, Materials on Korean Communism, 1945~1947. Center for Korean
    Studies. University of Hawaii, 1977.
Deasook-Suh, Documents of Korean Communism, 1918~1948. Princeton
    University Press, 1970.
Deasook-Suh, Korean Communism, 1945~1980. Hawaii University Press, 1981.

Headquarter USAFIK, G-2 Weekly Summary(한림대아시아문화연구소, 『주한미군 주간정보요약』 1~5, 1990).

HQ, USAFIK, G-2 Periodic Report(한림대아시아문화연구소, 『주한미군정보일지』 1~8, 1990

HQ, USAFIK, U.S. Military Advisory Group in Korea(한림대아시아문화연구소, 『美軍事顧問團情報日誌』 1~2, 1989).

HQ, USAFIK, Intelligence summary Northern Korea(한림대아시아문화연구소, 『駐韓美軍北韓情報要約』, 1~4, 1989).

Leonard Hong, American Military Government in Korea: War Policy and the First Year of Occupation, 1941~1946. Draft mamuscript produced under the auspices of the chief of Milirary History, Department of the Army, 1970, Pentagon Library.(신복룡·김원덕 공역, 『한국분단사보고서』 상, 풀빛, 1992.)

United States, Department of State, Foreign Relations of United States, Deplomatic Paper, United States Government Printing Office(1945~1946년은 김국태 역, 『해방3년과 미국』 1, 돌베개, 1984; 1950년분의 일부는 徐東九 편역, 『韓半島 긴장과 美國—25年前과 오늘』, 대한공론사, 1977.)

HQ, USAFIK, Counter Intelligence Corps, 1945~1949.(한림대아시아문화연구소, 『美軍政期情報資料集: CIC(방첩대)보고서』 1~3, 1995.)

United States Armed Forces in Korea, History of the United States Armed Forces in Korea. Mamuscript in Office of the Military History, Washington, D.C. (『주한미군사』 1~4, 돌베개, 1988.)

United States Armed Forces in Korea, Official Gazette.(在朝韓美陸軍司令部軍政廳, 『美軍政廳官報』 1~4, 원주문화사, 1990.)

US Military Attache to Amembassy at Seoul, Joint Weeka(鄭容郁 編, 『JOINT WEEKA』 1~8, 영진문화사, 1933.)

경남대 극동문제연구소 편, 『地方美軍政資料集』 1~3, 1993.

國史編纂委員會, 「UN韓國臨時委員團 關係文書」, 『大韓民國史資料集』 1~7, 1987~1990.

國史編纂委員會, 「韓國關係英國外務省文書」, 『大韓民國史資料集』 8~17, 1991~1994.

國史編纂委員會, 『駐韓美軍政治顧問 文書』, 『大韓民國史資料集』 18~26, 1994~1995.

國史編纂委員會, 『駐日美軍政治顧問 文書』, 『大韓民國史資料集』 27, 1994~1995.

國史編纂委員會, 「李承晩關係書翰資料集」, 『大韓民國史資料集』 28~37, 1996~1997.

國史編纂委員會, 「UN의 한국문제 처리에 관한 美國務部 문서」, 『大韓民國史資料集』 38~44, 1998~1999.

國史編纂委員會, 「美軍政期 軍政中隊·軍政團 文書」, 『韓國現代史資料集成』 47~50, 2000.

國史編纂委員會, 「미국무부 정보조사국(OIR) 한국관련 보고서」, 『韓國現代史資料集成』 53~57, 2002~2003.

國史編纂委員會, 「미국의 대한원조관계문서」, 『韓國現代史資料集成』 58~59, 2002~2003.

도산안창호기념사업회, 『도산안창호전집』 10, 2000.

러시아연방국방성중앙문서보관소, 『소련군정문서, 남조선정세보고서: 1946~1947』, 국사편찬위원회.

申福龍 編, 『韓國分斷史資料集』 Ⅰ~Ⅲ, 원주문화사, 1991.

鄭珪鉉, 『臨時政府樹立大綱 : 미소공위자문안답신집』, 새한민보사, 1947.

鄭容旭 編, 『解放直後 政治社會史資料集』 1~12, 다락방, 1994.

중앙일보 현대사연구소, 『美軍CIC情報報告書』 1~4, 1996.

5. 단행본

강영주, 『벽초 홍명희 연구』, 1999, 창작과비평사.

강만길·성대경 엮음, 『한국사회주의운동인명사전』, 창작과비평사, 1996.

경제평론사, 『한국경제백년사』, 경제평론사, 1982.

京鄉新聞社, 『京鄉新聞50年史』, 1996.

김남식, 『南勞黨研究』, 돌베개, 1984.

김재명, 『한국현대사의비극—중간파의 이상과 좌절』, 선인, 2003.

김기원, 『미군정기의 경제구조』, 푸른산, 1990.

김기승, 『한국근현대사회사상사』, 신서원, 1994.

김기조, 『38선 분할의 역사』, 동산출판사, 1994.

김남식·심지연 編著, 『박헌영노선비판』, 세계, 1986.

김민환, 『한국언론사』, 사회비평사, 1996.

김민환, 『미군정기 신문의 사회사상』, 나남, 2001.

김민남 외, 『새로 쓰는 한국언론사』, 아침, 1993.

김복수 외 저, 『한국사론—광복과 한국 현대 언론의 형성』 44, 국사편찬위원회, 2006.

김삼웅 편저, 『친일파 100인 100문 친일의 궤변, 매국의 논리』, 돌베개, 1995.

김희곤 외 저, 『대한민국임시정부의 좌우합작운동』, 한울아카데미, 1995.

김영삼, 『김마리아』, 한국신학연구원, 1983.

김인식, 『안재홍의 신국가건설운동』, 선인, 2005.

노경채, 『韓國獨立黨研究』, 신서원, 1996.

도진순, 『한국민족주의와 남북관계－이승만·김구 시대의 정치사』, 서울대학교출판부, 1997.

東亞日報社, 『東亞日報社史(1945~1960)』 1·2, 1978.

로버트 F. 올리버, 박일영 역, 『이승만비록』, 한국문화출판사, 1982.

마크 게인 지음, 까치 편집부 옮김, 『解放과 美軍政－1946.10~11』, 까치, 1986.

몽양여운형선생전집 발간위원회 編, 『몽양여운형전집』 3, 한울, 1997.

박명림 외 저, 『해방전후사의 인식』 6, 한길사, 1989.10.

박일영 譯, 『대한민국 건국의 비화』, 계명사, 1990.

브루스 커밍스 外著, 『분단전후의 現代史』, 일월서각, 1983.2.

사단법인 대한언론인회편, 『녹취 한국언론사』, 2001.

우사연구회 엮음, 『우사 김규식 생애와 사상』 1~5, 한울, 2000.

서울신문사, 『서울신문 四十年史』, 1985.

서울신문사, 『서울신문五十年史』, 1995.

서울신문사, 『서울신문100年史』, 2004.

송건호, 『한국현대언론사』, 삼민사, 1990.

송건호 외, 『한국언론바로보기 100년』, 다섯수레, 2000.

송건호, 『송건호전집』 1~20, 한길사, 2002.

송남헌, 『解放三年史』 I·II, 까치, 1985.

수요역사연구회 편, 『식민지 조선과 매일신보 1910년대』, 서신원, 2003.

스칼라피노·이정식 공저, 한홍구 옮김, 『한국공산주의운동사 : 해방후 편(1945~53』 2, 돌베개, 1986.9.

신동아손해보험주식회사, 『신동아 50년의 발자취』, 1997.

신수경·최리선, 『시대와 예술의 경계인 정현웅』, 주식회사 돌베개, 2012.

심지연 엮음, 『해방정국논쟁사』 I, 한울, 1986.

심지연, 『미소공동위원회 연구』, 청계연구소, 1989.12.

심지연, 『人民黨研究』, 경남대학교 극동문제연구소, 1991.

C.L. 호그 지음, 신복룡·김원덕 옮김, 『한국분단보고서(상)·(하)』, 풀빛, 1992.

그린트미드 외, 안종철 譯, 『주한미군정 연구』, 공동체, 1993.

우사연구회 엮음·서중석 지음, 『우사김규식』, 한울, 2000.

윤민재, 『중도파의 민족주의운동과 분단국가』, 서울대학교출판부, 2004.

이기하, 『한국정당발달사』, 의회정치사, 1961.

이동현, 『한국 신탁통치 연구』, 평민사, 1990.

이정박헌영전집편집위원회,『이정 박헌영 전집』1~9, 2004.

이정식,『김규식의 생애』, 신구문화사, 1974.

이종석,『조선노동당연구』, 연사비평사, 1995.

정용욱 · 김수자 · 유광호 · 이길상,『『주한미군사』와 미군정기 연구』, 한국정신문화
　　연구원편, 백산서당, 2002.

리차드 로빈슨 지음, 정미옥 譯,『미국의 배반』, 과학과 사상, 1988.

제임스 I.메트레이 저, 구대열 譯,『한반도의 분단과 미국』, 을유문화사, 1989.

정용욱,『미군정 자료 연구』, 선인, 2003.

정용욱,『존 하지와 미군 점령통치 3년』, 중심, 2003.

정용욱,『해방 전후 미국의 대한정책-과도정부 구상과 중간파 정책을 중심으로』,
　　서울대학교출판부, 2003.

정병준,『몽양 여운형 평전』, 한울, 1995.

정병준,『우남 이승만 연구』, 역사비평사, 2005.

정진석,『한국현대언론사론』, 1985, 263쪽.

정진석,『한국언론사』, 나남, 1990.

정진석,『한국언론흥망사』1 · 2, 옵서버, 1992.

정진석,『언론유사』, 커뮤니케이션북스, 1999.

정진석,『언론조선총독부』, 커뮤니케이션북스, 2005.

정태영,『한국사회민주주의정당사』, 세명서관, 1995.

조맹기,『한국언론사의 이해』, 서강대출판부, 2005.

朝鮮日報社,『朝鮮日報50年史』, 1970.

朝鮮日報社,『朝鮮日報60年史』, 1980.

朝鮮日報社,『朝鮮日報70年史』, 1990.

조순승,『한국분단사』, 형성사, 1982.

中央選擧管理委員會,『大韓民國政黨史: 1968年 增補版』, 1968.

차배근 외,『우리 신문 100년』, 현암사, 2000.

최준,『韓國新聞史』, 일조각, 1960.

親日人名辭典編纂委員會 編,『親日人名辭典』1~3, 민족문제연구소, 2009.

한태수,『韓國政黨史』, 신태양사, 1961.

合同通信 三十年 編纂委員會 編,『合同通信 三十年』, 合同通信社, 1975.

형성사 편집부 譯,『한국분단사』, 형성사, 1982.

홍일해,『한국통신사사』, 일지사, 1982.

6. 논문

강준식, 「미군정의 좌익언론 말살작전; 해방공간 한국언론사 (上)」, 『다리』 27, 1990.1.

고용진, 「한국 신문의 광고가 지면구성의 변화에 미친 영향에 관한 연구」, 서울대학교 신문학과 대학원 석사학위논문, 1989.

그란트 미드, 「미군정의 정치경제적 인식」, 『한국현대사의 재조명』, 돌베개, 1982.

김균, 「해방공간에서의 의식통제: 미군정기 언론·공보정책을 중심으로」, 『言論文化研究』 제17집, 西江大學校言論文化研究所, 2001.12.

김균·원용진, 「미군정기 대 남한 공보정책」, 『미국은 우리에게 무엇인가』, 백의, 2000.

김득중, 「1948년 제헌국회의원 선거과정」, 『성대사림』 10집, 1994.

김민환, 「미군정의 언론 정책」, 『언론과사회』 8, 1995.6.

김민환, 「『해방일보』와 『노력인민』의 사회사상」, 『언론과사회』 9, 2001.5.

김복수, 「미군정 언론정책과 언론통제」, 『한국사론 44 광복과 한국 현대언론의 형성』, 국사편찬위원회, 2006.

김수자, 「美軍政期(1945~1948) 統治機構와 官僚任用政策－中央行政機構改編과 行政官僚의 社會的 背景을 중심으로」, 이화여대 석사학위논문, 1993.

김승일, 「미군정의 언론정책이 한·일 언론에 미친 영향에 관한 연구」, 『인간과 문화연구』. 제17집, 2010.12월.

김영미, 「미군정기 南朝鮮過度立法議院의 성립과 활동」, 서울대대학원 국사학과 석사학위논문, 1993년.

김영필, 「한국신문의 윤전인쇄기 도입 변천에 관한 연구 : 동아일보와 조선일보를 중심으로」, 연세대학교언론홍보대학원 석사학위논문, 2004.

김영희, 「미군정시대의 신문현상」, 『저널리즘연구』 5, 1975.9.

김영희, 「미군정기 신문의 보도 경향 : 모스크바 3상회의 한국의정서 보도를 중심으로」, 『韓國言論學報』 44, 韓國言論學會, 2000.9.

김영희, 「미군정기 농촌주민의 미디어접촉 양상」, 『한국언론학보』 49-1, 2005.

김재명, 「원세훈의 해방정국 시말기(하)」, 『정경문화』, 1986.8.

金忠植, 「美國의 前後 韓國·日本言論政策에 관한 비교분석」, 中央大 新聞放送大學院 석사학위논문, 1993.

김혜수, 「정부수립 직후 이승만정권의 통치이념 정립과정」, 『이대서원』 28집, 1995.

노경채, 「8·15 후 呂運亨의 정치노선과 활동」, 『史叢』 제48집, 高大史學會, 1998.12.

노동상, 「적산 불하와 단정」, 『조선경제』, 1948.6.

도진순, 「1947年 中間派의 결집과정과 民族自主聯盟」, 『水邨朴永錫敎授華甲紀念
韓國史學論叢(下)』, 探究堂, 1991.

도진순, 「1948년 남북연석회의와 남한 민족주의 정치세력의 동향」, 『국사관론총』
第54輯, 국사편찬위원회, 1994.

도진순, 「1945~48년 우익의 동향과 민족통일정부 수립운동」, 서울대 국사학과 박
사논문, 1993.

문호권, 「미군정기 좌익언론에 관한 연구 : 미군정기의 언론정책을 중심으로」, 新聞
放送大學院 석사학위논문, 1990.

박권상, 「미군정 하의 한국 언론에 관한 연구」상, 『신문과 방송』, 언론연구원,
1987.10.

박용규, 「미군정기 한국언론구조의 형성과정에 관한 연구」, 서울대 신문학석사학위
논문, 1987.10.

박용규, 「미군정기 중간과 언론—설의식의 새한민보를 중심으로」, 『한국언론정보
학보』 19, 1992.

박용상, 「한국의 언론법사: 미군정시의 언론규제」, 『신문연구』, 1983년 겨울.

朴桂玉, 「美軍政下의 新聞에 關한 硏究」, 서울대학교 신문대학원 석사학위논문,
1974.2.

서중석, 「左右合作과 南北協商」, 『韓國史市民講座』 제12집, 일조각, 1993.2.

안진, 「미군정의 국가기구의 형성과정」, 서울대 사회학과 박사학위논문, 1990.

오승진, 「해방직후 좌·우 언론인의 연대와 분열—『자유신문』을 중심으로」, 서강
대학교 대학원 석사학위논문, 2007.

유병용, 「해방직후 言論文化 연구」, 『國史館論叢』 제70집, 국사편찬위원회, 1996.

유병용, 「해방정국의 중도과 민족주의 운동」, 『근현대사강좌』 통권 제8호, 한국현
대사연구회, 1996. 12.

유일상, 「이승만 정권하의 한국 언론」, 『社會科學硏究』 6, 建國大學校 社會政策硏
究所, 1996.8.

윤해동, 「여운형 암살과 이승만·미군정」, 『역사비평』 6, 1989.

윤해동, 「반탁운동은 분단·단정노선이다」, 『역사비평』 7, 1989.

이건태, 「미군정하 해방일보의 역할과 성격에 관한 연구」, 한양대대학원석사학위논문,
1994.2.

이대근, 「미군정하 귀속재산 처리에 대한 평가」, 『한국사회연구』 1, 한길사, 1983.

이봉범, 「잡지 『신천지』의 매체 전략과 문학」, 『한국문학연구』 39집, 2010.

李善永, 「美軍政의 言論政策에 관한 研究─東亞日報, 朝鮮日報, 自由新聞을 中心으로」, 고려대학교대학원 신문방송학과 석사학위논문, 1882.

이완범, 「미국의 한반도 분할설 획정에 관한 연구(1944-1945)」, 연세대학교 정치외교학과 박사학위논문, 1994.

이영근, 「미군정기의 언론 정책에 대한 소고」, 『淸大春秋』 34, 淸州大學 1990.4.

이영혜, 「8·15해방직후 언론계 동태에 관한 연구」, 이화여대대학원 석사학위 논문, 1980.

이유나, 「1946~1948년간 金奎植의 統一民族國家 建設運動」, 홍익대학교대학원사학과 석사학위논문, 2001.6.

이정식, 「呂運亨·金奎植의 左右合作」, 『現代史를 어떻게 볼 것인가』 I, 東亞日報社, 1987.11.

이재호, 「美·蘇共同委員會 研究」, 건국대학교대학원 정치학과 석사학위논문, 1991.2.

이준식, 「김규식의 민족운동 노선과 이념」, 『한국민족운동사연구』 39, 한국민족운동사학회, 2004.6.

이진섭, 「조국해방과 미군정하의 언론」, 『한국의 언론』 I, 문화공보부, 1968.

이현주, 「재미한족연합위원회 대표단의 귀국과 정치활동」, 『한국독립운동사 연구』 20, 2003.

이현주, 「8·15전후 朝鮮總督府의 정책과 朝鮮政治勢力의 대응」, 『국사관논총』, 2006.6.

林寬洙, 「解放直후 韓半島 統一努力에 미친 新聞의 役割에 關한 一研究: 東亞日報를 中心으로」, 서강대대학원 신문방송학과 석사학위논문, 1985.

장규식, 「해방후 홍성지방 중도우파·사회주의 진영의 국가건설운동」, 연세대사학과 석사학위논문, 1992.

鄭大澈, 「해방 후 朝鮮·東亞日報의 속간 지연에 관한 소고」, 『경제연구』 제17집, 한양대학교, 1998.

정병준, 「1946-1947년 좌우합작운동의 전개과정과 성격변화」, 『한국사론』 29, 1992.

정병준, 「주한미군정의 '임시한국행정부'수립 구상과 독립촉성중앙협의회」, 『역사와 현실』 제19호, 한국역사연구회, 1996.3.

정병준, 「남한진주를 전후한 주한미군의 對韓정보와 초기점령의 수립」, 『史學研究』 제51호, 한국사학회, 1996.5.

정병준, 「여운형의 좌우합작·남북연합과 김일성」, 『역사비평』 38, 역사문제연구소, 1997. 8.

정병준, 「해방 직후 夢陽 呂運亨의 노선과 활동」, 『한국현대사연구』 창간호, 한국정신문화연구원 현대사연구소, 1998.6.

정병준, 「1940년대 재미한인 독립운동의 노선」, 『한국민족운동사연구』, 한국민족
　　운동사학회, 2004.

장영민, 「미군정기 미국의 대한 선전정책」, 『한국근현대사연구』, 한국근현대사연구
　　학회, 2001.3.

정영훈, 「光復後의 中道派와 統一運動－左右合作運動과 그 추진 세력을 중심으로」,
　　『한국의 정치와 경제』7, 1995.

정영훈, 「광복 후 중도좌파의 정치사상」, 『정신문화연구』통권 73호, 한국정신문화
　　연구원, 1998. 12.

정용욱, 「1994년 철군논의와 미국의 남한 점령정책」, 『역사와현실』11호, 1994.

정용욱, 「1942~1947년 美國의 對韓政策과 過渡政府形態 構想」, 서울대 국사학과
　　박사학위논문, 1996.

정용욱, 「해방 이전 미국의 對韓構想과 對韓政策」, 『韓國史硏究』83, 한국사연구회,
　　1993.12.

정용욱, 「미군정기 웨드마이어 사절단의 방한과 미국의 대한정책 변화」, 『東洋學』
　　제30집, 단국대학교 동양학연구소, 2000.6.

정용욱·박진희, 「해방 전후 미국 대한정책의 변화와 임정의 대응」, 『역사와 현실』
　　제37호, 한국연사연구회, 2000.9.

정용욱, 「모스크바삼상회의 결정의 국내 전달과정에 대한 연구」, 『청계사학』18,
　　2003.

정용욱, 「1945년 말 1946년 초 신탁통치파동과 미군정－미군정의 여론공작을 중심
　　으로」, 『역사비평』. 역사문제연구소, 2003.2.

정윤재, 「해방직후 한국정치사상의 분석적 이해－안재홍·백남운 정치사상의 비교
　　분석」, 『韓國政治社會報』제26집 제1호, 한국정치학회, 1992.11.

정윤재, 「해방 정국과 우사 김규식」, 『한국현대사 연구』창간호, 한국정신문화연구
　　원 현대사연구소, 1998.6.

鄭昌鉉, 「1946년 左翼政治勢力의 ‘3黨合黨’노선과 推進過程」, 『韓國史論』30, 1993.

鄭晉錫, 「美軍政 하 百家爭鳴期 의 言論 ; 美軍政 의 言論政策과 한국의 언론」, 『政
　　經文化』218, 1983.4.

정진석, 「한국의 인쇄매체」, 『한국의 언론』II, 한국언론연구원, 1992.

정희상, 「미군정의 언론대학살」, 『말』35, 1989.5.

曹二鉉, 「1948~1949년 駐韓美軍의 철수와 駐韓美軍軍事顧問團의 활동」 서울대학교
　　국사학과 석사학위논문, 1995.

조규태, 「1920년대 중반 재북경 창조파의 민족유일당운동」, 『한국민족운동사연구』 37, 한국민족운동사학회, 2003.

조성훈, 「좌우합작운동가 민족자주연맹」, 『白山朴成壽敎授華甲記念論叢韓國獨立運動史의認識』, 白山朴成壽敎授華甲記念論叢刊行委員會, 1991.12.

조소영, 「미군정의 점령정책으로서의 언론정책과 언론법제의 고찰」, 『법과사회』제24호, 법과사회이론학회, 2003 상반기.

중앙일보 현대사 연구팀, 「독립촉성중앙협의회 회의록」, 『발굴 자료로 쓴 한국현대사』, 중앙일보사, 1996. 5.

차민혁, 「해방기 좌우합작운동에 대한 연구」, 서울대학교대학원 정치학과 석사학위논문, 2000.12.

최소미, 「미군정기 『경향신문』의 창간과 초기운영」, 국민대대학원 국사학과 석사학위논문, 2008.

최영석, 「1950년대 한국신문의 구조적 성격에 관한 연구」, 연세대학교 신문방송학과 석사학위논문, 1989.

차재영, 「주한 미점령군의 선전활동 연구」, 『언론과 사회』 5, 1994년 가을.

최준, 「당과 신문의 운명」, 『신문평론』 제2호, 1947. 7

한상도, 「朴建雄의 美軍政期 현실참여와 정치활동의 성격」, 『한국근현대사연구』 제13집, 한국근현대사학회, 2000. 6.

황민호, 심재욱, 「조선총독부의 언론정책과 『每日申報』에 나타난 방공관련기사의 추이」, 『崇實史學』 제27집, 2011.12.

황병주, 「제1차 미소공동위원회와 우익정치세력의 동향」, 한양대학교대학원 사학과 석사학위논문, 1995.

황봉구, 「이승만의 언론사상에 관한 연구」, 경희대대학원 신문방송학과 석사학위논문, 2008.

황윤억, 「미군정의 언론정책에 관한 연구」, 『언론연구논집』 14, 중앙대학교 신문방송대학원, 1992.10.

황의서, 「해방 後 左右合作運動에 관한 연구」, 동국대학교대학원 정치학과 박사학위논문, 1995.12.

황의서, 「해방 後 좌우합작운동과 미국의 대한정책─합작운동의 결과적인 실패와 관련하여」, 『韓國政治學會報』 제30집 제3호, 한국정치학회, 1996.12.

玄景普, 「美 軍政의 言論政策에 관한 硏究」, 延世大大學院 신문방송학대학원 석사학위논문, 1988.8.

부 록

[부표 1] 1945~1946년 『서울신문』의 주요기사 제목

신문명	날짜	제목
서울신문	1945.10.14	38도 문제 언제 해결되나? 4國管理委員會設置 朝鮮問題 가 토의될 터
서울신문	1945.10.23	朝鮮을 信託管理? 美國務省의 極東政策 闡明(뉴욕23일발SF同盟)
서울신문	1945.10.24	虛報이기를 切望한다 信託管理한다면 戰線統一코 嚴重抗議 國民黨 安在鴻氏談
서울신문	1945.10.25	信託管理制란 어떤것인가 協定에 依한 委任統治 關係諸國의 同意가 絶對必要
서울신문	1945.10.25	一事實이면 重大侮辱
서울신문	1945.10.26	社說 生命을 걸고 排擊 信託管理에 中央人民委員會 淡
서울신문	1945.10.27	絶對反對運動展開 信託管理에 對한 各黨共同戰線
서울신문	1945.10.29	信託統治反對聲明 各政黨行動統一 全體委員會 決議
서울신문	1945.10.31	信託統治說은 個人意見 朝日關係는 貿易뿐 아놀드 軍政長官, 記者團에 重要時事談
서울신문	1945.11.3	信託管理制에 絶對反對 建國同盟에서도 決議文 發表
서울신문	1945.11.7	修正된 決議書內容 獨立促成中央協議會서 打電—신탁반대
서울신문	1945.11.25	朝鮮信託管理案에 抗議 美上院議員, 國務省極東部將에
서울신문	1945.12.10	통일전선결성과 각정당태도4 임시정부중심으로
서울신문	1945.12.13	信託管理議論區區(런던11일 UP發朝鮮通信)
서울신문	1945.12.30	國民總動員委員會設置 託治에 絶對不合作 臨政, 政黨, 團體 緊急 會同
서울신문	1945.12.30	總動員委員會選任 28, 9連日會議
서울신문	1945.12.30	獨立國으로 託治 不日平壤서 美蘇會合 아놀드 長官談
서울신문	1945.12.30	特政委員會와 在美韓聯會談
서울신문	1945.12.30	美政廳發表(워싱턴 12월 28일발)
서울신문	1945.12.30	統一된 力量이 救護神 손잡고 國難을 突破 우리의 自主力보이자
서울신문	1945.12.30	歷史를 回顧, 自己反省
서울신문	1945.12.30	大衆的 힘을 組織化 힘찬 反對運動展開하라 洪命熹氏와 問答
서울신문	1945.12.30	民族運動을 展開 하지 中將에 靑聯서 聲明書
서울신문	1945.12.30	六大倧敎會憤然蹶起 聲明發表코 託治反對
서울신문	1945.12.31	朝鮮獨立을 主張 國民政府 代辯者 談(重慶 30日 UP發 朝鮮)
서울신문	1945.12.31	乙酉年보내며 解放의 感激, 託治의 悲憤 뭉처 힘잇게 새해 마지자
서울신문	1945.12.31	託治反對運動展開 國民動員大會에서 決定
서울신문	1945.12.31	反對運動去益激化
서울신문	1945.12.31	左右政黨에 自己批判할 때 왜 民族의 總意 못 傳達햇든가 京城大學校 教職員 憤○總辭職

신문명	날짜	제목
서울신문	1945.12.31	送舊迎新은 託治反對 鬪爭으로
서울신문	1945.12.31	萬古의 國恥 靑總에서 聲明書
서울신문	1945.12.31	金融團, 反對運動에 參加
서울신문	1945.12.31	文化團體總蹶起 託治反對를 聲明
서울신문	1945.12.31	새나라 위해 學兵되겟다 普專學生會에서 託治反對
서울신문	1945.12.31	무슨 面目으로 營業 料理業者 계속 휴업
서울신문	1945.12.31	託治反對講演會 文化團體 主催로
서울신문	1945.12.31	光州. 抗爭布陣 鐵壁(光州電話)
서울신문	1945.12.31	大邱. 徹底排擊 可決(大邱電話)
서울신문	1946.1.1	信託統治 撤廢는 民族統一로부터 새해에 戰取하자, 完全獨立을
서울신문	1946.1.1	託治撤廢는 統一로 洪南杓
서울신문	1946.1.1	託治反對方針協議 總動員委員會 委員選定
서울신문	1946.1.1	社說 獨立은 이해 안으로 年頭의 民族的 盟誓
서울신문	1946.1.1	託治撤廢要求決意 國民代表大會 召集反對
서울신문	1946.1.1	新春劈頭·盟誓하자! 託治撤廢
서울신문	1946.1.1	朝鮮이 願하면 託治 하지末將, 新聞社 代表에 談話
서울신문	1946.1.1	"示威는 不利한 일 아직 託治는 實施 안됏다" 國務省 通牒에 아長官談
서울신문	1946.1.1	託治는 公約背反 國民黨 大會서 決意
서울신문	1946.1.1	希望의 丙戌年 指導者여 合처라! 우리는 끝까지 싸우겟다
서울신문	1946.1.1	恥辱史를 反覆말자 거리에 그려진 民族의 拒像 國民動員大會 主催 示威運動
서울신문	1946.1.1	撤市는 싸우는데 支障 治安과 經濟活動을 維持하라
서울신문	1946.1.1	謀利輩를 嚴罰方針 司法部 總辭退 後 臨時措置會 活動
서울신문	1946.1.1	今日, 託治排擊女子大會
서울신문	1946.1.1	朝鮮貨物도 鬪爭表明
서울신문	1946.1.1	託治反對 講演會 盛況
서울신문	1946.1.1	遞信局 從業員 罷業
서울신문	1946.1.1	죽엄으로 투쟁 靑年突擊隊의 悲壯한 자○
서울신문	1946.1.2	民族統一에 危機 左右陣營 從來의 確執揚棄難? 政局展望
서울신문	1946.1.2	朝鮮의 信託統治는 不必要할 可能이 잇다?
서울신문	1946.1.2	사설 統一의 時效
서울신문	1946.1.2	反託은 統一完遂로 共産黨中央委員會 談話
서울신문	1946.1.2	反託에 밝은 아츰 統一獨立
서울신문	1946.1.2	託治撤廢市民大會 3日 서울運動場에서

신문명	날짜	제목
서울신문	1946.1.2	鬪爭에 支障업게 京電從業員 激昂
서울신문	1946.1.2	暴力行爲를 排擊 全評에서 聲明書 발표
서울신문	1946.1.2	輸送戰이 託治反對 交通局, 運輸繼續
서울신문	1946.1.2	抗爭을 決議 新韓公社 외 20社
서울신문	1946.1.2	市廳職員反對表明 水道 等 3課 繼續
서울신문	1946.1.2	託治反對 軍政廳 職員 大會
서울신문	1946.1.2	託治絶對反對한다 統一하야 힘을 보이라―女子大會決議
서울신문	1946.1.2	今日에 이른 重大性 認識 左右黨 急速히 提携할 때 美術協會○○
서울신문	1946.1.2	다섯 男便이란 웬말? 一夫朝鮮을 섬김이 義務일 뿐 姜女史 눈물 흘리며 熱辯
서울신문	1946.1.2	決議文―漢城劇場協會
서울신문	1946.1.2	臨政人共同時 解體 統一政府 樹立하자 臨政에 時間附 重大提議 中央人民委員會
서울신문	1946.1.2	反託은 統一完遂로 共産黨 中央委員會 談話
서울신문	1946.1.3	38度線撤廢 一朔內臨時政府 樹立 아놀드 長官談
서울신문	1946.1.3	"示威보다 建設力을 自制力에는 讚辭를 不惜"하지中將 聲明
서울신문	1946.1.3	美 반스 國務長官 聲明書 朝鮮信託統治 問題에 關하야
서울신문	1946.1.3	只今統一 못하면 指導者의 責任
서울신문	1946.1.3	協調統一만이 活路 兩翼의 反省을 斷乎要求
서울신문	1946.1.3	臨政서 提議를 拒否 中央人民委員會 交涉經緯發表
서울신문	1946.1.3	中央人民委員會 談話要旨
서울신문	1946.1.3	左右協調를 不斷念 서로 排擊함은 絶對禁物 趙素昂氏 談
서울신문	1946.1.3	反託總動員委員會를 排擊―中央人民委員會 洪南杓氏 談
서울신문	1946.1.3	統一戰線結成 促進 反託全國學生會 發足
서울신문	1946.1.3	軍政廳 職員復職하라 金九主席 放送要旨
서울신문	1946.1.3	回顧하라 己未年獨立運動 先人들의 鬪爭史를 繼承하자
서울신문	1946.1.3	今日託治撤廢 市民大會
서울신문	1946.1.3	朝鮮體育會에서 撤廢大會에 參加
서울신문	1946.1.3	國民大會 召集을 排擊 全評, 靑總, 靑突에서 聲明
서울신문	1946.1.3	또이런 쇠사슬 全國演劇人大會, 託治撤廢決議
서울신문	1946.1.3	各地서 反託電文殺到 國民動員大會에
서울신문	1946.1.3	카툰―漫畵說明= 各 政堂이여! 左派도 右派도 反託의 독기를 드러라
서울신문	1946.1.3	指導者여 合처라 鮮血을 뿜으며 激勵한 愛國志士
서울신문	1946.1.3	齒科醫師會決議表明

신문명	날짜	제목
서울신문	1946.1.3	最後까지 死鬪宣言 慶南記者會서 결의(釜山)
서울신문	1946.1.4	左右兩翼提携에 一大曙光
서울신문	1946.1.4	民族統一戰線에 靑信號 政治的獨自性 揚棄 統一委員會 結成에 合意?
서울신문	1946.1.4	사설 必然의 統一
서울신문	1946.1.4	雙方連日會談 繼續 交涉 繼續
서울신문	1946.1.4	人共側과 熟議 中 危局에 和平 協調 趙素昻氏 談
서울신문	1946.1.4	民族統一은 우리의 손으로—他力에 依한 統一은 民族萬代의 羞恥
서울신문	1946.1.4	提携를 서슴치안는다 人民委員會非公式言明
서울신문	1946.1.4	國際正義違反 上海韓僑民會 聲明(上海3日發AP合同)
서울신문	1946.1.4	左右兩翼이 提携해야 朝鮮問題는 解決 合作設의 喜報듯고 洪命熹氏 談
서울신문	1946.1.4	莫府會議決定에 對해 人民委員會結義書電送
서울신문	1946.1.4	一步의 蹉跌도 不許 全國保安署에 告함 共中央人民委員會서 檄
서울신문	1946.1.4	正當한 民主的 決定 莫府會談에 對해 共産黨 態度 表明
서울신문	1946.1.4	民族統一의 喊聲天地를 震撼 進步的인 民主政權 이것만이 우리의 念願 民族統一自主 獨立促成大會
서울신문	1946.1.4	極東委員會 蘇聯代表決定
서울신문	1946.1.4	百萬人波! 旗幟의 奔流
서울신문	1946.1.5	非常政治會議를 召集 臨政擴大, 國民代表大會 臨政 統一工作에 對해 重大聲明
서울신문	1946.1.5	美各部門委員組織 朝鮮臨時政府를 援助 託治는 協議한 結果決定(워싱턴 3일발AP합동)
서울신문	1946.1.5	聯合國排斥은 民族自滅 三國決定과 人民委員會 態度
서울신문	1946.1.5	左翼의 態度極注目
서울신문	1946.1.5	平壤會議에 對備 各黨代表訪問 活動
서울신문	1946.1.5	市內8警察署長 辭任
서울신문	1946.1.6	獨立示威에는 同情 朝鮮다운 秩序維持 期待 뉴욕타임스 評論
서울신문	1946.1.6	사설 政治는 詭辯이 아니다
서울신문	1946.1.6	統一엔 共同原則이 必要 朴憲永씨 內外記者團會見 談
서울신문	1946.1.7	不連續線을 긋는 政局鳥瞰 統一戰線動向微妙 美蘇"平壤會議"압두고
서울신문	1946.1.7	美國의 輿論은 朝鮮이 獨立國으로 行勢하는대로 占領을 끝마친다!(뉴욕 6일UP발 조선)
서울신문	1946.1.7	統一되면 萬事解決 指導者여 反省하라
서울신문	1946.1.7	託治와 各界態度 反託과 聯合國 混同치 말라 安在鴻씨 放送要旨
서울신문	1946.1.7	三相會議 意圖는 感謝 그러나 "託治"用語는 反對 李如星氏 談
서울신문	1946.1.7	三相會議支持 婦總決議文

신문명	날짜	제목
서울신문	1946.1.7	먼저 統一强化 靑總에서 聲明
서울신문	1946.1.7	卽時獨立主唱 獨立靑年의 發效
서울신문	1946.1.7	統一戰線向微妙 美蘇 "平壤會議" 압두고
서울신문	1946.1.7	國共妥結公式發表 停戰時期 等 具體 問題 協議 中
서울신문	1946.1.8	兩翼交涉分裂? 統一前途에 또 暗影
서울신문	1946.1.8	託治를 拒否하자 李承晩 博士 聲明發表
서울신문	1946.1.8	託治의 運營을 凝視 朝鮮의 獨立前進을 希望 뉴욕타임스評
서울신문	1946.1.8	統一에 積極的 契機 朝共 託治에 對한 說明書
서울신문	1946.1.8	信託統治는 絶對反對 昨日 反託學生會에서 示威行列
서울신문	1946.1.8	一致團結할 뿐 反託委員會 宣言
서울신문	1946.1.8	審議會를 設置 新韓民族黨 發表
서울신문	1946.1.8	反팟쇼『時事講演會』盛況
서울신문	1946.1.8	統一을 完成하면 託治問題는 解決 全評決議文
서울신문	1946.1.8	出版勞組新正懇談會 三相會議 支持決議
서울신문	1946.1.8	四大政黨과 人共 兩日間 重要會談
서울신문	1946.1.8	臨政, 五政黨代表招請
서울신문	1946.1.9	5大政堂會談繼續 民族統一에 一縷의 希望 4政黨公同콤뮤니케 全文
서울신문	1946.1.9	託治條項은 不承認 韓民黨 別個 聲明 發表
서울신문	1946.1.9	託治에는 絶對反對 國民黨首 安在鴻 談
서울신문	1946.1.9	먼저 豫備會談 蘇聯에 交涉 中 하지 中將 聲明發表
서울신문	1946.1.9	러취 軍政長官 登廳 아놀드 少將과 軍務引繼
서울신문	1946.1.9	正式會談 數次일 듯 "豫會"엔 朝鮮代表不參
서울신문	1946.1.9	主權은 我國에 잇다 莫府會議에 對해 金科奉氏 放送(平壤에서 徐丙坤 尹逸模 特派員 發)
서울신문	1946.1.9	信託아니고 後見 北朝鮮에 傳해진 三國決定(平壤에서 尹逸模 徐丙坤 特派員 發)
서울신문	1946.1.9	美國務長官 倫敦에(워싱턴 10일발AP合同)
서울신문	1946.1.9	自主獨立만이 所願 聯合國 學徒 援助 要望 反託學生會 멧세-지
서울신문	1946.1.9	託治支持反對 交通局 서울工員
서울신문	1946.1.10	하지 中將에 멧세지 傳達 美蘇豫備會談 開幕 蘇聯將校團 서울 飛來
서울신문	1946.1.10	사설 民族統一의 前夜
서울신문	1946.1.10	臨政, 人共 側 立會 下 五大政黨眞摯懇談 統一에 步調는 漸次 接近
서울신문	1946.1.10	託治反對를 決意 初等教育者 大會에서
서울신문	1946.1.10	三相會議와 北朝鮮 指導者 들 解說로 支持에 傾倒 街頭行列

신문명	날짜	제목
서울신문	1946.1.10	「우리 할 일은 民主主義路線의 實踐에 잇다」共産黨中央委員會談 發表
서울신문	1946.1.10	昨日國共停戰命令?
서울신문	1946.1.12	今日反託國民大會 大會끝나면 示威行進
서울신문	1946.1.12	歷史的"國聯"總會 五大課題를 ?上에 討議(뉴욕 9일AP合同)
서울신문	1946.1.12	國共停戰正式發令 마大使 仲裁會談 大團圓(샌프란시스코 10일발公立)
서울신문	1946.1.12	停戰運營部設置 統一된 民主國家를 實現 莊主席談
서울신문	1946.1.13	民族統一戰線은 어데로? 政黨中心懇談繼續 注目할 하지 中將의 示唆
서울신문	1946.1.13	託治에 絶對反對 爆發된 民衆의 決意 反託國民大會
서울신문	1946.1.13	當面問題는 統一 三相會議와 23團體의 態度
서울신문	1946.1.13	前民族的인 總團結 普遍, 無拘束選擧로 建國 金枓奉氏와 一問一答(尹徐 兩特派員)
서울신문	1946.1.14	兩軍駐屯問題도 討議 南北統一의 美國案 美蘇共同委員會에 提出說
서울신문	1946.1.14	美國輿論은 大好感 四黨共同"콤뮤니케"反響(샌프란시스코12일발共立)
서울신문	1946.1.15	託治絶對 反對 韓民黨 金性洙氏 談
서울신문	1946.1.15	패長官 上海 向發 歸國 後의 對我施策 注目
서울신문	1946.1.15	三相會議에 對하야 人民委員會 代表會議 決定書
서울신문	1946.1.15	五政黨會談을 再開 美蘇會談薄到 民族統一에 進展?
서울신문	1946.1.15	共同委員會서 조직하는 政府에는 參與치 안는다 臨政外務部長 趙素昻氏 談
서울신문	1946.1.16	今日軍政廳에서 美蘇會談開幕 38度問題를 討議 하지中將 發表
서울신문	1946.1.16	統一되면 獨立促成 먼저 秩序維持 政界安定 朝鮮問題에 對해 뉴욕타임스 評論
서울신문	1946.1.16	統一政府樹立要求 上海中國學生示威運動(상해 14일발AP合同)
서울신문	1946.1.16	中共, 國府에 抗議(○○14일발AP合同)
서울신문	1946.1.16	注目되는 今日會談 五政黨代表最後集合?
서울신문	1946.1.17	信託統治問題 討議 英美國蘇總會서 態度闡明(런던16일UP발 ○朝)
서울신문	1946.1.17	2周內에 結論到達 美蘇會談은 信託의 準備 美國務長官 代理 談(워싱턴 15일발 AP合同)
서울신문	1946.1.17	사설―美蘇會談의 開始를 보고
서울신문	1946.1.18	美蘇共同委員會와 우리黨① 첫재로 託治除去 自律的으로 政權確立 韓民黨
서울신문	1946.1.18	五政黨會談遂決裂 中協, 臨政도 別個로 活動
서울신문	1946.1.19	託治其間 短縮可能(워싱턴 16일발 AP合同)
서울신문	1946.1.19	美蘇共同委員會와 우리黨② 時急한 38도 撤廢 『臨政』繼承한 政權이 妥當 國民黨

신문명	날짜	제목
서울신문	1946.1.19	確然해진 國內政局潮流 非常政治會議 召集 臨政領袖會議서 決定
서울신문	1946.1.19	中協, 右翼主導의 性格明確化
서울신문	1946.1.20	「託治를 自請하는 反託運動 말라」러취長官 懇曲한 警告
서울신문	1946.1.21	"새로되는 臨時政府에 統治 힘 있으면 託治안는다" (샌프란시스코 20일발 ○○)
서울신문	1946.1.21	美蘇會談과 우리黨③ 過渡政權樹立强調 計劃經濟로 需給을 均整 新韓民族黨
서울신문	1946.1.21	明確히 分離된 政治路線 獨自的 立場을 堅持 左右兩翼各各會議進行
서울신문	1946.1.22	反託示威와 紊亂말고 建設에 힘써 獨立하라 하지中將 朝鮮人에게 戒告
서울신문	1946.1.22	社說 託治를 克服하는 길
서울신문	1946.1.22	美國務省主催 朝鮮問題解決座談會 美蘇가 眞正 協調해야 南北統一 自主獨立케 된다
서울신문	1946.1.23	數十政黨割據鬪爭 朝鮮은 混迷하고 絶望的 맥將軍 警告
서울신문	1946.1.23	獨立을 害치는 政爭 聯合國으로서 看過不能 러취長官 懸案不祥事에 一針 나의 念願은 祖先獨立 軍政長官 愛國熱을 强調
서울신문	1946.1.23	右翼新局面에 逢着 客觀情勢對處가 極注目
서울신문	1946.1.24	金奎植 金元鳳 金星淑氏 등 "非政"籌備會를 脫退 左右翼의 團結을 目標로 脫退聲明書要旨
서울신문	1946.1.24	共産, 社會 兩黨 提携 佛蘭西聯立內閣을 組織(파리 22일UP발 ○○)
서울신문	1946.1.24	左右合作은 必要 臨政 趙素昻氏談
서울신문	1946.1.25	"타스報道는 根據업다" 하-지中將이 反駁
서울신문	1946.1.25	타스報道의 內容(모스크바 22일發AP合同)
서울신문	1946.1.25	美蘇會談과 우리黨④ 民主民族戰線統一 地主의 同胞愛 昻揚 要望 共産黨
서울신문	1946.1.25	"民族統一에 違背업다 左右翼協力을 懇望" 非常國民會籌備會 聲明
서울신문	1946.1.25	脫退3氏 參加 民族戰線 再出發
서울신문	1946.1.26	最高5年으로 確定 朝鮮託治와 美蘇英(런던 25일UP○○○通信)
서울신문	1946.1.26	三黨共同聲明
서울신문	1946.1.26	人民의 要望에 酬應 代表一部 今明入京 朝鮮獨立同盟還國第一聲
서울신문	1946.1.27	3相會談眞相 타스通信
서울신문	1946.1.27	朝鮮의 託治는 抛棄? 複雜化한 東洋關係의 託管
서울신문	1946.1.27	社說 分裂과 統一
서울신문	1946.1.27	「朝鮮의 復興獨立熱願 解放된 人民에 同情」蘇聯의 政策을 熱烈闡明 三相會談眞相 타스通信

신문명	날짜	제목
서울신문	1946.1.27	分裂과 統一
서울신문	1946.1.28	朝鮮信託管理問題 美國서 最初로 提案(워싱턴26日UP發朝鮮)
서울신문	1946.1.28	招請250명 程度 左翼出席은 끝까지 希望 安國民會議 籌備會 談
서울신문	1946.1.28	政局前途에 一大曙光 獨立同盟 使令 重大 左右翼의 離合에 새關鍵
서울신문	1946.1.29	하지中將 言行은 聯合國 意思 示威나 論爭으로 消日은 不當
서울신문	1946.1.29	託治延長 提案 云云 計劃아니고 意見이었다.
서울신문	1946.1.29	託治의 世界的 歸趨
서울신문	1946.1.29	美蘇會談과 우리黨⑤ 民主主義政權要望 좌우공통점 발견이 急務 獨立東盟
서울신문	1946.1.29	民主主義政權要望 左右共通點 發見이 急務
서울신문	1946.1.29	完全獨立을 찾는 길 朝鮮民主黨(平壤) 李宗鉉氏談
서울신문	1946.1.29	反託陣營强化 安總動員副委員長 談
서울신문	1946.1.30	要는 莫府案의 協同 하지中將 거듭 聲明을 發表 黨祿追求, 亂動하는 指導者는 排擊 大衆은 自重코 協力하라
서울신문	1946.1.30	카이로公約再確認 여러분 『구름다리』는 安全
서울신문	1946.1.30	左右翼是非는 半半 朝鮮運命은 半朔內 決定 러취長官 談
서울신문	1946.1.30	『獨同』이 反託해야 提携 金性洙氏談 따스通信 記事取消 要望 金性洙氏 談
서울신문	1946.1.30	非常國民會議 拒否 獨同, 朝共 등 共同聲明
서울신문	1946.1.30	堂錄追求, 亂動하는 指導者는 排擊 大衆은 自重코 協力하라
서울신문	1946.2.1	"非國"會議를 支持 反託總動50團體가 決議
서울신문	1946.2.1	사설 民族反省의 秋
서울신문	1946.2.1	환국지도자는 겸손하고 국내애국자에 우선권주라 재화부의 한인협회 장담
서울신문	1946.2.1	非常國民會議 今日 開催
서울신문	1946.2.1	24準備委員選定 民主主義民族戰線 活潑
서울신문	1946.2.1	左翼不參遺憾 安在鴻氏와 問答
서울신문	1946.2.1	統一에 新境地開拓 統一正權促成會를 結成
서울신문	1946.2.8	獨立同盟 서울特別委員會 結成 中間層 網羅, 左右協調에 邁進
서울신문	1946.2.2	이날은 민전과 비상국민회의 개막이 함께 보도됨 *특징.
서울신문	1946.2.2	18년만에 中國聯立政府 樹立 毛澤東氏國務會議 參加(○○1일UP발 朝鮮通信)
서울신문	1946.2.2	社說 政權獲得 段階 兩翼, 準備態勢整備 美蘇會談의 進行에 期待
서울신문	1946.2.3	사설─非常國民會議의 意義
서울신문	1946.2.3	反民主主義를 排擊 民主主義民族戰線 準備會 宣言

신문명	날짜	제목
서울신문	1946.2.5	사설—統一되는 中國
서울신문	1946.2.5	左右翼協調에 最後策 政治協商 會議 召集? 金元鳳氏 등 活動에 期待
서울신문	1946.2.6	左右合作해야 完全獨立 美蘇會談 好結果를 希望 趙素昻氏 談
서울신문	1946.2.6	正式國會의 前身 「非國」洪議長의 就任辭
서울신문	1946.2.6	15日에 結成大會 民主主義民族戰線 事務局部署 決定
서울신문	1946.2.7	民主主義臨時政府樹立美蘇共同會議 本部共同聲明
서울신문	1946.2.7	左右渾然一體를 非常國民會議 會長 記者團 會見
서울신문	1946.2.7	사설—美蘇會談의 一段落
서울신문	1946.2.7	國民에게 主權返還 蘇聯과는 經濟交涉 中 蔣主席 會見 談
서울신문	1946.2.8	國內統一은 언제 達成? 美蘇共同委員會 開設에 期待 今日 美蘇會談共同聲明, 美蘇會談의 聲名支持 自律的 民主統一을 歡迎 民主民族戰線 本部聲名
서울신문	1946.2.8	獨立同盟 서울特別委員會 結成 中間層網羅, 左右協助에 만진
서울신문	1946.2.8	民族的 政治路線에 만진 서울시特別委員會長 白南雲氏 談
서울신문	1946.2.9	"民線" 성원 資格審査標準
서울신문	1946.2.9	大韓獨立促成國民會 發足
서울신문	1946.2.9	南北統一된 民主政權 美蘇共同委員會에 要望 洪震氏 談
서울신문	1946.2.10	民族의 總團結에 奮鬪 民主共和國을 建立 朝鮮獨立同盟臨時綱領
서울신문	1946.2.10	託治決定 云云은 無根 뉴먼公報局長 桑港放送 否定
서울신문	1946.2.11	混沌 속에 政權獲得段階 突入 中間派的 潮流動搖 醇化過程에 直面한 政局
서울신문	1946.2.11	統一基本條件提示 統一促成會 등이 兩陣營에
서울신문	1946.2.12	信託統治의 範圍 美, 擴大適用 提案(런던 9日發 合同)
서울신문	1946.2.13	中國聯合政府部署 中共黨 等 配定比率決定(○○11일발 AP合同)
서울신문	1946.2.13	各黨 各團體를 招請「民戰」結成大會準備完了
서울신문	1946.2.13	完全統一自主獨立 總聯盟結成準備會 發足
서울신문	1946.2.13	「民戰」大會에 韓民黨參加否認
서울신문	1946.2.14	社說 蘭印에 自治政府樹立說
서울신문	1946.2.14	朝鮮은 南北統一로 完全獨立 熱望한다. 맥大將朝鮮現勢華府에 報告 (워싱턴 13일UP발조선)
서울신문	1946.2.14	中立孤立態度拋棄하라 民戰結成에 對해 共黨서 聲名
서울신문	1946.2.14	左翼政權樹立을 志望? 美太平洋協會 朝鮮政勢展望(뉴욕13일UP발조선)
서울신문	1946.2.15	사설 國民代表民主議院의 結成(긍정적 어조임)
서울신문	1946.2.15	參席議員 23氏 議長에 李承晩 博士 昨日 美軍政廳에서 奉行

신문명	날짜	제목
서울신문	1946.2.15	議院의 使命은 重大 最高의 愛國的 支持要求
서울신문	1946.2.15	顧問資格으로 協調 李承晚 博士의 演說要旨
서울신문	1946.2.15	毁譽褒貶을 不顧 建國大業에 一路精進 金九氏 演說要旨
서울신문	1946.2.15	決定인 政治局面 "民主議員"의 性格注目
서울신문	1946.2.15	全的으로 脫退를 決意 朝鮮人民黨 態度表明
서울신문	1946.2.15	共産黨中央委員會서 聲明
서울신문	1946.2.16	"國議"와 "民戰"兩潮流의 方向 초점은 美蘇委員會 政權樹立圍繞코 活潑化
서울신문	1946.2.16	民主主義民族戰線 結成 各黨各界廣範히 網羅 代議員近5百參集 嚴肅裡 進行된 大會初日
서울신문	1946.2.16	左右翼統一에 邁進 金元鳳氏 등 4氏 聲明
서울신문	1946.2.17	사설－左右의 是非
서울신문	1946.2.17	6大案件討議可決 始終緊張裡에 兩日間成果 多大
서울신문	1946.2.18	下部로부터의 統一에 大衆政治意識 昂揚 民族統一에 新局面 展開
서울신문	1946.2.18	中共一黨獨裁排斥 外部干涉에 絶對反抗
서울신문	1946.2.19	사설 滿洲에서 展開되는 國共關係
서울신문	1946.2.20	外交에 눈뜨라
서울신문	1946.2.20	3.1記念行事까지도 分裂이 만나나 統一하라 指示系統 民衆을 混沌 가운데로 導入치 말도록
서울신문	1946.2.21	外交에 눈뜨라 2
서울신문	1946.2.21	南北統一은 民主로 原則 朝共中央委員會서 政見發表
서울신문	1946.2.21	民族統一에 邁進 "民戰"事務總局서 聲明
서울신문	1946.2.22	中 얄타협정 不承認 滿洲問題는 見解 不一致(重慶21일UP發同盟通信)
서울신문	1946.2.22	國共兩軍이 大激戰 奉天南方에 戰線展開(北平 20일 발 共立)
서울신문	1946.2.22	新民屯附近서 戰鬪(重慶21發 AP合同)
서울신문	1946.2.23	3.1記念서울市民 大祝宴
서울신문	1946.2.23	朝鮮에 "두政府" 萬無 美蘇는 單一體樹立에 노력 맥司令部 辯者의 談話(東京 21日 放送 解放)
서울신문	1946.2.25	3.1記念 서울市民大祝宴
서울신문	1946.2.26	國共兩軍統合改組(重慶24日UP發朝鮮)
서울신문	1946.2.27	國共軍事協定成立 張, 周, 마大使 3委員 調印(重慶26日UP發朝鮮)
서울신문	1946.2.28	3.1記念行事遂分裂 "己未"側서 提議拒絶 言論界代表會聲明發表
서울신문	1946.3.1	本社主催市民大祝宴 開場前부터 人氣 一般은 秩序를 직히자
서울신문	1946.3.2	民主共産 兩主義協調 世界平和達成 國聯美代表가 報告(샌프란시스코 28일발 共立)

신문명	날짜	제목
서울신문	1946.3.3	進步的 民主政府 樹立 參政會議席上, 蔣主席 談(런던1일발AP합동)
서울신문	1946.3.3	民主議院聲明發表 聯合友邦과 合作코 過渡政權을 樹立 信託統治는 絶對로 反對
서울신문	1946.3.5	中國國民黨改造? 新興事態에 不可避對處(重京3日發AP합동)
서울신문	1946.3.6	指導者의 興奮
서울신문	1946.3.10	起訴는 都合27名 學兵同盟, 反託學生, 國軍 等 事件
서울신문	1946.3.11	埃及의 完全獨立運動 極點에 反英鬪爭 날로 熾熱
서울신문	1946.3.13	蘇聯映畵 上演 禁止는 外務課 許可업는 때문 러취長官 言明
서울신문	1946.3.13	信託統治問題 뉴스윅誌의 所論
서울신문	1946.3.18	三千萬의 宿願은 左右合作 南北統一 政界動向이 자못 注目處 美蘇委員會 압두고
서울신문	1946.3.18	朝鮮은 어데로2 左右協力은 弱小國 政治原則 李○白
서울신문	1946.3.20	朝鮮問題解決은 朝鮮人의 손으로 美蘇共同委員會에 寄함= 華府朝鮮事情協會 聲明
서울신문	1946.3.20	民族統一에 新局面 聯繫離反 政界 新波動?
서울신문	1946.3.21	民議와 非常國民會議는 別個 洪震氏 會見 談
서울신문	1946.3.21	國民黨은 發展的 解消
서울신문	1946.3.21	韓民黨도 綜合討議
서울신문	1946.3.21	美兵이 家具를 多量 奪去 日人家屋에 사는 朝鮮人 집에 侵入
서울신문	1946.3.21	美蘇共同委員會에 協力 反託問題는 正權樹立 後 金奎植 博士 談
서울신문	1946.3.22	"所得은 오직 零이다. 蘇聯을 激發시키지 말라" 왈美商務長官의 世界平和建設論
서울신문	1946.3.24	왜? 朝鮮이 不和할까 美蘇兩國施政擔當者가 軍人인까닭(뉴욕 23日 UP發 朝鮮)
서울신문	1946.3.24	民主議院의 性格은 무엇 民議는 諮問機關 아니다 民議서 見解闡明
서울신문	1946.3.26	右翼合黨工作 活潑
서울신문	1946.3.26	"託治"는 一貫反對 自主政府 아니면 受理不能
서울신문	1946.3.27	北朝鮮土地改革法令 細則
서울신문	1946.3.27	臨時株主總會招集公告
서울신문	1946.3.27	新東亞損保發足
서울신문	1946.3.28	過渡政府 責任者 選出에 美蘇國의 干涉, 指定은 不可 洪震氏 談
서울신문	1946.3.28	新指導者는 누구를 支持? 朴憲永氏 UP記者問答
서울신문	1946.3.31	三分科委員會를 設置 『政府樹立援助』實踐 美蘇委員會 本格 進展
서울신문	1946.3.31	四黨同時合黨無望 『韓獨』, 『國民』合同은 實現
서울신문	1946.4.1	美蘇共同委員會 順調 政府樹立工作活潑 三次聲明의 反響多大

신문명	날짜	제목
서울신문	1946.4.1	朝鮮民族의 進路 白南雲 民主政治는 輿論政治 1
서울신문	1946.4.2	朝鮮民族의 進路 白南雲 要請되는 政治的 自主性 2
서울신문	1946.4.3	朝鮮民族의 進路 白南雲 主體的 條件과 客觀的 條件 3
서울신문	1946.4.4	朝鮮民族의 進路 白南雲 聯合性 新民主主義를 提唱 4
서울신문	1946.4.5	朝鮮民族의 進路 白南雲 民主主義 政權樹立을 목표 5
서울신문	1946.4.6	自律統一政府樹立 美蘇委員會 成功을 確信 人民黨首 會見談
서울신문	1946.4.6	印度獨立까지 中間政府 組織(델리 4日發 共立)
서울신문	1946.4.7	南部朝鮮에 單獨政府 樹立說 理由는 美蘇會談 遷延(샌프란시스코 6일발 AP합동)
서울신문	1946.4.7	統一政府 成立 確信 러취長官 無根報道라 聲明
서울신문	1946.4.7	3千萬 念願은 統一政府 各界에 澎湃한 反對喊聲!
서울신문	1946.4.7	朝鮮民族의 進路 白南雲 民族과 民族主義와는 別個 6
서울신문	1946.4.8	朝鮮民族의 進路 白南雲 民族을 無視안는 共産主義 7
서울신문	1946.4.8	統一政府 뿐 朝鮮共産黨 聲明
서울신문	1946.4.8	이러다 할 方向 明示업서 有感 民主議院 定例會見
서울신문	1946.4.8	被壓迫民衆은 共産主義 希望 前駐中美大使 演說
서울신문	1946.4.9	中國平和는 언제? 滿洲事態 推移는 後十日間 國共衝突은 아직도 解決 無望
서울신문	1946.4.9	難航의 右黨合同
서울신문	1946.4.10	朝鮮民族의 進路 白南雲 兩主義의 共通된 聯合性 要素8
서울신문	1946.4.11	4黨合同遂 流産 韓民 外 3黨의 態度注目
서울신문	1946.4.11	釜山에 檢擧施風
서울신문	1946.4.11	金星淑, 安基成 兩氏 軍政裁判의 再審眞相(全州9日發 合同)
서울신문	1946.4.12	昨日 서울市民大會 開催 統一正權을 促進 懇曲한 歡迎文을 進呈
서울신문	1946.4.12	國共의 意見接近 滿洲問題 解決에 曙光(重京11日發AP合同)
서울신문	1946.4.12	朝鮮民族의 進路9 白南雲 民主政治와 民主經濟는 不可分
서울신문	1946.4.12	今日 루氏의 1週忌 故人이 뿌린 平和의 씨 全世界에 燦爛히 開花
서울신문	1946.4.12	場內는 緊張, 喚呼로 充滿 政府樹立에 民族의 熱意 서울運動場에 市民大會의 盛曲
서울신문	1946.4.12	大韓獨立促成國民支部長會 제2일
서울신문	1946.4.13	朝鮮民族의 進路10 白南雲 民主經濟만이 民族更生의 길
서울신문	1946.4.13	○告
서울신문	1946.4.13	偉大한 憲政追慕 昨日 1週忌 追悼會 盛大 故루스벨트氏
서울신문	1946.4.14	單獨政府樹立 云云은 浪說 金奎植博士 談

신문명	날짜	제목
서울신문	1946.4.14	"墓地의 平和보다 印度는 生의 鬪爭希望" 獨立獲得委員長
서울신문	1946.4.14	내부상호의 정치적합작 비상국의의장 洪震씨 회견담
서울신문	1946.4.15	滿洲問題 解決可能 民主同盟 代辯者 言明(重京14日發 UP合同)
서울신문	1946.4.16	朝鮮問題에 對한 李承晩 博士 美紙에 寄稿(워싱턴 14일발 AP)
서울신문	1946.4.16	右翼 2黨 合同? 18, 9일 중에 합동성명
서울신문	1946.4.17	러취장관 近近 渡日 軍政官補充 等 連絡次
서울신문	1946.4.17	美蘇委員會 連絡 使命? 駐京蘇聯總領事 平壤에
서울신문	1946.4.17	右翼에 新第3政黨 出現? 三政黨合同과는 別個로
서울신문	1946.4.18	焦點은 "第一分科" 美蘇共同委員會 合 繼續
서울신문	1946.4.18	共産黨創立記念式 奉行
서울신문	1946.4.19	右翼一黨合同 正式聲明을 發表 四團體參加, 陣容決定
서울신문	1946.4.19	反託 贊託 何便不問 美蘇委員會와 合作協力 民主議院 代理議長 金奎植 博士 放送
서울신문	1946.4.20	美國의 占領地 新政策 國務陸海 聯合委員會 組織 全世界 各地域에 指令(워싱턴 19일 UP발)
서울신문	1946.4.20	朝鮮關係政策은 極東局長이 樹立(샌프란시스코 18일발 共立)
서울신문	1946.4.20	合同에 異意 新韓民族黨 聲名
서울신문	1946.4.20	第5次共同聲明에 對해 어떤 "援助"를 바들 수 잇는 方策을 提議하는데 努力 韓民黨 金炳魯氏談
서울신문	1946.4.20	宣言書에 率先署名 朝共서 美蘇委員會에 提出
서울신문	1946.4.21	五次聲明再檢討 "民議" 部內에 意見 不一致
서울신문	1946.4.21	特別寄稿 三均의 大路 趙素昻
서울신문	1946.4.22	臨時政府에 參加케 할 資格 民主主義陣營과 三相會議 決定支持者 뉴욕타임스(샌프란시스코 20일발 공립)
서울신문	1946.4.22	部下가 한 不法行爲에 指導者가 負債 軍政廳○○의 政治團體指導者 責任令
서울신문	1946.4.22	民戰中央委員會 第2日
서울신문	1946.4.22	民族革命黨 等 宣言書를 提出
서울신문	1946.4.23	莫府協定은 朝鮮 爲한 것 巷間의 無責任한 浪說은 有害 5次聲明 敷衍하-지 將軍 聲明 發表
서울신문	1946.4.23	러취 長官, 洪南杓와 會談
서울신문	1946.4.23	人民委員代表者 大會(조선 24일)
서울신문	1946.4.23	서울市民靑年同盟 結成(조선 24일)
서울신문	1946.4.24	내 誠意와 4國贊同으로 "援助"안 바들 수 잇다 5個年以內期間은 物論하-지 聲明 補足

신문명	날짜	제목
서울신문	1946.4.24	美蘇委員會와 合作? 「非常國議」와 "民議"協議
서울신문	1946.4.24	"美蘇委員會 路線 支持" 第2回 全國人民代表者大會
서울신문	1946.4.24	러취 長官, 民戰議長團과 要談
서울신문	1946.4.24	朴興植公判延期 檢事身病으로 26日로
서울신문	1946.4.24	朴興植의 擔當 辯護士 開廷을 强請
서울신문	1946.4.25	對獨合作罪 佛人 3천 6백 사형, 8만 3천여 명도 처형
서울신문	1946.4.26	李博士歸京後 正式態度 決定 民主議院
서울신문	1946.4.26	朝共 朴憲永氏 하지 將軍 訪問
서울신문	1946.4.27	民主言論 確立에 朝鮮新聞記者 大會 盛況
서울신문	1946.4.29	合同通信 强化
서울신문	1946.4.29	署名壯 續續 提出 德壽宮을 찾는 團體不絶
서울신문	1946.4.29	百萬町步 沒收 70萬 農家에 分與
서울신문	1946.4.30	美蘇協力이 緊急한 問題 朝鮮統一遲延은 占領政策 相反이 原因(워싱턴19UP發 朝鮮)
서울신문	1946.4.30	民戰率下에 8百萬名
서울신문	1946.4.30	獨立新報 發刊
서울신문	1946.5.1	土地는 移管한다 美軍이 接受한 日軍財産
서울신문	1946.5.2	新聞協會一次大會
서울신문	1946.5.4	對政黨協議 順序 討議? 美蘇共同委員會 本會議 續開
서울신문	1946.5.4	韓民黨에 23分科委員會
서울신문	1946.5.4	反팟쇼 共同鬪爭委員會 陣容을 補講
서울신문	1946.5.4	서명장 제출을 결의 종교계 단체 연합회서
서울신문	1946.5.4	서울시 人民委員會 常任委員을 改善
서울신문	1946.5.5	昨日도 本會議 美蘇共同委員會
서울신문	1946. 5. 5	交換手孃 本社見學
서울신문	1946.5.6	세계에 빗내자 우리 特産品 全國的 展示와 獎勵 全國的 展示와 獎勵 金聯主催 軍政廳, 本社 後援 來月 15日부터 전람회를 개최
서울신문	1946.5.7	제2회 全國特産品 展覽會 5部門 數百種類 丹誠을 다한 出品을 要望
서울신문	1946.5.7	積極協力方針 조선은행 ○○ 崔淳周氏談
서울신문	1946.5.7	試文에 對處次 『民議』草案討議
서울신문	1946.5.7	"民戰"도 愼重 小委員會를 設置
서울신문	1946. 5. 8	이날 동아일보에서는 단독정부론에 대한 기사 유, 서울신문은 무.
서울신문	1946.5.9	美蘇共同委員會 7日以來 休會 委員의 平壤行도 豫測難
서울신문	1946.5.10	終始親密을 維持 하지 中將 記者에 言明

신문명	날짜	제목
서울신문	1946.5.10	僞造紙幣 數千萬圓 本町署서 1黨을 打盡
서울신문	1946.5.12	아놀드 少將 猛活動 左右各黨代表와 會談?
서울신문	1946.5.12	전국특산품전람회
서울신문	1946.5.14	「共委」再開에 努力 하지 將軍 치시챠코프 將軍에 書信(서울AP特派員 라버쓰氏 提供 合同)
서울신문	1946.5.14	三新聞社를 襲擊 "戰取데모"끝에 一部暴行
서울신문	1946.5.15	「共委」休會는 臨時的 統一政府 樹立 確信 러취 軍政長官 會見談
서울신문	1946.5.15	非法行爲 斷乎 處斷 今後무秩序한 集會는 責任 질 것을 警告
서울신문	1946.5.16	『民戰』議長團 軍政長官訪問
서울신문	1946.5.16	僞造紙幣단에 對해 軍政廳 公報部 特別 發表
서울신문	1946.5.16	大東新聞 3週間 停刊處分 軍政廳特別發表
서울신문	1946.5.17	美蘇委員會 休會에 對해 在美朝鮮協會 代表 論評(워싱턴 18일 AP發 合同)
서울신문	1946.5.17	蘇聯이스베스챠紙 論評(모스크바 16日發 AP合同)
서울신문	1946.5.17	오직 統一政府 뿐 金奎植博士 談話를 發表
서울신문	1946.5.17	僞造紙幣 事件에 對하야 朝共에서 發表
서울신문	1946.5.18	美蘇委員會 續開 準備? 蘇聯軍司令官의 回翰到着
서울신문	1946.5.18	朝鮮經濟繁榮圖謀 入京한 포레氏의 첫 人事
서울신문	1946.5.19	『共委』再開要望 民戰과 『人委』談話
서울신문	1946.5.19	『共委』는 休會 中 解散할 權限업다(워싱턴 18일발 AP합동)
서울신문	1946.5.19	僞造紙幣調査委員會 設置
서울신문	1946.5.19	僞造紙幣事件에 臨政要人 無關係 咸尙勳氏談
서울신문	1946.5.21	카 公報局長 近日中에 辭任 歸美
서울신문	1946.5.21	華府當局과 協議 굿펠로 大佐 24日 歸美
서울신문	1946.5.21	近澤『삘딩』閉鎖 共黨本部는 除外
서울신문	1946.5.21	正當한 포레氏 意見에 感謝 民戰事務局 聲明
서울신문	1946.5.22	"莫府決定"實踐에 美側態度 確固不變 러취郡 언명
서울신문	1946.5.22	紙僞에 對해 朝共서 聲名發表
서울신문	1946.5.22	政黨과는 無關 眞相調査 僞造紙幣關係者는 最高刑 執行
서울신문	1946.5.22	建靑武器事件을 起訴 尹致映 外 6名의 罪狀判明
서울신문	1946.5.22	情報使察廢止 搜査課에서 事務引導
서울신문	1946.5.23	公報局長에 그린 中佐 新任
서울신문	1946.5.23	政界를 明朗化 러취長官 聲明 感謝 民戰談話
서울신문	1946.5.23	僞幣事件 또 發生

신문명	날짜	제목
서울신문	1946.5.24	三千萬은 統一政府樹立을 念願 莫府三相決定 三國一致하면 變更(워싱턴 20일 UP발)
서울신문	1946.5.24	하지中將 立場을 美國務省에서는 同意
서울신문	1946.5.24	朝美貿易을 要望 프레스콧트氏 歸美談(뉴욕 23일UP발 조선)
서울신문	1946.5.24	『共委』再開되면 곧 歸京아놀드 少將 巡察旅行 登程 談
서울신문	1946.5.25	「共委」再開를 確信 朝鮮人은 自治能力 保有 굿펠로氏 談(서울발AP특파원『로버트』氏 提供 合同)
서울신문	1946.5.25	美蘇利害는 共通 誤解는 情報缺如에 起因(시카고 24일AP合同)
서울신문	1946.5.25	「共委」再開暫待 韓民黨 咸尙勳氏談
서울신문	1946.5.26	統一政府樹立하라 單獨政府 云云은 萬不當 朝鮮民族은 純一 不可分
서울신문	1946.5.26	共委再開努力 釜山서 아 少將 談(釜山支社 電話)
서울신문	1946.5.26	民意反映한 政府 性質如何를 不問코 支持 프레스컷氏談(워싱턴 25일발AP합동)
서울신문	1946.5.26	現難局打開次 左右要人往來頻繁
서울신문	1946.5.26	秩序紊亂, 殺人敎唆 등 삐라, 포스타에 금령 貼付, 配布하는 團體, 個人 嚴罰 군정장관 포고
서울신문	1946.5.28	「軍政違反」에 對한 法令實施 暴行, 騷動, 示威 등에 ○槌 군정법령 제72호 전문
서울신문	1946.5.28	民戰議長團 會議
서울신문	1946.5.28	滿洲臨時託治安 美國의 對中政策論議
서울신문	1946.5.28	南北統一 政府實現 確信「共委」再開를 期待 러취 長官 記者團에 應答
서울신문	1946.5.29	左右巨頭會談 不調
서울신문	1946.5.29	南北統一政府 實現確信 「共委」再開를 期待 러취長官 記者團에 應答
서울신문	1946.5.29	近間某種政治會合 非法聲明하면 負責한다
서울신문	1946.5.30	四相會議 成否와 平和會議는 別個 蘇外相 聲明(모스코 27일발 共立)
서울신문	1946.5.30	蘇聯이 反對함은 當然하다(런던 29일발 AP합동)
서울신문	1946.5.30	「共委」再開에 曙光? 在京蘇總領事 등 歸任
서울신문	1946.5.30	『共委』續會要望 韓國獨立黨 談話
서울신문	1946.5.30	『民戰』議長團 러취 長官 訪問
서울신문	1946.5.31	海外서 본 理念으로 國內의 指導는 無理 朝鮮事情協會長 公開狀(워싱턴 20일UP발 朝鮮)
서울신문	1946.5.31	精版삘딩明渡 朝鮮共産黨서 聲明
서울신문	1946.5.31	韓獨兩委員會 開催
서울신문	1946.5.31	洪震氏 入院
서울신문	1946.6.1	新聞刊行에 許可制 法令 88號로 5월 29일 實施

신문명	날짜	제목
서울신문	1946.6.1	一般은 誤解말라 法令72號란 이런 것
서울신문	1946.6.1	李博士, 金九氏와 要談
서울신문	1946.6.1	朝共本部移轉
서울신문	1946.6.1	僞幣取調刑事 집에 怪漢侵入
서울신문	1946.6.1	山水大學開講式
서울신문	1946.6.2	아놀드 少將 31일 歸京
서울신문	1946.6.2	李博士 全北에
서울신문	1946.6.2	民議 咸尙勳氏 談
서울신문	1946.6.2	民戰事務局發表
서울신문	1946.6.2	特別米穀令, 舊郵票廢止 等 法令 第77號와 89號 發表
서울신문	1946.6.4	北朝鮮에 美國領事館?
서울신문	1946.6.4	滿洲信託統治案 美政界 一部에서 主張(워싱톤 3일발 共立)
서울신문	1946.6.4	僞幣試驗印刷에 對하야 張警察廳長 談
서울신문	1946.6.5	"南方만의 臨時政府 或은 委員會 組織이 必要" 李博士 談(全州 3日發 合同)
서울신문	1946.6.5	"單獨政府樹立設에 우리 黨은 贊成不能" 韓獨黨
서울신문	1946.6.5	單獨政府反對 朝共態度表明
서울신문	1946.6.5	"新聞이 좀 만타" 法令88號 러취長官과 文答
서울신문	1946.6.5	38以北歷訪코 歸京 工業復興에 全力 施設 外國 移轉 본일 없다 포레 使節 北朝鮮 視察 聲明書
서울신문	1946.6.5	僞幣事件은 嚴密 調査 中 38線越境旅行制限엔 軍政廳權限 업다 러취장관 담
서울신문	1946.6.6	"單獨政府樹立 民衆希望에 同感" 이박사 담(全州 4일발 합동)
서울신문	1946.6.6	民族分裂助長 民戰事務局 發表
서울신문	1946.6.6	南北朝鮮서 代表 增選 "非常國議" 近近 强化 崔東昨 씨 담
서울신문	1946.6.6	본사사령
서울신문	1946.6.6	重工業 圓滑 運營 포레 使節團이 본 北朝鮮(UP 서울발 ○○호잇드 ○○朝鮮)
서울신문	1946.6.7	悲觀觀測은 不當 英首相과 처칠씨 연설(런던 6일발 INS 합동)
서울신문	1946.6.7	合理的 民衆引導가 必要 洪震氏 談
서울신문	1946.6.7	意思發表不能 咸『民意』公報部長 담
서울신문	1946.6.7	『民議』와 『非常國議』 等 討議
서울신문	1946.6.7	都相祿氏 逮捕
서울신문	1946.6.8	南朝鮮政府 問題 李承晩 博士 또다시 言及(이리 5일발 합동)

신문명	날짜	제목
서울신문	1946.6.8	3千里統一이 唯一 希望 李克魯氏 談, 李鏞 談
서울신문	1946.6.8	獨立促進強調 韓民黨 副黨首談
서울신문	1946.6.11	「共委」再開 遲延에 惡用되는 流言을 警戒 하지 中將 聲明
서울신문	1946.6.11	南北統一 完遂宣言 獨立促成 全國代表大會 初日
서울신문	1946.6.11	6.10運動記念 서울시민대회 "美蘇共委"再開와 完全自主獨立을 促進
서울신문	1946.6.11	제1회 서울실업축구대회(주최 서울신문사)
서울신문	1946.6.12	單獨政府는 反對 러취 長官 記者團에 確答
서울신문	1946.6.12	公報課長會議
서울신문	1946.6.12	"共委"續開要求 獨促國民代表會議 閉幕
서울신문	1946.6.13	民族統一 總本部 設置? 李承晩 博士, 各道 代表者에 訓示
서울신문	1946.6.13	鄕土色넘친 우무, 竹鹽 等 産業將來는 刮目 15일부터 全局特産品展覽會
서울신문	1946.6.13	舞臺에도 "테로" 事件 漫談家 申氏 意外의 逢變
서울신문	1946.6.13	學園問題 不干涉 張警察部長 談
서울신문	1946.6.14	合黨運動 再次 進陟
서울신문	1946.6.14	蘇聯第4次 5個年 計劃(뉴욕 13일UP발 朝鮮)
서울신문	1946.6.14	申不出 事件에 關聯 秋, 金 兩氏 引致 取調
서울신문	1946.6.14	今日, 開會式 奉行 各方面의 有志들 參席 全國特産品展覽會
서울신문	1946.6.15	朝鮮産業前途祝福 러長官도 參席 特産品展覽會 開會式 盛大
서울신문	1946.6.15	國旗冒瀆으로 申不出을 檢擧
서울신문	1946.6.15	編輯局員羅列不要 法令 88號 3條 解明
서울신문	1946.6.16	左右要人 又 會談 合作의 原則的 問題 協議
서울신문	1946.6.16	獨促各部責任者
서울신문	1946.6.16	政治 經濟的으로 南北朝鮮 統一이 時急 奉天向發 포레氏 談
서울신문	1946.6.16	特産品展覽會開幕! 첫날부터 大人氣 海外進出 할 物産 櫛比
서울신문	1946.6.18	入京한 蘇將校 美將校와 平壤에
서울신문	1946.6.18	"法令 제72호는 停止 美軍政協力만이 司法官의 責務다"
서울신문	1946.6.19	法令72號 實施保留 러취長官 再檢討를 言明
서울신문	1946.6.19	『託治』問題 除去 民族團結로 獨立獲得 嚴恒燮 談
서울신문	1946.6.19	統一이 急務 포레氏 朝鮮國民에 聲明
서울신문	1946.6.20	左右合作推進 具體化에 協力하자 崔東晤氏 談
서울신문	1946.6.20	獨促婦人全國大會 제2일
서울신문	1946.6.20	警察은 合法政治行動에 妨害도 干涉도 할 수 업다
서울신문	1946.6.20	千餘名의 强豪가 出陣 莊嚴할 實業蹴球戰

신문명	날짜	제목
서울신문	1946.6.21	重役陣을 改選 『每新』株主總會
서울신문	1946.6.22	左右合作은 原則이 必要 韓民黨 咸宣傳部長 談
서울신문	1946.6.22	本社 新幹部陣 決定
서울신문	1946.6.22	特産品展覽會 入場者 2만 突破 회기는 25일까지
서울신문	1946.6.23	朝鮮統一達成에 美의 積極行動이 必要 꾰氏 談(워싱턴21일UP발 조선)
서울신문	1946.6.23	特産品展覽會 會期月末까지 延期 금일휴장
서울신문	1946.6.23	左右要人會談 22일에도 續行
서울신문	1946.6.23	僞幣事件, 朝共發表
서울신문	1946.6.23	申不出 軍政裁判
서울신문	1946.6.23	職域精銳의 白兵戰으로 妙技를 遺憾업시 發揮 본사주최의 축구 제3일
서울신문	1946.6.23	한강연변 古蹟探勝 本社 永登浦 支局 主催 每日曜 實施
서울신문	1946.6.25	在京蘇聯總領事 撤退(워싱턴 24일UP발 조선)
서울신문	1946.6.25	召還命令바닷다 蘇領事官 談
서울신문	1946.6.25	『共委』와는 無關
서울신문	1946.6.25	흙탕물속에서 苦戰 호우로 제5일전에서 중지코 연기 서울실업축구대회
서울신문	1946.6.26	『共委』의 再開를 確信 蘇領事 撤退에 興奮無用 러취장관 談
서울신문	1946.6.26	多數人物이 連累 僞幣事件 아직 조사 중 러취 長官 談
서울신문	1946.6.26	大盛況으로 閉幕 全國特産品展覽會
서울신문	1946.6.27	僞造 10원권
서울신문	1946.6.28	合作에 關聯? 金呂兩氏 要談
서울신문	1946.6.30	民族統一總本部 李博士, 設置를 發表
서울신문	1946.6.30	國民運動 機關 民主議院 측 견해
서울신문	1946.6.30	民族分裂招致 民戰 측 견해
서울신문	1946.6.30	事前에 別로 連結업섯다 非常國議 측 견해
서울신문	1946.6.30	全國大學, 專門축구대회 7월 1일부터 서울운동장서 본사후원
서울신문	1946.7.2	政黨 間 不和 一掃 金, 呂 兩氏 努力 奏效 確信 하지將軍 聲明 公報部 特別發表
서울신문	1946.7.2	敦岩蔣 緊張
서울신문	1946.7.2	立法機關 設置 提案 上部行政參與·軍政補助 政局의 動向은 極注目 하지 將軍의 軍政長官이 希望을 上申
서울신문	1946.7.2	"테로"는 嚴罰할 方針 張警察部将이 實踐을 言明
서울신문	1946.7.3	立法機關의 權限擴大 러취軍政長官·記者團 會見 談
서울신문	1946.7.3	三相會議의 決定은 朝鮮獨立 爲한 法律 아놀드 少將 談

신문명	날짜	제목
서울신문	1946.7.3	『民議』緊張裡에 會議
서울신문	1946.7.3	第3黨 近近 表面化 指導者에 洪命憙 氏 推戴?
서울신문	1946.7.3	統一의 基本問題 呂運亨氏 談 發表
서울신문	1946.7.4	合作問題 等 中心 民議, 非常國議 各各 熟議
서울신문	1946.7.4	合作問題 等에 『朝共』서 言明
서울신문	1946.7.4	成功되길 懇望 韓獨宣傳部將 談
서울신문	1946.7.4	呂氏, 아將軍 要談
서울신문	1946.7.4	北朝鮮勞動法令의 要旨
서울신문	1946.7.5	洪命憙氏 出馬에 기대 民戰議長團과 1問 1答
서울신문	1946.7.6	『民議』會議를 續開 左右合作問題 討議
서울신문	1946.7.6	合作促成會 組織
서울신문	1946.7.6	同胞에 告함 金九氏 聲名
서울신문	1946.7.6	두派로 意見 對立? 韓民黨 月例 中央執行委員會
서울신문	1946.7.7	朝鮮問題에도 曙光 美蘇·파리회의 계기로 協調的(워싱턴 6일발 AP합동)
서울신문	1946.7.7	當時의 各國輿論 海外서 보고 온 諸氏의 回想談 分裂에서 統一로 9年間 英雄의 抗爭 崔東昕氏 談
서울신문	1946.7.7	中國軍과 함께 우리도 싸웠다. 高靖雲 氏 談
서울신문	1946.7.9	絢爛한 朝鮮獨立約束 美蘇은 速히 協定에 導達하라(뉴욕 8일 UP발 조선)
서울신문	1946.7.9	『民議』『非常國議』連席討議
서울신문	1946.7.9	民戰議長團 아少將 要談
서울신문	1946.7.10	立法機關 設置案 하지將軍, 全幅의 贊意
서울신문	1946.7.10	問題는 政黨融和 러취將軍 會見 談
서울신문	1946.7.10	"民統" 强化 中 李承晩 博士 談
서울신문	1946.7.10	合作問題로 7政黨 中堅會合
서울신문	1946.7.10	朝共聲明發表
서울신문	1946.7.10	三新聞社發行人 編輯責任者 檢擧
서울신문	1946.7.10	僞幣事件 關係者 15名 送局
서울신문	1946.7.11	左右合作의 急務를 强調 合作으로 『共委』促進 非常國議
서울신문	1946.7.11	左右合作原則 朝共에서 言明
서울신문	1946.7.11	左右兩陣營의 合作交涉委員
서울신문	1946.7.11	民戰議長團 아少將 要談
서울신문	1946.7.11	軍政裁判에 回附? 三新聞 幹部 被檢 事件 歸趨 注目
서울신문	1946.7.12	"左右合作工作과 立法機關과는 別個問題" 民戰議長團 態度表明
서울신문	1946.7.12	今後 새 出版物 用紙없다 新聞 刊行物 211건 許可

신문명	날짜	제목
서울신문	1946.7.13	合作의 豫備折衝 左右兩翼 代表 今日 會談
서울신문	1946.7.13	社告 서울신문사
서울신문	1946.7.13	"民戰"首腦部 버취 中尉와 요담
서울신문	1946.7.13	勞動部 設置 12日 法令發表
서울신문	1946.7.13	지나친 言論干涉은 遺憾 러취 長官에게 軍政廳記者團 陳情
서울신문	1946.7.13	眞正한 言論自由 强調 러취 長官의 回答要旨
서울신문	1946.7.14	法王, 言論自由 强調(샌프란시스코 11일발 공립)
서울신문	1946.7.14	左右合作交涉代表會談
서울신문	1946.7.14	新民黨 京城特委 南朝鮮 中委 改稱
서울신문	1946.7.14	白委員長 軍政長官 要談
서울신문		左右合作問題의 展望 要는 "原則"의 合致 다음엔 誠意있는 實踐이 必要
서울신문	1946.7.16	"나는 言約한 일없다" 李博士, 貿易會社長에 質問電
서울신문	1946.7.17	8·15行事를 統一하자 左右合作도 于先 이것으로부터
서울신문	1946.7.17	行事統一과 各界主張
서울신문	1946.7.17	立法機關의 草案研究 中 美將兵 平壤訪問 『共委』交涉과 無關
서울신문	1946.7.18	第2次豫備折衝 左右要人 20日에 會談
서울신문	1946.7.18	左右合作支持 新韓民族黨 談 發表
서울신문	1946.7.18	左右合作問題 朝共서 見解表明
서울신문	1946.7.19	新規 定期刊行을 禁止
서울신문	1946.7.19	左右合作 促成會 本格活動
서울신문	1946.7.19	呂運亨氏 殺害計劃 絞殺準備 中 斷崖로 굴러 生還 合作工作 中 大不祥事
서울신문	1946.7.19	人民黨 聲名
서울신문	1946.7.19	테로 撲滅 建議 하-지 中將에게
서울신문	1946.7.19	全力集中하야 逮捕할터 張警察部將 談
서울신문	1946.7.20	白南雲氏等 하지將軍 訪問
서울신문	1946.7.20	食糧難 解決이 急務 韓民黨서 主張
서울신문	1946.7.20	精版社僞幣 事件 關係者 起訴
서울신문	1946.7.20	8·15 記念行事 統一促進 幹旋 記者會 慶南支部(부산)
서울신문	1946.7.21	『共委』休會는 一時的 美國務 當局 意思表示(워싱턴 19일UP발 조선)
서울신문	1946.7.21	『民統』加入은 個人資格
서울신문	1946.7.21	左右合作 繼續 新民黨 態度 表明
서울신문	1946.7.21	"左右合作의 初志貫徹 握手하면서 한손에는 拳銃" 遭難한 呂運亨氏와 問答

신문명	날짜	제목
서울신문	1946.7.23	李博士 會見談
서울신문	1946.7.23	『僞幣』의 公正裁判을 請願 하지 將軍에게
서울신문	1946.7.23	金奎植 博士 退院
서울신문	1946.7.23	精版社의 僞幣事件 29日 第1回 公判
서울신문	1946.7.23	左右合作促成 在美韓族聯合會서 講演會
서울신문	1946.7.24	左右合作工作 本軌道에 22日 正式 豫備會談 金, 呂 梁氏 共同聲明 發表
서울신문	1946.7.24	合作關係로 民議會意를 減縮
서울신문	1946.7.24	韓獨黨서 談話發表
서울신문	1946.7.24	또 僞幣 出現 地方出處를 調査
서울신문	1946.7.25	華府各界觀測 朝鮮統一의 實現 爲해 美蘇"共委"協調確信(워싱턴 20일 UP특파원 헨스리발 조선)
서울신문	1946.7.25	僞幣事件에 對해 金司法部長 言論界에 멧세지
서울신문	1946.7.26	左右合作豫備會談 昨日 德壽宮서 開催
서울신문	1946.7.27	合作工作新段階 議事規程通過 25日 正式會談서 決定
서울신문	1946.7.27	左右合作의 原則 三相決定 支持 民戰의 原則
서울신문	1946.7.27	託治一貫反對 韓民黨 發表
서울신문	1946.7.27	僞造紙幣 事件의 公判은 公開하야 公正히 하겠다 軍政長官 聲明
서울신문	1946.7.28	國・共은 언제부터 分裂되엿나 宣傳布告 업는 國內戰 依然 繼續
서울신문	1946.7.28	60萬圓僞幣團 8명 중 7명은 逮捕
서울신문	1946.7.28	僞幣事件公開日 傍聽客 入廷 先着順
서울신문	1946.7.28	呂氏의 暴行犯은 嚴索 中 趙警務部将과 "테로" 사건 문답
서울신문	1946.7.30	右翼의 合作 8原則
서울신문	1946.7.30	合作問題討議 民戰議長團 會議
서울신문	1946.7.30	合作會談 休會
서울신문	1946.7.30	人民黨 事務所 移轉
서울신문	1946.7.30	僞幣事件 첫 公判 判事忌避問題로 無期延期
서울신문	1946.7.30	독도 僞幣事件 最高 8年 求刑
서울신문	1946.7.30	判事 忌避申請 辯護士團 理由 發
서울신문	1946.7.31	立法機關設置準備 進行 러취長官 談
서울신문	1946.7.31	僞幣公判騷動과 當局 態度 當日 死者發生은 法을 爲해 遺憾될 것업다
서울신문	1946.7.31	"發砲行爲는 正當 法庭內의 ○示는 裁判所의 要求
서울신문	1946.7.31	8・15行事 合作 釜山左右合議로 힘찬 發足
서울신문	1946.7.31	『共委』 豫備會談 情報 업다

신문명	날짜	제목
서울신문	1946.7.31	독도위폐사건 8월 5일 언도
서울신문	1946.8.1	合作으로 8·15記念 하지 中將이 聲明 發表
서울신문	1946.8.1	右翼 8原則에 反對 民戰側에서 談話發表
서울신문	1946.8.1	社民黨 3日 結黨式
서울신문	1946.8.1	社告
서울신문	1946.8.1	完全統一總同盟
서울신문	1946.8.1	解放1周年과 나의 提言 自主精神이 原動力 李克魯
서울신문	1946.8.1	赤十字社 總裁에 金奎植 博士 就任
서울신문	1946.8.1	"個人犯罪者의 公判이다" 僞幣公判日의 不祥事에 對하여 하지 中將
서울신문	1946.8.2	解放1周年과 나의 提言
서울신문	1946.8.2	蘇, 弱小國 擁護?(파리 1일UP발 조선)
서울신문	1946.8.2	悲觀論은 尙早 合作에 兩翼 繼續 努力
서울신문	1946.8.2	在京左翼 各黨 合同會議?
서울신문	1946.8.2	合同은 當然 朴憲永氏 談
서울신문	1946.8.2	軍政廳議事堂 3週後에는 完成
서울신문	1946.8.3	南朝鮮勞動黨으로 左翼3黨 合同交涉
서울신문	1946.8.3	表面上 解體 韓民黨의 觀測
서울신문	1946.8.3	解放1週年과 나의 提言 自決自治 向하야 趙素昻
서울신문	1946.8.3	言論人 保護眞義 末端浸透를 要望 軍政長官에 記者團서 質問書
서울신문	1946.8.4	合黨原則贊成 『民革』은 獨立發展 金元鳳氏 談
서울신문	1946.8.4	右翼側, 8原則 再檢討?
서울신문	1946.8.4	解放一週年과 나의 提言 民主獨立國 建設 ④ 白南雲
서울신문	1946.8.4	僞幣事件의 取調拷問 事實이면 嚴罰하겠다 趙警務局長 談
서울신문	1946.8.6	合作促進會 5日 會合
서울신문	1946.8.6	3黨合同案 進展 共産黨, 人民黨提議 受諾
서울신문	1946.8.6	解放一週年과 나의 提言 새마음 새精神 ⑤ 崔東梧
서울신문	1946.8.6	矗島僞幣 事件 最高 6年 言渡
서울신문	1946.8.6	僞幣公判日의 被檢者 張氏告發로 軍政裁判
서울신문	1946.8.7	左右合作懇談會 18日 德壽宮에서 開催
서울신문	1946.8.7	3黨合同 支持 民戰議長團 談話
서울신문	1946.8.7	解放一週年과 나의 提言 民主課業을 完遂 ⑥ 朴憲永
서울신문	1946.8.7	3相決定을 遵守 必要 以上 軍政 안는다 軍政長官會見 談
서울신문	1946.8.8	解放一週年과 나의 提言 指導者의 反省 ⑦ 洪命喜
서울신문	1946.8.8	左翼合黨은 반가운 일 韓獨黨 嚴恒燮氏 會見談

신문명	날짜	제목
서울신문	1946.8.8	新民黨도 合黨贊成 7日 人民黨에 宣言文 傳達
서울신문	1946.8.8	軍政 當局 善處 要望 景福宮 안 美軍舍宅 建築에 對해
서울신문	1946.8.8	僞幣事件 判事 忌避 申請 却下
서울신문	1946.8.9	弱小國 言權 增大 愁尾를 펴고 全體會議(파리 8일 UP발 조선)
서울신문	1946.8.9	民權基礎 確立 北朝鮮에 新民法(平壤 7日發 해방)
서울신문	1946.8.9	今後實踐行動에 邁進 獨促國民會 申翼熙氏 談
서울신문	1946.8.9	反中央幹部派 6氏에 共産黨 "中委" 態度決定
서울신문	1946.8.9	解放朝鮮 回顧 蘇評論家 論文
서울신문	1946.8.9	合黨問題와 民族革命黨 態度
서울신문	1946.8.9	政界要人 數命 檢擧
서울신문	1946.8.10	合作工作 當分間 停頓 左右翼 懇談會도 中止
서울신문	1946.8.10	自主獨立渴望 民統總本部談話
서울신문	1946.8.10	長期軍政希望者 업다 韓民黨 宣傳部 發表
서울신문	1946.8.10	記者만 出入禁止? 張警察廳長 談
서울신문	1946.8.10	前人民報 社長 收監
서울신문	1946.8.11	크레디트云云에 民戰서 反對表明
서울신문	1946.8.11	巷間의 憶說을 一掃 合黨問題와 呂運亨氏 意見
서울신문	1946.8.11	民族統一總本部 談
서울신문	1946.8.11	파리 會議에 電文發送 今後 活潑한 政治活動 展開? 民主議院
서울신문	1946.8.11	人民黨 3周年 記念式 盛大
서울신문	1946.8.11	"謀機關破壞說은 流說" 檢擧事件에 關聯하여 張警察局長 談
서울신문	1946.8.11	出入禁止는 아직 未解除
서울신문	1946.8.13	合黨問題別無支障 人民黨 張副委員長 會見 談
서울신문	1946.8.13	昨今環境으론 左右合作 難
서울신문	1946.8.13	『韓獨』 中央執行委員會
서울신문	1946.8.13	社民黨, 總務委員 등 決定
서울신문	1946.8.13	民統總本部部署
서울신문	1946.8.13	敵産, 叛徒所有 等 重要施設 國有化 北朝鮮에 新法令 發布(平壤 10일발 해방)
서울신문	1946.8.13	李觀逮送局
서울신문	1946.8.13	申翼熙氏의 家宅搜索 事實
서울신문	1946.8.14	各部門에 24億圓 貸與 立法機關案 準備 進捗 러취 長官 談
서울신문	1946.8.14	16日 人民黨擴大委員會
서울신문	1946.8.14	臨政樹立에 擧族 邁進 國際協約은 實施되고야 만다

신문명	날짜	제목
서울신문	1946.8.14	左翼은 午前, 右翼은 午後 8·15記念行事서울운동장서하도록 허가 러취 장관담
서울신문	1946.8.15	判事忌避卽時抗告 控訴院에서도 却下
서울신문	1946.8.15	우리는 今年에 무엇을 할까 民衆力量 統合해 自主政府 세우자 洪命熹 氏 談
서울신문	1948.8.16	城東原頭에 歡呼聲 "民戰" 主催의 記念 祝賀行事 盛大
서울신문	1948.8.17	22日 精版社僞幣事件 公判 政黨, 社會文化團體에 傍聽券 配付
서울신문	1948.8.18	合黨을 正式票決 人民黨 擴大委員會서
서울신문	1948.8.18	呂氏辭任說 眞想
서울신문	1946.8.18	金奎植 博士 療養
서울신문	1946.8.18	美蘇 "共委"의 續開에 愛國者는 努力하라 新民黨 白委員長 談
서울신문	1946.8.18	合黨에 對해 民戰談話發表
서울신문	1946.8.18	同志의 反省促求 李始榮 氏 公職 辭退
서울신문	1946.8.18	求刑은 20日 曹記者의 事實審理
서울신문	1946.8.20	洪命熹씨 中心의 新黨 "民主統一黨"으로
서울신문	1946.8.20	合黨에 原則的으로 贊成 張建相 人民黨 副委員長 談
서울신문	1946.8.20	2천 5백만 불 借款問題 廉價니 有利 李博士 急速實現 强調
서울신문	1946.8.20	民衆意思 아니다 靑友黨 發表
서울신문	1946.8.20	實質로는 1億萬弗 韓民黨 白寬洙氏 談
서울신문	1946.8.20	民議의 超權行爲 社會民主黨 談話發表
서울신문	1946.8.20	獨立遲滯됨을 걱정말라 이승만 민통총본부 총재 담
서울신문	1946.8.21	借款設定에 過和 念慮말라 러취 軍政長官會見 談
서울신문	1946.8.21	借款은 統一政府 손으로 韓獨黨 趙素昻氏 談
서울신문	1946.8.21	民衆은 辨償責務업다 獨立勞農黨 宣傳將 談
서울신문	1946.8.21	應急措置일 줄 韓獨安在鴻씨 談
서울신문	1946.8.21	借款贊成은 民權無視 아니다 民議公報部長 談
서울신문	1946.8.21	정부끼리 하자 在美韓族聯合會 都鑛鎬氏 談
서울신문	1946.8.21	民議定例會議 버취 中尉 參席
서울신문	1946.8.21	精版社 僞幣公判 압두고 朝共서 "하지"將軍에 書翰
서울신문	1946.8.21	僞幣公判 傍聽券 政黨, 團體交附 突然 中止
서울신문	1946.8.21	50萬圓 僞幣犯 또 發覺
서울신문	1946.8.22	美國서 온 食糧代價 등 벌서 3千5百萬弗 借款에 先行해 쓰고잇다 公報局長 談
서울신문	1946.8.22	左右合作問題 右翼態度 注目
서울신문	1946.8.22	僞幣公判傍聽券 政黨 團體에 交付

신문명	날짜	제목
서울신문	1946.8.23	左右合作에 對해 "右方代表團" 聲明 發表
서울신문	1946.8.23	黨首辭任說 肯定 "3黨合同은 나의 持論"呂運亨氏 談
서울신문	1946.8.23	精版社 僞幣事件 公判
서울신문	1946.8.24	共委 續開 準備 不怠, 食糧確保에도 萬全 施策 하지 中將 對美放送
서울신문	1946.8.24	左右合作에 對해 民戰事務局에서 發表
서울신문	1946.8.24	人民黨 『擴委』 27日에 再開
서울신문	1946.8.24	金九氏 辭任? 韓獨中委紛糾
서울신문	1946.8.24	韓獨"中委"閉會
서울신문	1946.8.24	韓民黨의 談話
서울신문	1946.8.24	紙類統制違反處罰
서울신문	1946.8.24	起訴事實 全部 否認 精版社 金昌善 事實 審理
서울신문	1946.8.24	5百萬圓의 僞幣團 麻浦署서 檢擧
서울신문	1946.8.25	民義에 民生對策協議會 元世勳氏 合作問題에 言及
서울신문	1946.8.25	金九氏 辭任問題는 一段落
서울신문	1946.8.25	借款은 主客이 잇슨 後 統一되는 友黨과 곳 合黨交涉 新民黨 白委員長 談
서울신문	1946.8.25	不祥事 調査 民戰에 委員會
서울신문	1946.8.25	僞幣事件 擔當한 崔警○는 榮轉
서울신문	1946.8.27	獨促國民會 幹部 辭任 右黨間의 勢力關係 微妙
서울신문	1946.8.27	金九氏 中傷書信은 事實無根 民統發表
서울신문	1946.8.27	今日의 人民黨 擴委 注目
서울신문	1946.8.27	新進黨 結成 準備
서울신문	1946.8.27	特別辯護는 許憲氏만 許可
서울신문	1946.8.27	悲憤의 國恥을 마지며 合邦통에 親喪 當하고 "가인"으로 中國에 亡命
서울신문	1946.8.28	美蘇兩軍司令官 交翰 "共委"再開期 難測 兩側 相異된 意見 堅持
서울신문	1946.8.28	立法機關, 10月에 初 會議 러취 長官 時局 縱橫 談
서울신문	1946.8.28	合作의 成功希望 하지將軍 左右 代表에 書翰
서울신문	1946.8.28	借款에 反對 朝共代表 談
서울신문	1946.8.28	同席審議要求코 裁判長 審問에 緘口 不言 情版社僞幣 事件 第4回 公判
서울신문	1946.8.29	左右合作은 別無進展 呂運亨氏 要人 往來 眞相發表
서울신문	1946.8.29	人民黨 "擴委"
서울신문	1946.8.29	오늘도 亦是 緘口 辯護士團서 同席 審理 要求 精版社僞幣 事件 제5回 公判

미군정기 『서울신문』의 정치성향 연구

신문명	날짜	제목
서울신문	1946.8.30	民族課業을 完遂하자 國恥日에 朴憲永氏 談
서울신문	1946.8.30	講和會議 等에 國恥記念大會 멧세지
서울신문	1946.8.30	人民黨 "擴委" 中斷
서울신문	1946.8.30	行政權 移讓을 高調 서울運動場의 國恥記念大會
서울신문	1946.8.30	民主統一 邁進 絶叫 鍾路基督敎會館의 國恥記念式
서울신문	1946.8.31	『綜大』案 反對 社民黨 態度 表明
서울신문	1946.8.31	官僚的이면 反對 韓獨黨에서 談話
서울신문	1946.8.31	"政權을 넘기시오" 國恥行事 끝에 一部 軍政廳에 殺到
서울신문	1946.8.31	合席審理로 明朗 被告 充分한 審理를 要請 精版社 僞幣 公判 제6회
서울신문	1946.9.1	美軍司令官 하지 中將이 朝鮮民衆에게 보내는 말
서울신문	1946.9.1	臨政樹立까지 駐兵 美對蘇, 朝鮮政策을 通告
서울신문	1946.9.1	美軍政의 目的(워싱턴 1일발AP합동)
서울신문	1946.9.1	南朝鮮 合黨에 關한 北朝鮮의 決定書(평양 30일발 해방)
서울신문	1946.9.1	原則잇는 合作 新民黨 白委員長 談
서울신문	1946.9.1	李博士 仁川에
서울신문	1946.9.1	解放 後 最初의 建國 工業 博覽會 産業建築의 指針 주최 조선공업기술연맹 본사후원
서울신문	1946.9.1	오즉 억울하단 말 被告 金遇鏞 事實을 否認 精版社 僞幣 公判 7回
서울신문	1946.9.3	所謂 『組閣』發表에 對해 金九氏 談
서울신문	1946.9.3	合黨問題로 促進委員會 聲名
서울신문	1946.9.4	하지 將軍 聲明에 對해 우리 要望은 統一政府다 韓獨黨宣傳部長 談
서울신문	1946.9.4	民戰側 談話
서울신문	1946.9.4	社會民主黨 發表
서울신문	1946.9.4	立法機關問題 等 討議 月內로 非常國議本會議
서울신문	1946.9.4	拷問바든 眞相을 陳述 朴洛鍾 公訴取消 要求
서울신문	1946.9.4	金午星氏 被檢
서울신문	1946.9.5	土地改革 等 實施 南朝鮮 軍政 主要 目的
서울신문	1946.9.5	中央人民委員會 1周年紀念會
서울신문	1946.9.5	擴大强化問題 非常國議副議長 談
서울신문	1946.9.6	技術上 不能라고 被告 金相宣 事實을 否認 精版社 僞幣 公判 제9회
서울신문	1946.9.6	僞造通行證과 兪鎭五氏 事件 取調 張警察廳長 談
서울신문	1946.9.6	大東新聞社 社長 李鍾榮 檢束 取調
서울신문	1946.9.7	左翼 3政黨의 合同問題
서울신문	1946.9.7	하지 聲明은 一大淸新劑 韓民黨 宣傳部 談話 發表

신문명	날짜	제목
서울신문	1946.9.7	張, 李 兩氏 談
서울신문	1946.9.7	元, 張 兩氏 要談
서울신문	1946.9.7	韓民黨 一部 合黨에 反對聲明
서울신문	1946.9.7	3당 合同에 대해 白南雲氏 談
서울신문	1946.9.7	韓縊氏 等 事實否認
서울신문	1946.9.7	人民黨 合黨 保留派 聲明
서울신문	1946.9.7	新民黨 一部 合黨에 反對聲明
서울신문	1946.9.7	起訴事實을 否認 被告 辛光範도 拷問陳述 精版社僞幣 公判 第10回
서울신문	1946.9.8	美軍進駐一年 獨立公約 實踐 邁進 하지 將軍 聲明書를 發表
서울신문	1946.9.8	市內에 森嚴한 警戒 警官事務官係 休務코 各處에 配陣 某政黨, 社會團體 搜索
서울신문	1946.9.8	尹辯護士 舌禍事件 懲罰裁判 進行 中
서울신문	1946.9.10	南北統一政府를 樹立케『共委』再開에 美原則 不動 상류기념일 하지장군 거듭방송
서울신문	1946.9.10	朝鮮人에 行政權 移讓? 立法機關 竝行 軍政 제2단계
서울신문	1946.9.10	人民黨 保留派 決定書를 發表
서울신문	1946.9.10	一國偏向을 排除 時急한 左右行動統一 金奎植 博士 스테트멘트
서울신문	1946.9.10	嚴重搜索을 繼續 搜索課에 特別 日誌配置코 活躍 重要人物의 家宅搜索
서울신문	1946.9.10	"三新聞社 關係者 逮捕는 美軍G2에서 直接한 것" 張警察廳長 談
서울신문	1946.9.10	起訴事實을 否認 被告 宋彦弼 反證을 陳述 精版社 僞幣 公判 11回
서울신문	1946.9.11	金奎植氏 等 하지 將軍과 要談
서울신문	1946.9.11	南鮮新聞 停刊(群山 9일발 朝鮮)
서울신문	1946.9.11	否認으로 一貫 被告 朴洛鍾 心境 吐露 精版社 僞幣 公判 12回
서울신문	1946.9.12	白南雲氏辭表撤回
서울신문	1946.9.12	搜査方針을 一變하야 地下搜索을 개시 李舟河氏 8日 明倫町에서 被檢
서울신문	1946.9.12	中外日報 馬記者 逮捕
서울신문	1946.9.13	各部長에 朝鮮人 行政權 着着 委讓 12日부터 軍政新段階 러취 長官 談
서울신문	1946.9.13	李博士 被襲 昌德宮 압길에서 怪漢 2命이 狙擊 4발 발사, 인명엔 무피해
서울신문	1946.9.13	容疑者 수십명 檢擧 署長總動員코 嚴重 搜索
서울신문	1946.9.13	新聞停刊 除去를 記者會서 하지 장군께 진정
서울신문	1946.9.14	立法機關의 代議員數
서울신문	1946.9.14	立法機關 等에 韓民黨 談話 發表
서울신문	1946.9.14	三社檢擧記者 仁川에 拘留 中

신문명	날짜	제목
서울신문	1946.9.14	金星淑, 安基成 良氏 釋放
서울신문	1946.9.14	三社檢擧記者 仁川에 拘留 中
서울신문	1946.9.14	證據提示와 證人 檢事와 辯護士團에서 申請 精版社 僞幣 公判 12回
서울신문	1946.9.14	李舟河氏 送局
서울신문	1946.9.15	3社記者 一部 釋放
서울신문	1946.9.15	證人大部分保留 精版社 施設帳簿 等 鑑定 제13회 공판
서울신문	1946.9.15	梁裁判長 14일 精版社 施設 檢證
서울신문	1946.9.15	送局된 李舟河氏 民心攪亂罪 嫌疑?
서울신문	1946.9.17	新進黨 正式으로 結成
서울신문	1946.9.17	民戰議長團 會議
서울신문	1946.9.17	三十萬圓 僞幣團 麻浦署에서 5次로 檢擧
서울신문	1946.9.17	國內의 美蘇兩駐屯軍 現勢
서울신문	1946.9.18	立法機關의 準備進捗 關係法令 週中 發表 러취長官 談
서울신문	1946.9.18	金博士 合作意見 하지 中將이 全的 支持
서울신문	1946.9.18	公報部特別發表
서울신문	1946.9.18	莫府決定 無視한 朝鮮獨立은 不可能 아놀드 少將 聲明
서울신문	1946.9.18	韓獨黨 談話 發表
서울신문	1946.9.18	危機一髮의 三八線①
서울신문	1946.9.18	拷問傷處를 鑑定 醫師出頭檢診, 結果는 追後發表
서울신문	1946.9.18	警察廳 緊張 記者出入도 拒否
서울신문	1946.9.18	三新聞의 續刊 하 中將에 眞情
서울신문	1946.9.19	"朝鮮은 最危險地" 美軍事委員의 見解注目(호눌룰루 18일발 AP합동)
서울신문	1946.9.19	新進黨委員長 柳東說氏 選任
서울신문	1946.9.19	民戰議長團 連日會議
서울신문	1946.9.19	危機一髮의 三八線②
서울신문	1946.9.19	證人訊問을 繼續 警察部 CIC關係 美軍將校 出頭 僞幣公判
서울신문	1946.9.20	危機一髮의 三八線③
서울신문	1946.9.20	民戰議長團 會議를 續開
서울신문	1946.9.20	目擊證言을 否認 工場長 安舜奎의 陳述 僞幣 公判 15回
서울신문	1946.9.20	民戰臨時事務所 前以文堂 3층에
서울신문	1946.9.20	穀物賣買取締는 官僚流의 机上論 社會民主黨 發表
서울신문	1946.9.21	韓民黨서 自由搬入 强調
서울신문	1946.9.21	民戰議長團 會議
서울신문	1946.9.21	證據新聞을 提出 證人 尹璟國 等을 審問 僞幣公判 26回

신문명	날짜	제목
서울신문	1946.9.22	危機一髮의 三八線④
서울신문	1946.9.22	"民議"民生委員會 25일 제2회 總會
서울신문	1946.9.22	新進黨 部署決定 難
서울신문	1946.9.22	民戰서 談話發表
서울신문	1946.9.22	食糧對策은 어떻게?
서울신문	1946.9.22	合同通信社長 金東成氏 渡美
서울신문	1946.9.22	2新聞社 幹部 軍政裁判 回附
서울신문	1946.9.22	證人 訊問을 繼續 張澤相 警務摠監 도 出廷 精版社 公判
서울신문	1946.9.24	危機一髮의 三八線⑤
서울신문	1946.9.24	呂運亨氏 黨首留任 人民黨合黨 推進
서울신문	1946.9.24	民統總本部 座談會
서울신문	1946.9.24	朝共과 立法機關
서울신문	1946.9.24	市民生活 等에 對해 全評서 談話 發表
서울신문	1946.9.25	立法機關 法令 來週 火曜까지 발표
서울신문	1946.9.25	危機一髮의 三八線⑥
서울신문	1946.9.25	美蘇『共委』美代表에 브라운 少將을 任命
서울신문	1946.9.25	新民黨 地方代表 會議
서울신문	1946.9.25	中央新聞 兩氏 明日軍政裁判
서울신문	1946.10.5	呂運亨氏北朝鮮視察談
서울신문	1946.10.5	永川, 統營郡守 等 被襲 大邱 隣近에 不祥事 同地區의 戒嚴令은 當分間 繼續
서울신문	1946.10.5	南朝鮮 勞動者 後援 北朝鮮서 運動展開
서울신문	1946.10.5	罷業은 合法的으로 復業은 時急히 하라 하지 中將 放送
서울신문	1946.10.5	勞動調停委員會와 合意토록 勞力 러-취軍政長官 談話
서울신문	1946.10.5	罷業과 大邱事件에 對해 韓民黨 태도 성명
서울신문	1946.10.5	(罷業과 大邱事件에 對해)新進黨 談話
서울신문	1946.10.5	謹告
서울신문	1946.10.5	「共委」再開에 對備 美國務長官 大理, 朝鮮問題 言及(워싱턴 2일발AP합동)
서울신문	1946.10.5	罷業 中에 테로 自由新聞社 等 襲擊
서울신문	1946.10.5	中央新聞社의 李黃兩氏 釋放
서울신문	1946.10.6	合黨態勢整備 白新民黨委員長 談
서울신문	1946.10.6	狙擊事實을 自白 李博士 狙擊犯 逮捕刑事에 賞金
서울신문	1946.10.6	慶南北一帶의 騷擾 警官을 拉去하고 焚刑 等을 準備

신문명	날짜	제목
서울신문	1946.10.6	機關銃 對備코 首都廳 依然 緊張
서울신문	1946.10.6	鐵道罷業 調停에 委員選出코 全體委員會를 開催
서울신문	1946.10.6	勞動法令을 制定 基本勞動은 48時間
서울신문	1946.10.8	人民黨 『擴委』開催
서울신문	1946.10.8	民戰側 發表
서울신문	1946.10.8	民統宣戰部 發表
서울신문	1946.10.8	따스特派員의 朝鮮問題報道(모스크바 7일발 AP합동)
서울신문	1946.10.8	嶺南騷擾의 經緯와 對策 治安은 大體로 正常復舊 8개서 탈환 5개서 불명 警務部將 發表
서울신문	1946.10.8	超過勞動엔 賞與 머슴, 어부 등은 기본시간에 不拘?
서울신문	1946.10.9	"誕生될 立法機關은 朝鮮獨立 達成에 貢獻"하지 中將 聲明
서울신문	1946.10.9	民選選擧를 準備 立法 機關 來日 4일 召集 李公報部長 談
서울신문	1946.10.9	合作問題로 金博士 放送
서울신문	1946.10.9	合作7原則과 各 黨態度
서울신문	1946.10.9	韓獨黨 全面支持
서울신문	1946.10.9	7原則 各 條項이 모호 韓民黨 反對聲明 發表
서울신문	1946.10.9	5原則과 相異 民戰 朴文圭氏 談
서울신문	1946.10.9	말할 수 없다 民統 李博士
서울신문	1946.10.9	民議 咸尙勳 씨 談
서울신문	1946.10.9	人民黨 李如星氏 談
서울신문	1946.10.9	하지 中將 留任을 要請 韓民黨 "아"元師에 電文
서울신문	1946.10.9	朝鮮民衆 態度는 美軍에 對해 批判的
서울신문	1946.10.9	가장 合理的 方策 社民黨 聲明發表
서울신문	1946.10.9	馬山 昌寧서도 衝突 死者 4명 무상자 약 천 명
서울신문	1946.10.10	元世勳氏 等 脫黨 聲明 韓民黨 內 意見 不一致
서울신문	1946.10.10	政府樹立을 促進 南朝鮮 左右合作을 讚揚 포-리씨 담(워싱턴 9일발 AP합동)
서울신문	1946.10.10	人民黨內 意見樹立
서울신문	1946.10.10	合同通信社 株式會社로
서울신문	1946.10.11	韓民黨波紋擴大 12日 中央執委 開催
서울신문	1946.10.11	南朝鮮 合作 美 各紙 報道(뉴욕 9일발 공립)
서울신문	1946.10.11	合作을 積極 推進 呂運亨氏 談
서울신문	1946.10.11	騷擾에 對해 社民黨 談話
서울신문	1946.10.11	美國의 對外政策非難 南朝鮮駐屯問題도 言及(뉴욕 10일 UP발 조선)

신문명	날짜	제목
서울신문	1946.10.11	嶺南騷擾尙今未盡 忠淸, 全羅道에 一部 飛火
서울신문	1946.10.11	慶南各地의 事件 美軍出動, 鎭壓에 協力
서울신문	1946.10.11	"다이나마이트" 테로단 大韓獨立新聞에 10만 원 강요
서울신문	1946.10.11	僞幣公判 一段落 來週 李觀述 審理
서울신문	1946.10.12	左右合作 7原則 金奎植 博士 거듭 解明
서울신문	1946.10.12	合作反對 아니다 韓民黨 談話 發表
서울신문	1946.10.12	新進黨 支部 設置次 美洲 等에 代表派遣
서울신문	1946.10.12	韓民黨 脫黨者 續出
서울신문	1946.10.12	吳世昌氏에게 美大統領 回信
서울신문	1946.10.12	嚴格한 罰則制定 노동법률 제121호 발표
서울신문	1946.10.13	過渡立法委員 創立 軍政廳 權限不變 議員 90名 11월 4일에 初召集
서울신문	1946.10.13	法令 118호 全文
서울신문	1946.10.13	合作反對는 無意味 韓民黨과 實際關係업다 金炳魯氏 談
서울신문	1946.10.13	韓民黨 17氏 又復 脫退
서울신문	1946.10.13	『共委』開再가 急先務 民戰議長團 聲明發表
서울신문	1946.10.13	金日成氏立候補(平壤 11일발 해방)
서울신문	1946.10.13	金九씨 러長官 要談
서울신문	1946.10.13	統營 等 9郡에 波及한 慶南의 衝突事件 一部 罷業은 復舊 狀態(부산에서 본사특파원 卜○甲發)
서울신문	1946.10.13	大邱地方交通 ○斷 斷續
서울신문	1946.10.13	適當한 責任지면 3新聞 續刊 可能 하-지 中將 言論自由 再確認
서울신문	1946.10.13	千餘名을 檢擧
서울신문	1946.10.15	合作으로 獨立推進 브라운美首席委員 姓名
서울신문	1946.10.15	統一업시 朝鮮再建不能 아놀드 少將「共委」再開强調(뉴욕 12일발 공립)
서울신문	1946.10.15	韓民黨 新陣容
서울신문	1946.10.15	立法議院 選擧 對策
서울신문	1946.10.15	立法院과 民戰의 見解
서울신문	1946.10.15	政黨한 不平은 熟考 平穩한 再建이 必要 嶺南暴動에 對한 하-지 中將 聲明
서울신문	1946.10.16	左右合作과 立法機關 信託一貫反對 李博士 談
서울신문	1946.10.16	合作終始支持 金九氏 談
서울신문	1946.10.16	積極的 贊意 韓民黨 金性洙氏 談
서울신문	1946.10.16	民衆의 期待에 背馳 立法機關과 人民黨 態度
서울신문	1946.10.16	民意 反映하라 新進黨 宣傳部長 談

신문명	날짜	제목
서울신문	1946.10.16	立法機關 對策討議 韓獨黨 常任委員會
서울신문	1946.10.16	修正을 要望 社民黨 呂運弘氏 談
서울신문	1946.10.16	"共委" 再開의 適期 美紙·朝鮮問題를 論評(뉴욕 14일발 공립)
서울신문	1946.10.16	代議員의 資格
서울신문	1946.10.16	治安은 復舊 平靜 檢擧 3천 7백, 일부 군정재판에 충주, 화순 폭동도 진압 조경무부장 발표
서울신문	1946.10.16	"소요해결은 식량충족에 일제경찰재교육에 노력" 러취장관과의 문답
서울신문	1946.10.17	親日派反逆者 除外 議員資格規定을 修正 러취 長官聲明 公報部 特別發表
서울신문	1946.10.17	機構組織 等 合作委員 討議
서울신문	1946.10.17	4項修正要請 韓獨黨서 聲明
서울신문	1946.10.17	立法機關에 對하야 金奎植博士 聲明發表
서울신문	1946.10.17	"社會勞動黨" 結成準備 呂運亨, 白南雲, 姜進氏 等 中心 左翼合黨 두갈래로
서울신문	1946.10.17	여운형씨 담
서울신문	1946.10.17	백남운씨 담
서울신문	1946.10.17	윤일씨 담
서울신문	1946.10.17	綱領草案의 內容
서울신문	1946.10.17	社勞黨態度闡明
서울신문	1946.10.17	機具組織 等 合作委員 討議
서울신문	1946.10.17	立法機關에 對하야 金奎植 博士 聲明 發表
서울신문	1946.10.18	美蘇共委 續開 안되면 臨政 樹立 遲延 아少將 大統領에 조선 문제 보고(워싱턴 17일 AP 합동)
서울신문	1946.10.18	朝鮮獨立을 期待 워레스씨 의견피력(워싱턴 17일 UP발 조선)
서울신문	1946.10.18	立法院에 支持를 러취장관, 언론계에 요청
서울신문	1946.10.18	"合委"서 委員民選을 監視
서울신문	1946.10.18	좌우 각 정당 간담
서울신문	1946.10.18	非政黨유지간담회
서울신문	1946.10.18	立法機關에 對해 朝共서 담화발표
서울신문	1946.10.18	李觀述 제1회 공판 개정
서울신문	1946.10.19	對立法議院 모든권한을 附與하되 美軍에 責任轉嫁 不許 否認權 3種
서울신문	1946.10.19	"共委"의 卽時 續開를 "合委"서 美蘇 兩方에 要請
서울신문	1946.10.19	立法機關에 對해 李博士 聲名
서울신문	1946.10.19	李觀術 公判 제2일
서울신문	1946.10.19	朝鮮事態는 矛盾 金東成氏 訪美 談(샌프란시스코 18일발AP 합동)

신문명	날짜	제목
서울신문	1946.10.20	對蘇政策은 毅然 兩國 理解 齎來에 努力 번스씨 귀국연설(워싱턴 19일발AP합동)
서울신문	1946.10.20	탁치예정지 결정 이사회 창설도 확실시(세이코사쎄스 19일발AP 합동)
서울신문	1946.10.20	4국 수뇌에게 新進黨서 『멧세지』
서울신문	1946.10.20	社會勞動黨을 民戰 등에서 非難
서울신문	1946.10.20	北朝鮮서 人民裁判 中樞院 參議, 學兵勸誘者 等(○○18일발 해방)
서울신문	1946.10.20	精版社 事件 21일 求刑
서울신문	1946.10.20	僞證罪로 安舜奎에 1年言渡
서울신문	1946.10.22	蘇, 번스 演說 批評(워싱턴 21일UP발 조선)
서울신문	1946.10.22	米穀은 自由市場에 民統要望
서울신문	1946.10.22	新民黨 委員長 許憲氏 就任
서울신문	1946.10.22	韓民黨서 50名 大擧 脫黨 金若水氏 等 聲明
서울신문	1946.10.22	日人農地關係 一切事務 新韓公社가 軍政代行 러취 장관담
서울신문	1946.10.22	軍政의 民政化 李博士 談話 發表
서울신문	1946.10.23	『共委』續開를 期待 브라운 美受席委員會 初見 會談
서울신문	1946.10.23	在朝鮮美公使에 『번스』博士
서울신문	1946.10.23	文殷鍾氏 釋放
서울신문	1946.10.23	鍾路에서 示威 青年 多數를 檢擧 取調
서울신문	1946.10.23	李觀述 等에 無期求刑 辯護士 辯論은 24日
서울신문	1946.10.24	朝鮮問題解決의 最高方策 華府·莫府 間에서 協定될터 今後 6개월간 동향이 極重大(뉴욕타임스)
서울신문	1946.10.24	嶺南騷擾調査委員會 昨日 德壽宮에서 제1회 회합
서울신문	1946.10.24	公報局 發表
서울신문	1946.10.24	소요에 대한 8정당간담회
서울신문	1946.10.24	한독당에서 입법기구법령 수정안 제출
서울신문	1946.10.24	각 도민 감시원 『합위』에서 결정
서울신문	1946.10.24	建國者 大會 開催 金若水가 示唆
서울신문	1946.10.24	영화검열 폐지를 진정 8문화단체서 군정청에
서울신문	1946.10.24	문씨 체포를 美紙가 報道(모스크바 22일발 해방)
서울신문	1946.10.24	群山『南鮮新聞』續刊 (全州22일발 합동)
서울신문	1946.10.24	조선영화사 창립을 발기(김호 관련)
서울신문	1946.10.25	議員選擧 中止 各 黨 共同聲明
서울신문	1946.10.25	"暴動謀略에 參加치 말고 黨派合作으로 統一하라" 하지 中將 南朝鮮騷擾事件에 聲明

신문명	날짜	제목
서울신문	1946.10.25	各道代議員 配定 今月以內로 選擧完了
서울신문	1946.10.25	데모 參加 中學生을 取調 左翼關係者 多數를 檢擧
서울신문	1946.10.25	豫檢아니다 盧수사과장 담
서울신문	1946.10.25	영남소요관계자 한일청 외 6명 관계자
서울신문	1946.10.25	좌익계 체포설 러취장관 부인
서울신문	1946.10.25	公平한 判決要望 金辯護士 장시간 변론 僞幣公判
서울신문	1946.10.26	美蘇共委 무진척은 불행! 38선은 얄타회담의 산물
서울신문	1946.10.26	南朝鮮騷擾事件에 대해 각당 공동 하지장군에 서한
서울신문	1946.10.26	UN에 期待 韓民黨 담화
서울신문	1946.10.26	변론 마치고 변호사단 성명
서울신문	1946.10.27	騷擾事件의 眞相糾明 3부문으로 구별토의 朝美共委聲明
서울신문	1946.10.27	委員3명의 추천을 희망 하지장군, 9정당연회에 요청
서울신문	1946.10.27	同族相殘을 말자 브라운, 김, 여 3씨 성명
서울신문	1946.10.27	選擧延期 반대 李博士의 담화*
서울신문	1946.10.27	정당한 해결책 민전발표
서울신문	1946.10.27	朝鮮獨立을 確信 맥元師의 特別會見 談(東京26일 UP발 조선)
서울신문	1946.10.27	判決公正을 期待 被告 李觀述 最後 陳述
서울신문	1946.10.27	信仰自由는 絶對堡障 選擧는 中國에도 影響 金日成 장군 담
서울신문	1946.10.27	軍政廳 앞 데모 사건 8명에 유죄선고
서울신문	1946.10.27	北朝鮮 總選擧 迫頭
서울신문	1946.10.27	남조선 민우와 민심수합 전체적 해결에 홍명희씨담
서울신문	1946.10.29	解放朝鮮의 反響 경제자주·군정폐지 등 요망 맥아더 원사·남조선 점령 일개년의 보고(동경 28일발 합동)
서울신문	1946.10.29	입법기관에 반대 위원선출 요청은 사절 9정당연석회의
서울신문	1946.10.29	주간내외정세전망 국내정세, 국외정세
서울신문	1946.10.29	"탁치는 복리위주" UN총회탁치문제 토의(뉴욕 프러싱 28일 UP발 조선)
서울신문	1946.10.29	3상회의 취소를 요청 이박사 담
서울신문	1946.10.29	민전의장단과 군정장관 요담
서울신문	1946.10.29	"立議" 서울대의원후보 결정 최후의 3의원 결정은 명30일
서울신문	1946.10.29	"조미공위"에 대해 전평서 성명발표
서울신문	1946.10.30	소요사건 본격토의『조미공위』서 격론을 전개
서울신문	1946.10.30	친일파는 철저히 배격 러취장과 담
서울신문	1946.10.30	조공서 성명 발표
서울신문	1946.10.30	民議서 UN에 打電

신문명	날짜	제목
서울신문	1946.10.30	경기도 대표의원 선거결과 6명 결정
서울신문	1946.10.30	피고들 진술 계속 정판사 공판
서울신문	1946.10.30	민주선거를 계기로 북조선 생산증강에(평양 28일발 해방)
서울신문	1946.10.31	人種의 差別말라 피탁치자는 독립열망 (뉴욕 29일발 공립)
서울신문	1946.10.31	신한공사 부문별 해체령
서울신문	1946.10.31	입법의원거부 이박사 담화 발표
서울신문	1946.10.31	사로당 중앙위원을 선정
서울신문	1946.10.31	김창숙씨 민의 탈퇴
서울신문	1946.10.31	북조선 기독교인 대회 개최(평양 29일발 해방)
서울신문	1946.11.1	北方의 喜消息 莫府放送 "美蘇「共委」再開 蘇聯側도 熱望한다"(뉴욕주 1일발 AP합동)
서울신문	1946.11.1	親日輩 選定은 萬不當 서울시 立法議員 입후보에 對해 합작위원회 전화
서울신문	1946.11.1	資格違反에는 制裁 『合委』金奎植 博士와 問答
서울신문	1946.11.1	選擧無效主張 社會民主黨의 態度
서울신문	1946.11.1	美國과 UN에 卽時獨立要請
서울신문	1946.11.1	역사 羅允出을 체포 대구사건주모자로(동아일보와 비교 요함)
서울신문	1946.11.2	結實할까? 美蘇共委? 美國務省·莫府放送에 應酬 조건은 역시 조선인의 의사표시자유(워싱턴 1일 UP발 조선)
서울신문	1946.11.2	警察人事 行政에 不滿 각계서 친일배 구축하라 朝美共同會談
서울신문	1946.11.2	立議選擧批判말라 한민당의 견해표명
서울신문	1946.11.2	목포, 광주에 소요발생 2천 학생과 노동자 시위 파출소 수개소 파괴, 부상자 천명
서울신문	1946.11.2	광주파업단 시위 당국과 타협 일단 진정
서울신문	1946.11.2	각도대표원 전남대표원(광주 31일발 합동)
서울신문	1946.11.3	미소공위속개에 소의 호응적 회답없다 워싱턴관측(워싱톤 2일발 AP합동)
서울신문	1946.11.3	러취장관 김규식씨 요담
서울신문	1946.11.3	입법의원 개원 연기
서울신문	1946.11.3	합작과 입위는 별개 김규식 박사 거듭 성명발표
서울신문	1946.11.3	포쓰담 협정 조항의 실행 뿐 조선문제 미국무장관 언명
서울신문	1946.11.3	鄭寅普씨, 정계 引退 성명
서울신문	1946.11.3	비민주성을 지적 신진당서 담화발표
서울신문	1946.11.3	입의와 한독당 태도
서울신문	1946.11.3	全南 各地에 소요파급 15개 경찰서 피습 참가인원 2만여명 사상자 10명
서울신문	1946.11.3	비밀주의를 버리고 인민을 위한 경찰되라 경찰청 출입기자단서 항의서 제출

신문명	날짜	제목
서울신문	1946.11.5	이루어져야 할 것이어늘 미소공동위원회 소, 대미속개요청설
서울신문	1946.11.5	공위재계에 관한 치스차코프 장군의 서한
서울신문	1946.11.5	미소양군의 철퇴 제소등 리UN총장, 조선문제를 발표(뉴욕 3일발 공립)
서울신문	1946.11.5	이박사 담화발표
서울신문	1946.11.5	기자출입은 자유 경무총감부서 각서에 지령
서울신문	1946.11.6	立法民選은 不公正 全面的 再選도 必要 金奎植 博士 하지 將軍에 提言
서울신문	1946.11.6	立法議院 來月 開院 『官議』는 20일 직후 발표
서울신문	1946.11.6	여행 등 반증조사 재판장 曺檢事와 현장로 출발
서울신문	1946.11.6	和順탄광과 부근 농촌을 찾아서 (화순에서 본사파견원 呂尙鉉발) ③
서울신문	1946.11.7	金博士 提言을 支持 新進黨서 見解 表明
서울신문	1946.11.7	元氏談話 是正
서울신문	1946.11.7	呂氏 金博士 要談
서울신문	1946.11.7	10월혁명기념일에 민전담화
서울신문	1946.11.7	反蘇爲主는 不當 新西蘭財務相 경고 연설(오크랜드 6일발 AP 합동)
서울신문	1946.11.7	북조선의 행사(평양발 방송)
서울신문	1946.11.8	旱天에 慈雨 共委續開 交涉 急進 10월 26일부터 양군사령관 간에 개시! "막부협정" 이행에 반대 안은 의사발표 자유 인정 하지 장군 『신탁』의 성격을 성명
서울신문	1946.11.8	좌우합작을 추진 金奎植박사와 일문 일답
서울신문	1946.11.8	공위속개설로 임여사 제소 極難(뉴욕 7일발 AP합동)
서울신문	1946.11.8	黃, 張 양명에 교수형 선고 최후결정은 하지 중장 재심 후에 대구사건 관결
서울신문	1946.11.9	金博士 聲明, 韓民黨이 反對
서울신문	1946.11.9	『共委』교섭과 민전 측 견해
서울신문	1946.11.9	연일 경찰인사 토의 조미회담
서울신문	1946.11.9	社勞黨, 李博士 서한 논박
서울신문	1946.11.9	허헌씨, 하지장군 방문
서울신문	1946.11.9	蘇는 평화적 건설
서울신문	1946.11.9	全南地方 소요사건 詳報 경찰서 면장 집 등 습격 화순 천여 광부 동료 탈환을 기도(광주 8일발 조선)
서울신문	1946.11.9	법률위반이 다수 "合委" 감시원단이 보고
서울신문	1946.11.9	洪前人民報社 위원장 출감

[부표 2] 『서울신문』에 게재된 화요정평(火曜政評)의 제목

신문명	날짜	제목	작성자
서울신문	1946.12.3	火曜政評 微妙한 國內政情	文千緯
서울신문	1946.12.10	火曜政評 三寒四溫의 國際情勢	金之黃
서울신문	1946.12.17	火曜政評 立法開院과 政界	文千緯
서울신문	1946.12.24	火曜政評 右翼勢力의 一試鍊? 民衆同盟과 韓民黨의 關係	邊得信
서울신문	1946.12.31	火曜政評 社勞黨의發足과推進 指導陣의 動搖는무슨原因?	高一河
서울신문	1947.1.7	火曜政評 李承晩氏의 今後路線 美國서 온 그의 電文과 談話發表	高一河
서울신문	1947.1.14	火曜政評 韓民과 韓獨의 合同說 어째서이러한 風聞이 도는가	邊得信
서울신문	1947.1.21	火曜政評 左右雙翼의鐵壁線 託治問題의 再演과 그 波文	高一河
서울신문	1947.1.28	火曜政評 呂運亨의 在出馬? 立議와 合委의 現場打開策	邊得信
서울신문	1947.2.4	火曜政評 左右兩翼의一段整理와 中間的 路線의 大混亂	高一河
서울신문	1947.2.11	火曜政評 政權移讓과 立法議院 安長官就任에 對한 各界態度	邊得信
서울신문	1947.2.18	火曜政評 四國外相會議압두고 하-지 中將突然召還	高一河
서울신문	1947.2.25	火曜政評 李承晩氏의 南京訪問 國內三陣黨의 動向打診	邊得信
서울신문	1947.3.4	火曜政評 七八月은 政治季節? 國際關係로 因한 國內의 展望	邊得信
서울신문	1947.3.11	火曜政評 臨政强化와 附日懲治 徐氏의 歸國으로 因한 政界動向	邊得信
서울신문	1947.3.18	火曜政評 問題되는 中國과 希, 土 國際風雲 아래 잠잠한 國內政界	高一河
서울신문	1947.3.25	火曜政評 立法議院을 混亂케맨든 逆賊完用의 同情論	邊得信
서울신문	1947.4.1	火曜政評 利不利의 循環으로 본 左右運動의 方程式	邊得信

신문명	날짜	제목	작성자
서울신문	1947.4.8	火曜政評 忘却된 中 다시 記憶이 나는 옛 社勞黨의 後日譚	邊得信
서울신문	1947.4.15	火曜政評 臨政奉戴와 政治現實로 右翼陣營의 矛盾相	高一河
서울신문	1947.4.22	火曜政評 美蘇共委와 單獨措置 二律背反的인 批判	邊得信
서울신문	1947.4.29	火曜政評 美書翰에 對한 蘇側의 回答과 共委의 再開氣運	邊得信
서울신문	1947.5.6	火曜政評 마샬長官의 回答文 國內로 指導者 連衡論의 ○頭	高一河
서울신문	1947.5.13	火曜政評 民主統一黨과 勤勞人民黨 새로운 兩黨의 爭覇戰	邊得信
서울신문	1947.5.20	火曜政評 三國志의 再版政治－計策과 謀略의 神出鬼沒	高一河
서울신문	1947.5.27	火曜政評 美蘇共委의 參加와 拒否로 右翼全域의 兩論	邊得信
서울신문	1947.6.3	火曜政評 美蘇共委는 어찌될까 協議對象의 制限與否는 解決	高一河
서울신문	1947.6.10	火曜政評 韓獨黨의 分裂危機 海外國內兩派의 對立 激化	邊得信
서울신문	1947.6.17	火曜政評 韓民黨의 共委參加 李承晚氏의 今後態度를 注目	高一河
서울신문	1947.6.24	火曜政評 美蘇共委의 協議를 압둔 天下大勢의 鳥瞰圖	邊得信
서울신문	1947.7.1	火曜政評 早計行動은 要注意 反託데모한 波瀾을 經過	高一河
서울신문	1947.7.8	火曜政評 政黨對立의 深刻化 反託問題의 書翰과 人事의 異動	邊得信
서울신문	1947.7.15	火曜政評 美蘇共委의 一時停滯로 因한 左右兩便의 一昇一降	高一河
서울신문	1947.7.22	火曜政評 左右 中 三分의 動向呂運亨氏 急逝와 테로의 횡행	邊得信
서울신문	1947.7.29	火曜政評 中間四黨의合同說 左右의 混戰에 依한 受難의 危險	邊得信
서울신문	1947.8.5	火曜政評 南北左右의 比率問題 美蘇共委와 朝鮮人의 利害關係	邊得信
서울신문	1947.8.12	火曜政評 朝鮮問題의 二端性 美蘇共委의 成不成을 떠나서	高一河

신문명	날짜	제목	작성자
서울신문	1947.9.2	火曜政評 美國側의 새로운 提議 四國會議란 果然 어떤 것일까	高一河
서울신문	1947.9.9	火曜政評 某某政黨을中心삼아서 새로운 政黨의 胎動	高一河
서울신문	1947.9.16	火曜政評 朝鮮問題는 어찌될까 『유엔』總會와美蘇間의 外交	邊得信
서울신문	1947.9.23	火曜政評 韓獨 韓民의 合同說 그 流布의 原因과 眞狀의 打診	高一河
서울신문	1947.9.29	火曜政評 유엔總會와 撤兵提議 옵서버 推薦問題는 어찌될까?	邊得信
서울신문	1947.10.7	火曜政評 秋雨夜灯의 幻想圖 民族的 危機는 民族的 自立의『챈스』	高一河
서울신문	1947.10.14	火曜政評 民族自主聯盟의 發起와 民主獨立黨의 位置	邊得信
서울신문	1947.10.21	火曜政評 右翼陣의 三角戰 韓獨, 韓民, 民獨의 對立으로	邊得信
서울신문	1947.10.28	火曜政評 美蘇外交의 變動에 의한 左右翼의 自家撞着	高一河
서울신문	1947.11.4	火曜政評 臨時委員會의 派遣 『유엔』政治委員會의 票決結果	高一河
서울신문	1947.11.11	火曜政評 國策要綱의 波紋 軍政延長에 對한 우리의 恐怖心	高一河
서울신문	1947.11.18	火曜政評 微妙한 動向을 나타내는 韓獨과 韓民의 關係	高一河
서울신문	1947.11.25	火曜政評 向方이 分明치 못한 各政黨協議會	高一河
서울신문	1947.12.2	火曜政評 紛紜한 政界의 論理 結果豫想의 行動은 要注意	高一河

[부표 3] 1945.9.9~1949.5.4 『서울신문』에 게재된 사설 제목

신문명	날짜	제 목
매일신보	1945.9.9	社說 固執버리고 戰線統一
매일신보	1945.9.11	社說 깨끗하고, 바르고 强하게살자
매일신보	1945.9.13	社說 秩序잇는 國民이되라
매일신보	1945.9.14	社說 治安隊員에게寄함
매일신보	1945.9.15	社說 責務에 充實하라
서울신문	1945.11.23	社說 革新에즈음하여
서울신문	1945.11.24	社說 過渡的 混亂
서울신문	1945.11.25	社說 臨時政府 領袖를 歡迎하면서
서울신문	1945.11.26	社說 統一促進의 快情勢
서울신문	1945.11.27	社說 嚴戒할 暴力行爲
서울신문	1945.11.28	社說 時急한 物價政策
서울신문	1945.12.3	社說 臨時政府全員을 마지하야
서울신문	1945.12.5	社說 建國의 英雄
서울신문	1945.12.12	社說 奸商謀利輩를 懲治하자
서울신문	1945.12.16	社說 計劃的인 生産과 消費
서울신문	1945.12.23	社說 最近의 政治動向
서울신문	1945.12.31	社說 宋鎭禹氏를 弔하면서 暴力은 統一을 破壞
서울신문	1946.1.1	社說 獨立은 이해안으로! 年頭의 民族的 盟誓
서울신문	1946.1.2	社說 統一의 時效
서울신문	1946.1.4	社說 必然의 統一
서울신문	1946.1.6	社說 政治는 詭辯이 아니다
서울신문	1946.1.8	社說 暴力은 建國의 巖
서울신문	1946.1.12	社說 治安과 國防
서울신문	1946.1.16	社說 政治와 經濟(2)
서울신문	1946.1.17	社說 美蘇會談의 開始를 보고
서울신문	1946.1.21	社說 世界平和의 路線
서울신문	1946.2.1	社說 民族反省의 秋
서울신문	1946.2.5	社說 統一되는 中國
서울신문	1946.2.7	社說 美蘇會談의 一段落
서울신문	1946.2.10	社說 科學의 勝利
서울신문	1946.2.15	社說 國民代表民主議院의 結成
서울신문	1946.2.17	社說 左右의 是非
서울신문	1946.2.19	社說 滿洲에서 展開되는 國共關係

신문명	날짜	제 목
서울신문	1946.2.20	社說 外交에눈뜨라(上)
서울신문	1946.2.21	社說 外交에눈뜨라(下)
서울신문	1946.2.24	社說 英蘇關係微妙化
서울신문	1946.3.1	社說 오늘의 盟約
서울신문	1946.3.6	社說 指導者의 興奮
서울신문	1946.3.11	社說 日本을 監視하자
서울신문	1946.3.12	社說 微妙한 國際動向
서울신문	1946.3.15	社說 新韓公司令의 改正을 보고
서울신문	1946.3.16	社說 南北朝鮮土地政策의 根據
서울신문	1946.3.19	社說 美蘇委員會를압두고
서울신문	1946.3.24	社說 政府樹立의 先決問題(上)
서울신문	1946.3.25	社說 政府樹立의 先決問題(下)
서울신문	1946.3.30	社說 食糧饑饉의 對策
서울신문	1946.5.10	社說 美蘇共同委員會의 無期休會
서울신문	1946.5.30	社說 부녀매금지법의 실시
서울신문	1946.6.9	社說 南朝鮮政府樹立說
서울신문	1946.6.19	社說 法令第七十二號의 保留
서울신문	1946.6.23	社說 본사의 기본확립 하경덕
서울신문	1946.6.28	社說 名士의 言動과 그 報道
서울신문	1946.7.2	社說 民族統一의 正路
서울신문	1946.7.27	社說 서울綜合大學案에 關하야
서울신문	1946.8.15	社說 解放於焉一年
서울신문	1946.8.21	社說 크레딧트設定에 對하야
서울신문	1946.10.5	社說 危急한 現實
서울신문	1946.10.10	社說 確乎한 民生對策이 緊切
서울신문	1946.10.17	社說 過道立法議院令의 制定
서울신문	1946.11.23	社說 不幸을幸으로 보도정간1주년을마지하는 소감
서울신문	1946.11.26	社說 暴力을 撲滅하자
서울신문	1946.12.15	社說 立法議院의 意義
서울신문	1947.1.1	社說 民族統一政府의 樹立 今年의 實踐課題
서울신문	1947.1.14	社說 美蘇共委再開의 ○○
서울신문	1947.10.26	社說 戒飭할 食糧行政
서울신문	1947.10.29	社說 米穀收集의 合理的 方法
서울신문	1947.11.1	社說 떤軍政長官을 마지하면서

신문명	날짜	제 목
서울신문	1947.11.8	社說 U·N總會와 朝鮮問題
서울신문	1947.11.23	社說 本報 革新二週年을 마저
서울신문	1948.1.9	社說 우리의 念願과 指標
서울신문	1948.2.12	社說 인플레 狂燥曲
서울신문	1948.2.13	社說 公娼廢地의 實效를 期하라
서울신문	1948.2.19	社說 自嘲的 一尺退一
서울신문	1948.2.20	社說 産業의 緊急 復興
서울신문	1948.2.21	社說 豫算編成과 官吏의 減員
서울신문	1948.2.24	社說 메논氏報告와 國聯의 態度
서울신문	1948.3.7	社說 幽靈人口一掃
서울신문	1948.3.12	社說 毀損은 罪惡
서울신문	1948.3.19	社說 選擧와 選擧費
서울신문	1948.3.21	社說 마라돈大會의不祥事
서울신문	1948.3.25	社說 敵産農土拂下
서울신문	1948.3.28	社說 正確한 判斷性
서울신문	1948.4.3	社說 나무를 심자
서울신문	1948.4.6	社說 世界援助案 美國會可決
서울신문	1948.4.11	社說 金品의 强要
서울신문	1948.4.15	社說 選擧倫理와 立候補亂入
서울신문	1948.4.18	社說 科學敎育에 힘쓰자
서울신문	1948.4.28	社說 朝鮮人學校閉鎖問題
서울신문	1948.5.5	社說 어린이날을맞이하야
서울신문	1948.5.16	社說 重責完遂하라 當選國議員에 一言
서울신문	1948.5.23	社說 黨派性을 戒함 국회소집을 압두고
서울신문	1948.5.27	社說 道義朝鮮建設
서울신문	1948.5.28	社說 電力問題를 解決하라 산업경제파괴위기에 직면
서울신문	1948.6.1	社說 國會는 成立되나
서울신문	1948.6.17	社說 憲法上程과 均等社會論
서울신문	1948.6.19	社說 卽時送電하라
서울신문	1948.6.20	社說 독도사건과 안전보장/올림픽선수 壯行에 일언
서울신문	1948.6.24	社說 憲法制定을 迅速히하라
서울신문	1948.6.27	社說 經濟上의 自由
서울신문	1948.7.4	社說 敵産歸屬問題 우리의 재산이
서울신문	1948.7.9	社說 利益配當均霑

신문명	날짜	제 목
서울신문	1948.7.11	社說 民族文化政策을세우자
서울신문	1948.7.15	社說 治安部獨立問題의 是非
서울신문	1948.7.18	社說 대한민국헌법선포 이날의 영광을 기리살리자
서울신문	1948.7.22	社說 정부조직을 신중히하라
서울신문	1948.7.25	社說 대통령취임사
서울신문	1948.7.29	社說 행정권이양
서울신문	1948.8.3	社說 國務總理決定
서울신문	1948.8.8	社說 平和摸索에 新機運
서울신문	1948.8.10	社說 마라돈慘敗
서울신문	1948.8.12	社說 水害罹災者를 구제하자
서울신문	1948.8.15	社說 대한민국정부수립선포
서울신문	1948.8.19	社說 獵官과 吏道
서울신문	1948.8.21	社說 민족정기의 발현! 반민처단을 철저히 하라
서울신문	1948.8.22	社說 정권이양을 속히 하라
서울신문	1948.8.27	社說 하-지중장 귀국
서울신문	1948.8.28	社說 무치오特使에 寄함
서울신문	1948.9.1	社說 患難相救의길
서울신문	1948.9.4	社說 재건의 중점
서울신문	1948.9.5	社說 아세아의 공장
서울신문	1948.9.9	社說 반민족처단을 시급철저하라/견외사절을 보내면서
서울신문	1948.9.10	社說 獵官輩에 一針
서울신문	1948.9.11	社說 經濟犯肅淸
서울신문	1948.9.16	社說 사람은 먹어야 산다 양곡공출폐지와 금후의 문제
서울신문	1948.9.19	社說 한미협정에 큰 관심 주최에미치는 영향제거하라
서울신문	1948.9.21	社說 U·N總會閉幕
서울신문	1948.9.24	社說 反民法遂公布
서울신문	1948.10.1	社說 施政方針演說
서울신문	1948.10.2	社說 糧政과 政爭
서울신문	1948.10.3	社說 政治家的行動 新黨結成說을듣고
서울신문	1948.10.6	社說 建設事業과失業對策
서울신문	1948.10.7	社說 健全財政樹立
서울신문	1948.10.8	社說 糧穀買入法確定
서울신문	1948.10.9	社說 『한글날』을맞이하여
서울신문	1948.10.10	社說 言論自由에 對하여

신문명	날짜	제 목
서울신문	1948.10.14	社說 享樂業禁止
서울신문	1948.10.15	社說 경제○○○우리의○○
서울신문	1948.10.16	社說 外軍撤退問題
서울신문	1948.10.17	社說 貨幣改革의基本條件
서울신문	1948.10.19	社說 불조심합시다
서울신문	1948.10.20	社說 李大統領訪日에際하여
서울신문	1948.10.21	社說 美大統領選擧展望
서울신문	1948.10.22	社說 國産獎勵의 國民運動
서울신문	1948.10.23	社說 無償經濟援助
서울신문	1948.10.27	社說 叛亂에 對하여
서울신문	1948.10.28	社說 最低生活確保
서울신문	1948.10.29	社說 돈問題解決과 朝銀使命
서울신문	1948.11.3	社說 民主政治와言論의 暢達
서울신문	1948.11.6	社說 트大統領當選
서울신문	1948.11.7	社說 反政府國家의 用語上見解
서울신문	1948.11.9	社說 出版界에 提言
서울신문	1948.11.10	社說 時局收拾策과 强力內閣建議
서울신문	1948.11.13	社說 農村協同組合
서울신문	1948.11.16	社說 日戰犯裁判
서울신문	1948.11.18	社說 國家保安法廢棄案否決
서울신문	1948.11.25	社說 農地改革法
서울신문	1948.11.26	社說 經濟警察再現
서울신문	1948.12.4	社說 韓委報告와 國聯의 任務
서울신문	1948.12.7	社說 當面國策決定
서울신문	1948.12.10	社說 大韓民國政府承認 南北統一의 偉業을 完遂하자
서울신문	1948.12.12	社說 援助協定調印
서울신문	1948.12.15	社說 人權國際宣言
서울신문	1948.12.16	社說 慶祝의 意義/拷問치 말라
서울신문	1948.12.18	社說 經濟自立目標(호프만의 聲明)/全民族的 團結(兩金의 聲明)/言論團體聲明
서울신문	1948.12.22	社說 寄附金沙汰
서울신문	1948.12.23	社說 民生保衛에 基地
서울신문	1948.12.25	社說 內閣改造斷行
서울신문	1948.12.29	社說 大同과 統一

신문명	날짜	제 목
서울신문	1949.1.1	社說 年頭에 誓함
서울신문	1949.1.5	社說 새해첫膳物뜻깊게하자 美中兩國率先正式承認
서울신문	1949.1.6	社說 人事適正配置
서울신문	1949.1.7	社說 豫算과 建設
서울신문	1949.1.8	社說 國共과 利平
서울신문	1949.1.9	社說 反民行爲者摘發開始 處斷謀免의 奸計를 防止하라
서울신문	1949.1.11	社說 亞細亞會議를 聲援함
서울신문	1949.1.15	社說 米穀輸入을 完邃하자 中農以上의 愛族精神發揮期待
서울신문	1949.1.16	社說 族靑의 解散/事業과 資金
서울신문	1949.1.18	社說 鬪爭의 方法
서울신문	1949.1.19	社說 奢侈追放!
서울신문	1949.1.23	社說 蔣介石氏下野
서울신문	1949.2.1	社說 特委의 活動을 激勵함 反民者 處斷은 嚴正 迅速하라
서울신문	1949.2.2	社說 平和는 果然오랴는가『트』『스』兩氏會談에서 期待
서울신문	1949.2.3	社說 保健行政에 對하여
서울신문	1949.2.4	社說 쌀을내놓아라
서울신문	1949.2.8	社說 農林部事件이 던진 波文 監委및 國會의 處事에 對해
서울신문	1949.2.11	社說 農地改革을 時急히하라
서울신문	1949.2.13	社說 國聯韓委活動에 期待 北韓往訪은 果然實現乎
서울신문	1949.2.19	社說 談話取消要請
서울신문	1949.2.23	社說 曺長官解任
서울신문	1949.2.26	社說 改正안케된 反民處罰法
서울신문	1949.3.1	社說 三一精神살리자
서울신문	1949.3.3	社說 敎育行政의 重大性
서울신문	1949.3.10	社說 蘇內閣改組
서울신문	1949.3.11	社說 運賃大幅增額
서울신문	1949.3.12	社說 農地改革法 上程에 際하여
서울신문	1949.3.13	社說 援助와 自給
서울신문	1949.3.18	社說 反民肅淸을 迅速을 期待
서울신문	1949.3.19	社說 30割10年反對論優勢
서울신문	1949.3.20	社說 元氏夫人을 哀悼함
서울신문	1949.3.22	社說 糧穀配給을 公平히하라
서울신문	1949.3.23	社說 北大西洋條約
서울신문	1949.3.29	社說 反民公判開始

신문명	날짜	제 목
서울신문	1949.3.30	社說 國防長官에 國民의 期待
서울신문	1949.4.2	社說 新年度豫算案
서울신문	1949.4.3	社說 나무를심고사랑하자
서울신문	1949.4.7	社說 任長官事件
서울신문	1949.4.8	社說 均等配給을 거듭 提言함
서울신문	1949.4.9	社說 UN은어디로 冷戰의 絶頂!
서울신문	1949.4.14	社說 體育界不祥事
서울신문	1949.4.16	社說 地方自治法實效期하라
서울신문	1949.4.17	社說 稅制의 改革과 國家資金計劃
서울신문	1949.4.20	社說 國軍組織進就美軍撤退協議
서울신문	1949.4.25	社說 中國內亂과 國際的關係
서울신문	1949.5.3	社說 國會閉會와 今後의 問題
서울신문	1949.5.4	社說 돈의豫算과 物動計劃

[부표 4] 『동아일보』 주요 기사 목록

	신문명	날 짜	제 목
신탁통치	東亞日報	1945.12.26	信託統治問題
	東亞日報	1945.12.27	蘇聯은 信託統治主張 蘇聯의 口實은 三八線分割占領 米國은 卽時 獨立主張
	東亞日報	1945.12.29	朝鮮赤化의 企圖
	東亞日報	1945.12.29	三千萬血彈에 點火한 信托管理制
	東亞日報	1945.12.30	託治反對!!獨立戰取!!=派黨을 超越한 三千萬總意
	東亞日報	1945.12.31	無言의 抗拒로 外侮擊退
	東亞日報	1945.12.31	悲噴嘆息한다
	東亞日報	1946.1.2	"反託"의 示威運動은 民族總意의 反映
	東亞日報	1946.1.2	臨政의 佈告로 不合作을 指令
	東亞日報	1946.1.4	獨立運動으로 再展開
	東亞日報	1946.1.4	託治反對運動을 反對
	東亞日報	1946.1.5	託治支持는 獨立否認
	東亞日報	1946.1.6	反託은 軍政反對 아니다
	東亞日報	1946.1.7	託治支持는 獨立否認 民衆을 欺瞞·統一分裂
	東亞日報	1946.1.8	信託統治撤廢를 聯合國에 要求
	東亞日報	1946.1.11	託治問題의 混線을 보고 (1) [託治는 蘇聯이 主張]
	東亞日報	1946.1.12	託治問題의 混線을 보고 (2) 反託一点에 總意統一
	東亞日報	1946.1.16	朝鮮을 蘇聯屬國으로
	東亞日報	1946.1.26	根據없는 "타스"報道
	東亞日報	1947.1.20	南勞黨의 信託見解, 信託되도 38線存續
	東亞日報	1947.5.25	反託은 民族의 要求
미소공위	東亞日報	1946.4.5	三相會議支持나 信託은 反對 韓民黨咸部長談
	東亞日報	1946.4.28	反託贊成과는 別問題 宣言書에 署名해야 協議의 相對 意見發表의 相對 意見發表의 特典保障
	東亞日報	1946.5.4	五號聲明과 우리의 覺悟 (2) 『三相』과 『反託』은 別個
	東亞日報	1946.5.11	美蘇共委決裂 反託即自主를 再强調
	東亞日報	1946.6.10	이스베스챠紙論評批判 (3)
	東亞日報	1946.6.10	美蘇共委再開에 새로운 進展업다
	東亞日報	1946.6.15	美蘇共委는 援助한댓지 政府樹立主體아니다
	東亞日報	1946.8.15	單獨政府보다는 차라리軍政希望
	東亞日報	1947.1.17	사설 意味없는 『協議』共委再開와 美蘇의 書翰 (上)
	東亞日報	1947.1.19	總選擧實施하라 無期限기다릴수 없다 李博士談

신문명	날 짜	제 목
東亞日報	1947.4.9	共委續開는 蘇側이 言論自由認定時 統一政府樹立時
東亞日報	1947.4.13	今夏內로 共委를 再開 失敗면 單獨措置講究
東亞日報	1947.7.12	反託陣營除外란 마氏意思에 違反
東亞日報	1947.7.16	反託陣除外謀略은 共委破壞의 反動
東亞日報	1947.7.26	反託은 「共委妨害」아니다 三千萬의 翹望을 背叛마라
東亞日報	1947.8.2	美側의 新提案을 蘇討議조차 拒否
東亞日報	1947.8.10	反託陣의 除外를 슈將軍依然固執
東亞日報	1947.8.13	蘇側固執을 餘地없이 反駁
東亞日報	1947.8.16	反託者除外란 反民主的이다
東亞日報	1947.8.19	共委決裂의 責任 朝鮮人에 轉嫁不當
東亞日報	1947.8.19	蘇側의 不應으로 報告作成討議不能
東亞日報	1946.7.16	輿論은 이러타 左右合作을 支持
東亞日報	1946.9.24	左右合作은 暗礁 呂運亨氏 態度突變
東亞日報	1946.10.27	合作可能性은 稀薄
東亞日報	1946.12.10	合作에 對한 나의 考察 (上) 金俊淵
東亞日報	1947.11.15	中間派와 右翼一部 蘇案支持는 不可
東亞日報	1948.4.28	金奎植 博士 南朝鮮誹謗
東亞日報	1948.3.30	南北協商의 非自主性
東亞日報	1948.4.9	民族陣營亂立을 利用 中間派出馬工作
東亞日報	1948.4.23	共産派主導下 南北協商開會
東亞日報	1948.5.1	보라! 協商의 正體 이래도自主인가?
東亞日報	1948.8.21	兩刀妙用을 國民은 期待 赦免法國會를 通過
東亞日報	1948.9.8	反族法國會通過 大統領은 公布反對乎
東亞日報	1948.9.23	反民法發動 누가 附日協力者? 너도 나도 깊이 反省하자
東亞日報	1948.11.30	反民法冒瀆에 激論 公報處長善處를 確約
東亞日報	1949.1.11	反民處斷愼重히
東亞日報	1949.1.13	社說 民族綱紀의 確立과 愼重
東亞日報	1949.1.14	國會內부터 肅淸 逮捕는逃避憂慮者만
東亞日報	1949.1.15	李大統領談 反民族者 玉石混淆不可
東亞日報	1949.2.15	反民法의 改正을 主唱함
東亞日報	1949.2.23	말성많은 反民法 政府提出의 改正案 討議

중간파

친일반민법

신문명	날 짜	제 목
大同新聞	1945.12.1	사설 民族統一을 爲하여
大同新聞	1945.12.4	叛逆集團의 解剖 上－人民共和國宣傳部 發表 중앙인민위원회 결의를 보고(직언자)
大同新聞	1945.5.12	叛逆集團의 解剖 下－人民共和國宣傳部 發表 중앙인민위원회 결의를 보고(직언자)
大同新聞	1945.12.11	逆徒의 反省을 促함
大同新聞	1945.12.13	所謂人民共和國 解體안음이 可憎(李鍾榮 담)
大同新聞	1945.12.17	사설 主義와 政策을 混同치마라
大同新聞	1945.12.25	사설 欲投鼠而忌器 총의단합에 정치옹호 떠바치니 『철』없는 要人
大同新聞	1946.1.4	可笑!人共의 謀略 分裂責任者가 金九?
大同新聞	1946.1.15	사설 大腫의 手術 人共으로곰기고 朝共으로터진다
大同新聞	1946.1.16	사설 賊反荷杖
大同新聞	1946.1.17	사설 代役의 假懺悔 呂運亨의 欺瞞的 懺悔를 듯고
大同新聞	1946.1.22	사설 文明의 逆流
大同新聞	1946.1.23	政治家의 義務－北岳山人
大同新聞	1946.1.27	서울市人民委員會는 自進解體하여라－－市民
大同新聞	1946.2.1	사설 左翼民族叛逆者
大同新聞	1946.2.7	사설 所謂進步的民主主義의 正體
大同新聞	1946.2.10	呂運亨의 忠誠 親日의 活證을 보라 이것도 發展的 解消라 할가
大同新聞	1946.2.13	사설 民族反逆會議 民主民族을 叛逆하는 戰線 賣國賊의 民族分裂 大陰謀
大同新聞	1946.2.14	사설 五賊에 換一敵? 賣國賊의 最後悲鳴
大同新聞	1946.2.16	사설 罪惡덩이 虛風船
大同新聞	1946.2.18	사설 誅民主主義民族戰線
大同新聞	1946.2.19	百般調査後 事實究明 朴憲永 賣國言動의 實證
大同新聞	1946.2.20	사설 믿지못할그들
大同新聞	1946.2.21	사설 導火線
大同新聞	1946.2.22	사설 金奎植 博士의 聲明에 對하야
大同新聞	1946.2.22	民戰의 詭辯
大同新聞	1946.2.24	사설 低氣壓
大同新聞	1946.3.3	사설 民心卽天心
大同新聞	1946.3.4	사설 三一記念行事分裂의 責任者 (上)
大同新聞	1946.8.1	사설 조공당원 위폐사건 심판

좌익비판

신문명	날 짜	제 목
大同新聞	1945.12.28	사설 左黨은 信託統治에 贊成인가
大同新聞	1945.12.29	政客들아 三千萬同胞에 謝罪-信託統治說에 對하여
大同新聞	1945.12.31	사설 同胞여! 勿失期待하라
大同新聞	1945.12.31	三千萬이 反對하면-託治는 埋葬된다
大同新聞	1945.12.31	決議文
大同新聞	1945.1.1	莫斯科의 野心을 깨트리자 百萬의 大示威行列
大同新聞	1946.1.5	大東評林
大同新聞	1946.1.6	賣國賊
大同新聞	1946.1.7	獸面人身 朝鮮共産黨
大同新聞	1946.1.7	2면에 그동안 쓴 탁치문제 관련 사설 총 망라
大同新聞	1946.1.7	소련에 신탁통치요구한 조공일파의 음모폭로
大同新聞	1946.1.13	사설 罪惡貫天 人民의 叛逆 朝共의 賣國
大同新聞	1946.1.14	朝共朴憲永과 하中將의 問答內容 反託大會를 妨害하려는 陰謀, 激化하는 賣族의 謀略
大同新聞	1946.1.18	頑敵妖婦 朴憲永은 頑敵이오 呂運亨은 妖女이다
大同新聞	1946.1.20	同胞여 우리뒤를 딸아라 祖國存亡의 岐路에서 展開되는 愛國學生運動
大同新聞	1946.1.21	信託決死反對를 絶叫『自主獨立萬歲』를 高唱 눈물 뿌리며 끌려가는 젊은 학도들
大同新聞	1946.1.24	反託學生事件과 輿論 輿論調査所
大同新聞	1946.1.29	사설 타쓰 通信報道에對한所感
大同新聞	1946.3.13	信託과 政治的 方向 (二) 嚴雨龍
大同新聞	1946.3.14	信託과 政治的 方向 (二) 嚴雨龍
大同新聞	1946.3.15	信託과 政治的 方向 (三) 嚴雨龍
大同新聞	1946.3.16	信託과 政治的 方向 (四) 嚴雨龍
大同新聞	1946.3.17	信託과 政治的 方向 (五) 嚴雨龍
大同新聞	1946.3.18	信託과 政治的 方向 (六) 嚴雨龍
大同新聞	1946.4.22	사설 反託陣死守
大同新聞	1946.4.28	사설 託治反對自由保障 聲明에 對하여
大同新聞	1946.1.14	美蘇共同委員會의 使令
大同新聞	1946.1.19	朝共의 謀略을 彈壓함 民衆은 警戒하라
大同新聞	1946.1.19	反託에 祖國을 爲하야 萬事不惜 우리에게 完全獨立을 달나 數萬婦女軍政廳에 殺到 高潮하는 民族의 血脈

신탁통치

미소공위

신문명	날 짜	제 목
大同新聞	1946.2.12	사설 送客辭 貴치안은『손』님 환영받을 때 도라가오 등미러 내쫓게되리라 한손님 곱게구나 한손님 짓구저서
大同新聞	1946.2.25	統一戰線異常없다(上) 峨嵋山人
大同新聞	1946.2.26	統一戰線異常없다(下) 峨嵋山人
大同新聞	1946.3.10	是日曷喪
大同新聞	1946.3.12	하-지氏에게 美蘇共同委員會를 앞두고
大同新聞	1946.3.17	사설 美蘇會談과 世界平和
大同新聞	1946.3.26	스티코프氏에게(上)
大同新聞	1946.3.27	스티코프氏에게(下)
大同新聞	1946.4.6	附之笑外
大同新聞	1946.4.9	사설 蘇에의 再忠言
大同新聞	1946.5.3	民主議院態度決定 美蘇共同委員會의 臨政樹立에 參加協議 反託의 契機임을 確認
大同新聞	1946.5.11	사설 美蘇共同委員會 休會에 對하여(上)
大同新聞	1946.5.12	사설 美蘇共同委員會 休會에 對하여(下)
大同新聞	1946.5.15	사설 自約自破
大同新聞	1946.8.30	사설 치 中將의 書翰과 우리들의 新決意
大同新聞	1946.10.11	信託내용모르고 捺印參加는 不受理 李博士記者團에 對答
大同新聞	1946.1.20	사설 敵己渡江(좌우제휴를 반대, 공동 콤뮤니케 반대)
大同新聞	1946.1.26	사설 金奎植 以下 反動要人의 反省을 求함
大同新聞	1946.6.20	사설 左右合作(좌우합작반대)
大同新聞	1946.6.26	사설 現實과 形式
大同新聞	1946.7.5	合作工作에 關한 呂氏의 談話批判
大同新聞	1946.7.8	左右合作에 對하야 (上) 民衆黨 總務 李鍾榮
大同新聞	1946.7.9	左右合作에 對하야 (中) 民衆黨 總務 李鍾榮
大同新聞	1946.7.9	左右合作에 對하야 (下) 民衆黨 總務 李鍾榮
大同新聞	1946.8.2	사설 左翼의 謀略原則
大同新聞	1946.8.4	時評 合作謀略破綻
大同新聞	1946.8.6	時評 그 後의 民族事業
大同新聞	1946.8.9	左翼側 又 欺瞞 八日合作懇談會遂流會
大同新聞	1946.8.11	左翼의 無誠意 左翼側代表指摘

좌우합작 및 중간파 비판

	신문명	날 짜	제 목
	大同新聞	1946.8.22	左系包攝에 右翼側의 熱意 廿一日最後段階
	大同新聞	1946.9.10	合作原則批判 七原則은 自家撞着으로 一貫 독립문제연구소 梁又正
	大同新聞	1946.11.16	左翼側의 欺瞞行爲 左右合作 停止하라
	大同新聞	1946.12.7	呂運亨氏에게 忠告함 梁命福
	大同新聞	1946.12.10	사설 官選立法議員에게
친 일	大同新聞	1946.9.14	사설 二重亡國의 親日派問題 過去는 親日派附同으로 亡하였고 現在는 親日派 排擊으로 亡하려한다

[부표 6] 좌익계 신문의 주요 기사 목록

	신문명	날 짜	제 목
신탁통치	朝鮮人民報	1946.1.8	三國의 援助를 意味 우리 政府 組成에 進步的 意義―共産黨 信託問題를 分析 說明
	朝鮮人民報	1946.1.27	三相會議 眞相明白化로 逆宣傳 根據霧散 自主獨立 爲해 싸울 터―共産黨 發表
	解放日報	1946.1.2	모스크바三相會議 進步的인―朝鮮共産黨 支持 發表
	解放日報	1946.1.11	反託데모엔 不參, 反託委員會와의 無關係
	解放日報	1946.1.13	反託데모(十二月, 一月)의 組織과 經過―反動派의 民主主義陣營과 對立
	獨立新報	1947.1.1	三相決定 實踐 뿐―南勞黨 委員長 許憲
	努力人民	1948.8.12	三相決定의 後援制는 主權不侵 完全民主獨立을 明示―黨과 記者團 定例會 會談
미소공위	解放日報	1946.3.21	蘇美共同委員會에 對하야 우리는 이러케 期待한다
	解放日報	1946.3.22	蘇美共同委員會 兩代表 聲明을 支持함
	解放日報	1946.5.16	蘇美共委의 成功만이 朝鮮問題를 解決한다
	朝鮮人民報	1946.4.1	反動策動에 不拘하고 民主政府 樹立 確實
	朝鮮人民報	1946.5.10	休會原因은 右翼의 反聯合國的 行動
	朝鮮人民報	1946.5.11	正權慾에 눈머러 政府樹立을 妨害
	朝鮮人民報	1946.5.26	朝鮮問題 解決의 길은 三相 決定 正確 實現뿐
	朝鮮人民報	1946.7.11	目標는 共委 續開 爲한 統一
	獨立新報	1946.5.6	非民主主義者 除外하라
	獨立新報	1946.12.2	共委續開에 力量 集結
	獨立新報	1947.4.27	臨政樹立에 最大努力―美蘇共委 再開와 南勞黨 談話
	獨立新報	1947.4.28	共委成功 確信―南勞黨 代辯人과 一問一答
	獨立新報	1947.5.30	韓民, 韓獨 除外하라―政權形態는 '人委'形態로
	努力人民	1947.8.9	共委守護 臨政樹立으로 尊貴한 피에 報答하자―日帝 팟쇼體制 淸掃가 民族의 關心事
중간파	朝鮮人民報	1946.7.1	朝鮮의 立法機關 樹立은 新政府에서 할 일
	朝鮮人民報	1946.7.11	原則保障 하여야만 합작―合作과 立法機關은 別問題
	朝鮮人民報	1946.7.28	民族統一 達成 爲해 五大原則을 實踐
	獨立新報	1946.10.8	絶對反對를 宣言―朝共, 左右合作 七原則에 聲明
	獨立新報	1946.10.18	民衆을 欺瞞 眩惑
	獨立新報	1946.11.30	立議 絶對 反對
	獨立新報	1946.12.12	新版 民議의 欺瞞性 暴露
	獨立新報	1947.5.6	可笑! 立議의 共委 支持 마 長官에 對한 立議書翰 反對
	獨立新報	1947.6.10	中間認定 難, 左右 兩翼 뿐

김동선(金東仙)

1979년 서울 출생
숭실대학교 사학과 졸업
숭실대학교 대학원 사학과 졸업(문학박사)
국가보훈처 근무
숭실대학교 · 중앙대학교 강사

대표 논문
「김규식의 정치노선과 민족자주연맹의 결성」(2006)
「해방 직후 『毎日申報』의 성격변화와 『서울신문』의 창간」(2010)
「성천 유달영의 생애와 민족의식」(2013)